선언에서 이행으로

한국의 아동권리협약 30년

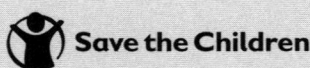

선언에서 이행으로
한국의 아동권리협약 30년

국제아동인권센터·세이브더칠드런·유니세프한국위원회 지음

틈새의시간

2021년은 대한민국이 아동권리협약을 비준한 지 30주년이 되는 뜻깊은 해입니다. 아동권리협약은 아동이 권리의 주체로서 자신의 존엄성을 존중받으며 사회구성원으로서 성장하는 데 필요한 당사국의 입법적·행정적 조치를 담고 있습니다. 코로나 팬데믹으로 아동권리가 심각한 위기에 처한 지금, 지난 30년간 아동권리협약 이행 경험과 성찰을 담은 보고서를 발간하게 된 것을 기쁘게 생각합니다. 이 책은 아동권리협약의 선언에서 이행의 과정까지 과거와 미래를 함께 돌아보고 온전한 아동권리 실현을 위해 앞으로 나아갈 방향을 모색하고 있습니다.

1991년 생경했던 아동권리의 의미가 아동의 현재 삶과 일상에 자리 잡기까지 오롯한 걸음을 함께한 세 기관이 공동으로 연구를 진행했습니다. 국제아동인권센터는 지난 10년간 오로지 아동권리협약을 알리는 활동에 매진했습니다. 설립 직후 아동권리협약 이행 제3·4차 심의 현장을 유튜브로 중계하여 국내의 관심을 환기하였고, 최종견해 모니터링을 꾸준히 이어갔으며, 제5·6차 심의에서는 한 단계 높아진 아동참여와 폭넓은 시민사회 연대를 이끌어냈습니다. 이러한 활동은 국제인권모니터링이 갖는 힘을 확인하고 모두의 변화를 도모하는 기반이 되었습니다. 1923년 세이브더칠드런의 창립자 에글렌타인 젭은 세계 최초로 아동권리 선언문을 발표했습니다. 이 선언문은 국제연맹에 의해 제네바 선언으로 채택되었으며, 1989년 유엔총회에서 채택된 아동권리협약의 바탕이 되었습니다. 이처럼 세이브더칠드런은 지난 102년 동안 모든 아동의 권리를 지키겠다는 국제적 논의와 노력에 함께해 왔습니다. 올해 창설 75주년이 되는 유니세프는 1946년 '차별 없는 구호'의 정신으로 설립되었으며, 아동권리협약 제45조에 언급된 아동권리전문 유엔기구로서 전 세계 190여 개 나라 및 영토에서 보건, 식수, 영양, 교육 등 다양한 분야에서 아동을 위해 일하고 있습니다. 대한민국 임시정부 수립 직후 한국 아동의 상황을 인지한 유니세프는 한국전쟁이 발발한 이후 한국 아동과 여성을 위한 긴급구호사업을 시작했으며, 1994년 선진국형 유니세프기구인 유니세프한국위원회가 출범한 이래 유니세프아동친화도시, 아동친화학교, 아동의회, 유니세프의 국회친구들, 아동친화사법 자문단 등 아동권리 실현을 위한 다양한 사업을 운영해오고 있습니다.

코로나 시대, '재난이 닥칠 경우 아동은 최우선으로 보호받아야 한다'는 선언을 마음에 새기며 지난 30년간 우리 사회가 아동을 어떻게 대했는지 돌아보았습니다. 그렇게 하는 것이 "그 사회의 정당성에 대한 감각, 미래에 대한 참여 의도, 그리고 다음 세대의 인권을 향상시키는 의욕(Javier Pérez de Cuéllar, 제5대 유엔사무총장)"의 척도가 되기 때문입니다. 이 연구는 또한 우리나라에서 아동권리협약이 이행되어 온 여정의 기록이자 우리 사회에서 실현되지 못한 아동의 권리에 대한 성찰의 기록이기도 합니다.

아동권리협약은 지난 30년간 지속적으로 이행이 확대되어 왔습니다. 62년 만에 민법상 징계권이 삭제되면서 모든 환경에서의 체벌이 금지되었으며, 성매매 및 성적 학대에 연관된 모든 아동은 법률상 피해자의 지위를 갖게 되었습니다. 제2차 아동정책 기본계획은 아동이 일상에서 누릴 수 있는 권리를 정책으로 반영하였으며, 아동이 자신의 삶에 영향을 미치는 일들에 참여할 기회를 제도화했습니다. 제5·6차 대한민국 국가심의에는 48개 시민사회 단체의 연대보고서와 함께 16개의 보고서가 제출되며 아동사법, 놀 권리, 교육제도와 기후변화 등 다각적인 아동권리 현황에 대한 목소리가 전달되었습니다. 그러나 여전히 한국 아동의 삶의 만족도는 OECD 국가 중 최하위이며, 10명 중 3명의 아동들이 과도하게 경쟁적인 교육환경 속에 죽고 싶다는 생각을 합니다. 부모의 법적 지위나 출신에 관계없이 아동의 탄생을 공적으로 등록하는 보편적 출생등록제도의 도입은 별다른 진전이 없으며, 난민아동은 외국인보호소에 구금되기도 하고 건강, 보육 서비스와 교육의 기회에서 배제되는 경험을 하고 있습니다.

아동권리의 실현은 대한민국 정부와 시민사회가 국제사회와 함께 아동의 목소리를 충실히 듣고 사유하고 행동할 때 앞으로 나아갈 수 있습니다. 이를 위해서 2011년 유엔이 채택한 '청원절차에 관한 아동권리협약 선택의정서(이하 '제3선택의정서')'의 가입을 적극적으로 고려해야 할 것입니다. 제3선택의정서는 아동권리협약에 규정된 의무를 당사국이 위반하였을 경우 아동을 포함한 개인이 유엔 아동권리위원회에 청원할 수 있도록 합니다. 모든 아동은 자신에게 영향을 주는 일에 의견을 표명할 권리를 지닌 주체로서 자신의 삶에 영향을 주는 일에 적극적으로 참여할 수 있어야 합니다. 국가와 사회는 아동권리협약에 따라 아동의 견해와 통찰에 귀 기울여야 하며 그것이 행정적·사법적 절차에 반영되도록 해야 할 것입니다.

코로나 시대에 자라고 있는 우리 아이들의 더 나은 미래를 재건하는 걸음에 많은 분이 함께해주시기를 기대합니다. 우리 3개 기관도 한 명의 아이도 소홀히 되지 않는 세상을 만들기에 더 힘쓰겠습니다. 나란히 걷는 연대의 힘이 아동의 존엄성을 확보하고 모든 아이들이 저마다의 잠재력으로 더 나은 세상을 만드는 데 나침반이 될 것으로 믿습니다. 또한, 이 책을 통해 아동이 온전한 권리를 누릴 수 있도록 국가와 사회의 책무를 다시 생각해보는 계기도 되기를 바랍니다.

마지막으로 1990년 초반 아동권리협약을 국내에 소개하고 비준에 앞장서 주신 원로 활동가들과 시민사회단체들에 경의를 표합니다. 특히 협약 비준을 위한 논의과정과 우리나라에 아동권리협약을 알리는 데 역할을 해주신 구삼열 전 유니세프 의회담당 조정관, 박동은 전 유니세프한국위원회 부회장, 김인숙 전 세이브더칠드런 부회장의 생생한 목소리와 증언을 연구에 담을 수 있어 큰 도움이 되었습니다. 또한 연구에 참여해주신 김승권 전 한국아동권리모니터링센터 소장, 정인섭 서울대학교 명예교수, 안동현 한양대학교 명예교수, 이호균 굿네이버스 이사장을 비롯하여 인터뷰에 참여해 주신 모든 분들께 깊은 감사를 전합니다.

국제아동인권센터, 세이브더칠드런, 유니세프한국위원회

9

단 한 명의 아이도
놓치지 않는
한국을 위해

1989년 유엔총회가 만장일치로 채택한 아동권리협약은 아동을 보호의 대상으로 보던 관점을 넘어, 독립된 인격체이자 권리의 주체 자임을 천명하며, 아동권리 보장에 대한 국가의 법적 의무를 규정한 최초의 국제조약입니다. 한국도 1991년에 아동권리협약을 비준한 이후, 협약에서 명시한 대로 아동권리 이행을 위해 정책적 변화는 물론 범국민적 인식 개선을 위한 노력을 지속해왔습니다. 그 결과, 남녀의 혼인 가능 연령을 동등하게 18세 이상으로 상향하고, 입양에 대한 공적 책임을 강화하기 위한 입양허가제를 도입했으며, 보호대상아동의 범주를 넘어 모든 아동에 대한 공적 책임을 이행하는 데도 진전이 있었습니다. 최근에는 학교 내 체벌금지와 더불어 민법상 징계권 폐지, 성착취 피해아동을 처벌하던 대상아동·청소년 규정 삭제, 선거권 연령 18세 하향 등을 이루어냄으로써 더디지만 변화한 세상을 향해 꾸준히 나아가고 있습니다.

'아동권리협약'이니 '아동권리' 하는 말들이 전혀 어색하게 들리지 않는 현재의 모습은 결코 당연한 결과가 아닙니다. 모든 과정엔

정부를 비롯한 국가기관은 물론 시민사회 각계각층의 노력이 있었습니다. 아동권리협약 비준을 끌어내고, 협약이 법·제도를 넘어 전 국민의 일상생활에 녹아들기까지, 그리하여 국가기구 조직의 변화와 시민사회의 활발한 활동으로 이어지기까지 많은 이들의 소망과 열정이 스며들어 있습니다. 그 소중한 역사와 기억을 기록하고 싶었습니다. 국내에 알려진 아동권리에 관한 각종 자료를 정리하고, 긴 흐름을 한눈에 이해할 수 있는 안내서를 만들고 싶었습니다. 특히 앞서 걸어가신 분들의 이야기를 귀담아듣고, 나아갈 방향을 더불어 꿈꾸고 싶었습니다. 그래서 『선언에서 이행으로 한국의 아동권리협약 30년』이라는 책을 기획하고, 쓰게 되었습니다.

이에 아동권리협약을 알리고 배포하는 데 중추적인 역할을 분담한 세이브더칠드런, 유니세프한국위원회, 그리고 국내외 아동권리 옹호에 핵심적인 역할을 수행한 이양희 대표, 김인숙 소장이 쌓은 다양한 경험을 활동 전반에 녹여낸 국제아동인권센터가 협력하여 지난 30년을 기록했습니다. 먼지 쌓인 문서고를 뒤져 옛 사진과 자료집을 찾았고, 세이브더칠드런 국제연맹에 관련 사실을 문의하고, 유니세프 본부에 기록 확인을 요청하는 등 끈질긴 추적도 이어갔습니다. 유엔인권최고대표사무소 웹사이트에 정리되어 있지 않은 문헌들을 찾고자 유엔아동권리위원회 사무국에 수십 번 메일을 보내 답을 받아내었고(코로나 확산이 계속되던 시기에 유엔본부는 대부분 재택근무 중이어서 답변은 매번 현저히 늦었지만!), 국가기록원과 도서관을 드나들며 옛 기사들을 찾아냈습니다. 과거를 걸어오신 선배님들의 목소리를 듣고, 그때의 사진 자료와 기록물을 받아오고,

기억을 담은 글을 요청하기도 했습니다. 코로나와 함께 시작된 여름과 가을, 겨울과 봄을 지나며, 다시금 여름, 약 1년을 지나는 동안 쌓아온 결과가 지금의 이 책입니다.

아동권리협약이 채택되고, 한국이 이를 비준한 이후 굉장한 변화와 성과, 진전이 있었습니다. 그러나 한국의 아동권리가 상당히 실현되었다고는 감히 평가할 수 없습니다. 의료기관에 대한 출생통보제를 도입하는 정부의 적극적인 법안 발의가 있었지만, 정부와 국회는 아동보호를 명목으로 아동의 알 권리를 박탈하는 익명출산제 도입을 병행하여 고려하는 중입니다. 이주아동에게 체류권을 부여하는 정책이 도입되었다고 하지만, 한국에서 태어났으며 15년 이상 거주해야 한다는 지나치게 제한적인 조건을 붙이고 한시적으로 제도를 시행하여 그 의미를 반감했습니다. 아동의 탈시설 정책을 추진하라는 유엔아동권리위원회의 권고가 무색하게, 여전히 많은 아이가 가족과 분리된 채 시설에서 살아가고 있습니다. 우리가 할 일은, 이처럼, 아직도 너무나 많습니다.

어쩌면 아동권리의 완성이란 없을지도 모릅니다. 인권의 역사는 매 순간 확장되면서 더 취약한 사람의 존재를 인정하고, 그 존엄함을 실현하기 위한 노력이 더해져 만들어졌습니다. 존재하는 모든 이들의 권리를 보장하는 과정은 결코 끝이 없을 것입니다. 그렇기에 지난 30년의 걸음을 되돌아보며, 한국의 성과를 축하하는 마음도 잃지 않기를 바랍니다. 경험을 토대로 더 나아갈 수 있다는 믿음을 견지하며, 단 한 명의 아이도 놓치지 않는 대한민국을 위해 함께 애써주시길 부탁드립니다. 세 단체도 끝까지 함께하겠습니다.

마지막으로, 이 책은 국제아동인권센터의 김희진 사무국장과 김상원 선임연구원이 원고 전반을 집필했고, 강미정 세이브더칠드런 권리옹호부장, 김수영 유니세프한국위원회 변호사, 박윤정 유니세프한국위원회 아동권리옹호팀원, 장민정 국제아동인권센터 연구원, 조희경 유니세프한국위원회 아동권리옹호팀장이 기획과 자료조사, 내용 검토 등을 공동으로 진행하여 책의 완성도를 높였습니다. 모든 참여자가 연구 목적과 방향을 정하고, 내용을 더하고 빼고, 문장을 다듬는 전 과정에 함께했습니다. 특별히 아동폭력과 이주아동, 출생등록 주제글은 강미정 세이브더칠드런 권리옹호부장이, 아동사법과 아동 성착취에 대한 주제글은 김수영 유니세프한국위원회 변호사가 함께 작성했습니다. 머리를 맞대는 궁리와 각자의 생각을 주고받는 치열한 논의가 있었기에 이 글이 쓰일 수 있었습니다.

무엇보다 한 편의 원고를 완성하기까지 수많은 이들에게 도움을 받았습니다. 인터뷰와 자문, 자료 제공과 사실관계 확인 등으로 함께해주신 분들이 있어 무사히 마무리될 수 있었습니다. 정병수 전 국제아동인권센터 사무국장님의 '아동보고서, 10년의 기록' 에필로그를 통해 옹호의 의미를 되새길 수 있어 참 좋았다고 말씀드립니다. 패기와 열정으로 시작된 우리의 발걸음에 힘을 더해주신 모든 이들과 그들이 이끌어가는 단체에도 깊은 감사의 마음을 전합니다.

함께한 이들을 대표하여,
김희진 씀

1부

선언의 시대

1장
아동권리에 대한
국제적 논의의 시작

　제1차 세계대전(1914-1918)은 아동에게 특별한 보호가 필요하다는 것을 각성시킨 최악의 무대였다. 전 인류가 고통을 겪은 가혹한 현실에서 가장 피해를 많이 본 집단이 아동이었기 때문이다. 이후 1923년 세이브더칠드런(Save the Children Fund)* 설립자 에글렌타인 젭(Eglantyne Jebb, 1876-1928)은 아동의 권리와 보호에 관한 5대 원칙을 규정한 '아동권리선언(Declaration of the Rights of the Child)'을 발표한다. 부모를 잃거나, 영양실조와 질병의 위험에 노출되거나, 또는 교육 기회를 박탈당하는 등 전쟁 상황에서 가장 취약한 상태에 놓이는 아동을 보호하기 위해 성인과 사회의 적극적인 책임을 요청한 것이다.

　"이러한 경향은 아동들이 정치적인 희생자로서 피해를 입게 하고,
아동들은 우리들의 근시적인 경제정책, 정치적인 실책, 그리고 전쟁

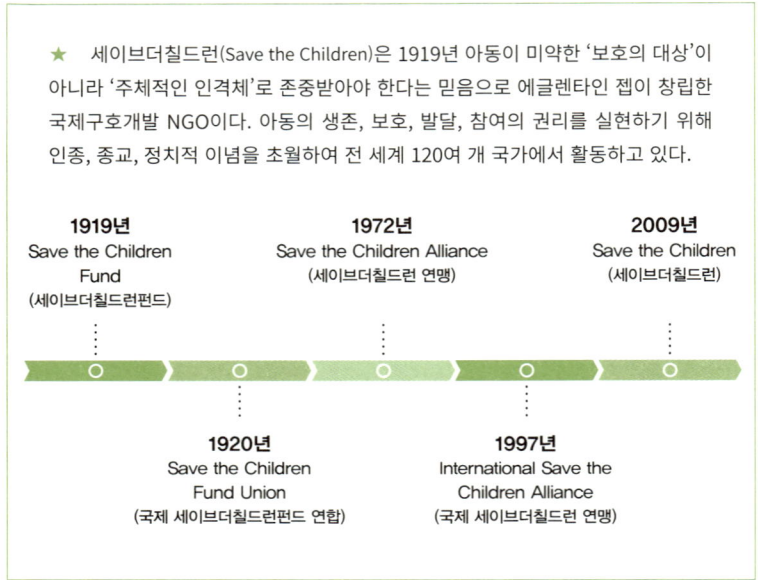

★ 세이브더칠드런(Save the Children)은 1919년 아동이 미약한 '보호의 대상'이 아니라 '주체적인 인격체'로 존중받아야 한다는 믿음으로 에글렌타인 젭이 창립한 국제구호개발 NGO이다. 아동의 생존, 보호, 발달, 참여의 권리를 실현하기 위해 인종, 종교, 정치적 이념을 초월하여 전 세계 120여 개 국가에서 활동하고 있다.

1919년
Save the Children
Fund
(세이브더칠드런펀드)

1972년
Save the Children Alliance
(세이브더칠드런 연맹)

2009년
Save the Children
(세이브더칠드런)

1920년
Save the Children
Fund Union
(국제 세이브더칠드런펀드 연합)

1997년
International Save the
Children Alliance
(국제 세이브더칠드런 연맹)

에 의해 가장 큰 대가를 치르게 됩니다. 날마다 온 세계의 수없이 많은 아동이 그들의 발달과 성장과정을 방해하는 위험에 노출되어 있습니다. 그들은 전쟁과 폭력에 의한 사상자로서, 인종차별, 인종격리정책, 침략, 외국에 의한 점령, 그리고 영토합병 등에 의한 희생자로서, 또 그들의 집, 고향을 포기할 수밖에 없게 된 피난민으로서, 방임, 학대, 그리고 착취에 의한 희생자로서 큰 고통을 당하고 있습니다. 날마다, 수백만에 이르는 아동들은 가난과 경제위기에 의한 불행으로부터, 굶주림과 노숙생활로부터, 전염병과 문맹 그리고 환경의 퇴화로부터 고통을 당하고 있습니다. 그들은 대부분의 개발도상국가, 특히 미개발국가에서 일어나고 있는 대외부채, 지속적인

세이브더칠드런 창립자, 에글렌타인 젭

전쟁의 참혹함(1921년 2월 24일 〈The Times〉 지면 광고)

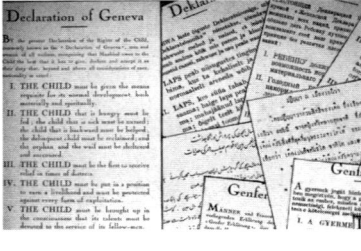

에글렌타인 젭이 서명한 제네바 선언 사본   각국의 언어로 번역된 제네바 선언[6]

성장의 결핍에서 야기되는 문제 때문에 여러 모로 고통을 겪고 있
습니다."[1]_에글렌타인 젭

1924년 9월 26일 국제연맹(League of Nations)[2]은 제5차 총회에서
에글렌타인 젭의 아동권리선언에 도입부[3]를 추가해 '아동권리의 제
네바 선언(1924)(Geneva Declaration of the Rights of the Child, 이하 제
네바 선언)'을 채택했다.[4] 제네바 선언은 '선언'이라는 특성상 국가에
강제적 의무를 부여하지 못하고 아동의 권리를 시혜적인 측면에서
규정했다는 한계가 있지만, 국제기구가 승인한 최초의 아동인권에
관한 문서로 평가되고 있다(Buck, 2014).[5] 당시 총회(Assembly)에서는

제 네 바 선 언

제1조 물질적으로나 정신적으로나 아동의 정상적인 발달에
필요한 수단이 아동에게 주어져야 한다.

제2조 배고픈 아동에겐 음식을, 병든 아동에겐 도움을 주어
야 한다. 잘못에 빠진 아동은 교화되어야 하고, 고아
와 집 없는 아동은 보호와 구제를 받아야 한다.

제3조 아동은 재난 시에 가장 먼저 구제되어야 한다.

제4조 아동은 생계를 유지할 수 있는 상황에 있어야 하며, 모
든 형태의 착취로부터 보호되어야 한다.

제5조 아동은 자신의 능력을 널리 인류 동포를 위하여 바칠
수 있도록 양육되어야 한다.

회원국들이 선언문에 제시된 내용을 이행하도록 촉구했는데, 초기에만 채택 37개국 언어로 번역되어 배포되었다. 또한, 국제연맹은 제네바 선언 10주년을 기념하는 1934년에 다시금 선언의 의미를 되새기면서, 회원국들이 자국법 내에서 선언의 원칙을 실천할 것을 당부했다.

다만, 이때까지도 아동권리를 포함한 인권에 대한 사안은 각 국가의 영토 내에 속하는 고유한 것으로 여겨졌다. 그러나 제2차 세계대전(1939-1945)을 치르는 동안 일부 국가에서 벌어진 심각한 인권 침해의 현장은 다시 한번 인류를 각성시켰다. 이로써 전 지구적 차원에서 인권 보호의 필요성을 인지하게 되었고, 특히 전쟁 상황에서

누구보다 취약한 위치에 있는 존재가 아동이라는 점을 확인하게 했다. 그러나 세계대전이 발발하는 과정에서 국제연맹[7]은 특별한 역할을 하지 못했다. 그 과정에서 미국의 프랭클린 루즈벨트(Franklin D. Roosevelt) 대통령과 영국의 윈스턴 처칠(Winston Churchill) 총리는 추축국(Axis Powers)[8]과 계속 싸워나갈 것을 결의하며, 1942년에 연합국 공동선언(Declaration by United Nations)을 발표하기에 이른다.

이후 1943년에는 연합국 기구 결성이 결정되었고, 2년간의 논의를 거쳐 국제연맹의 구조와 형식, 목적을 이어받은 국제연합(United Nations [UN], 이하 유엔)[9]이 1945년에 설립된다. 이때 유엔헌장(Charter of the United Nations)도 발효되었다.[10] 또한, 1946년에는 유엔 내 경제사회이사회(Economic and Social Council)에 인권위원회(Commission on Human Rights)[11]를 창설하여 기존의 유엔헌장을 보완하는 동시에 모든 이의 인권까지 보장하는 국제인권장전으로서의 역할을 감당할 수 있는 문서를 준비하기 시작했다. 이를 위해 1947년에 엘레노어 루즈벨트(Eleanor Roosevelt)를 의장으로 선언문 초안 작성 위원회가 결성되었다. 선언문 작성 과정에는 강대국뿐 아니라 비서구국가, 비정부기구도 적극적으로 참여하면서 다양한 정치적·문화적·종교적 맥락을 반영하고자 노력했다(Morsink, 1999; United Nations, [UN], 2020). 1948년 유엔총회에서 채택된 세계인권선언(Universal Declaration of Human Rights [UDHR])은 그 결과물이다.[12]

세계인권선언은 모든 인류 구성원의 존엄성과 동등하고 양도할 수 없는 권리를 천명하면서 아동과 관련한 별도의 조항[13]도 두었다. 그러나 국제사회에서 제네바 선언이 채택된 이후 이때까지 아동권리 영역에서 눈에 띄는 진전은 거의 없었다. 1945년에 와서야 파리에서 열린 국제노동회의(International Labour Conference)[14]에서 아동과 청소년 노동자 보호에 관한 국제노동기구 결의안을 채택하면서(International Labour Conference, 1945), 비록 노동 관련 주제에 한정되기는 했지만, 아동의 전반적 발달 증진을 위해 국제사회가 노력해야 한다는 필요성을 환기하는 계기가 마련되었을 뿐이다.

한편, 같은 시기에 설립된 유엔아동기금의 설립은 주목할 만하다. 전쟁의 참상이 여전하던 당시, 유엔총회는 전쟁 피해자인 아동의 복리와 재활을 차별 없이 돕기 위해 1946년 12월 11일 유엔 국제 아동 긴급 기금(United Nations International Children's Emergency Fund) 설립을 결의하였다.[15] 결의안이 채택된 직후, 1947년에는 기금의 활동을 지원하기 위한 선진국형 기구 형태인 국가위원회가 전 세계 최초로 미국에 설립되었고, 1953년에는 유엔아동기금(United Nations Children's Fund [UNICEF], 이하 유니세프)으로 명칭이 변경되면서 아동의 전반적인 복리 증진을 위한 공식적인 유엔 산하기구가 되었다.

세계인권선언이 채택된 이듬해 유엔 경제사회이사회 산하 사회위원회(Social Commission)[16]는 아동의 신체적, 정신적, 그리고 영적인 복지는 모든 국가의 첫 번째 관심사가 되어야 하며, 이때 비로소 제네바 선언이 제 역할을 할 수 있다고 언급했다. 이로써 다시금 제네바 선언이 주목을 받게 되었으며(Freeman, 1961), 사회위원회는 1948년 이후 제네바 선언 개정을 본격적으로 논의하기 시작했다. 그 결과, 선언이 채택된 이후 시대적 변화를 반영하지 못하고 있다는 판단 아래 기존에 발표되었던 선언의 원칙에 충분한 비중을 두되 아동의 권리에 관한 유엔선언(United Nations Charter of the Rights of the Child)을 만들자는 결정이 있었다(Economic and Social Council, 1948).[17] 유엔 사무총장(Secretary-General)은 개정안을 만드는 과정에 국가 및 관련 단체와 협의할 것을 요청했고, 이에 사회위원회뿐만 아니라 국가, 전문기구, 비정부기구 및 여타 기관들이 제출한 광범위한 의견을 수렴하여 초안이 작성되었다(E/CN.5/199).[18] 사회위원회는 인권이사회와 논의하여 호주, 브라질, 프랑스, 이라크, 유고슬라비아 대표를 지명하며 위원회(Committee)를 구성하여 초안 검토를 요청했고, 위원회의 검토를 통해 최종적으로 '가족, 청년, 그리고 아동복지(Family, Youth, and Child Welfare)'를 제목으로 한 수정안이 제출되었다(E/CN.5/L.96).

수정안을 바탕으로 한 논의에서는 아동의 필요를 고려했을 때 세계인권선언에 더하여 별도의 선언이 필요하다는 점에 중지를 모았지만, 문서의 제목은 기존에 검토되었던 'United Nations Charter'가 아닌 '아동권리선언(Declaration of the Rights of the Child)'을 유지하기로 했다. 해당 수정안에서는 개인의 권리와 의무를 보다 균형 있게 다루면서 차별을 조장할 수 있는 요소로부터 아동을 보호하자는 내용이 주요하게 다뤄졌다. 아동 역시 이름과 국적을 가져야 하는 존재라는 것, 그리고 안보, 건강, 교육 및 아동의 발달을 저해할 수 있는 모든 형태의 착취로부터 특별히 보호받아야 하는 존재라는 점이 강조되었다(Social Commission, 1950).[19]

이후 유엔 경제사회이사회가 인권이사회에 초안 검토를 요청한 시점은 1951년이었다. 그러나 당시 인권이사회는 시민적·정치적 권리와 경제적·사회적·문화적 권리에 관한 두 국제규약의 초안을 검토하고 있었기에 아동의 권리선언에 대한 이슈는 6년 후인 1957년에 이르러서야 테이블에 올라 적극적으로 논의되었다(E/RES/309(XI)).[20] 인권이사회는 검토를 거친 후 회원국들의 의견을 수렴했으며,[21] 1959년 비로소 아동권리선언을 발표하여 아동은 특별한 보호가 필요한 존재이자, 우선순위에 두고 돌보아야 하는 대상이며, 아동 역시 모든 권리를 차별 없이 향유해야 한다는 점을 강조했다.[22] 1959년 새롭게 채택된 아동권리선언은 전쟁 직후라는 시대적 배경 아래 특별히 취약한 상황에 놓인 아동을 보호하는 데 초점을 두었던 제네바 선언에서 한발 더 나아간 것이었다. 즉 아동을 인권을 가진 자유로운 주체로 인정하여 아동의 성장 및 발달과 관련된 권리를 강조하는 등 보다 적극적인 조항을 마련한 것이다(김정래, 1999).

한편, 세계인권선언을 근거로 시민적·정치적 권리에 관한 국제규약(The International Covenant on Civil and Political Rights [ICCPR])과 경제적·사회적·문화적 권리에 관한 국제규약(International Covenant on Economic, Social, and Cultural Rights [ICESCR])[23] 등 국제인권조약들이 차례로 채택되었다. 그 과정에서 국제사회는 특히 '부족하고 미숙한, 덜 자란 존재'라는 아동에 대한 시각이 실질적으로 인권을 적용하는 대상에서 아동을 배제하게 된 현실을 자각하게 되었다. 그러던 중 1976년, 유엔총회는 아동권리선언 채택 20주년을 기념하여 1979년을 세계 아동의 해(International Year of the Child)로 선정하고 아동권리 이행을 촉구하는 계기로 삼자는 결의안을 채택하게 된다(A/RES/31/169).[24] 결의안은 각 국가가 아동의 삶의 질(well-being) 증진을 위해 시행하고 있는 프로그램들을 검토하도록 촉구했다. 또한, 아동에게 기초 서비스를 제공하는 것이 아동 개개인의 삶의 질뿐만이 아니라 사회경제적 발전 측면에서도 주요하다는 것, 그리고 이는 국제협력을 통해서 보완될 수 있다는 점을 명시했다.

이전 문서들이 주로 아동복지의 증진 측면을 언급했다면, 결의안은 아동의 삶의 질 전반을 고려하기 시작했다는 데 차이가 있다. 특히 아동들의 삶의 질을 향상하는 데 필요한 각종 서비스나 프로그램 제공 등 구체적인 방안이 언급되었고, 그 과정에서 각국의 상황을 고려하여 국제협력을 강조했다는 것이 눈에 띄게 달라진 점이라고 볼 수 있다. 이에 따라 세계 아동의 해는 ① 아동을 위한 옹호의 틀을 제공하고 아동의 특별한 욕구에 대한 의사 결정권자와 대중의 인식을 높이며, ② 아동을 위한 프로그램이 아동의 이익을 위한 지속적인 활동을 이어갈 수 있도록 경제 및 사회 계획의 필수적인 부분이 되어야 한다는 인식 촉구를 강조했다. 이때 유니세프는 세계 아동의 해와 관련된 활동을 조정하는 유엔 시스템 내 주관 기관(lead agency)으로 지정되었다.

- 모든 형태의 인종차별 철폐에 관한 국제협약 (1965)
- 시민적·정치적 권리에 관한 국제규약 (1966)
    - 제1선택의정서[개인진정]
    - 제2선택의정서[사형제 폐지]
- 경제적·사회적 및 문화적 권리에 관한 국제규약 (1966)
    - 선택의정서
- 여성에 대한 모든 형태의 차별철폐에 관한 협약 (1979)
    - 선택의정서
- 고문 및 그 밖의 잔혹한 비인도적인 또는 굴욕적인 대우, 처벌의 방지에 관한 협약 (1984)
    - 선택의정서
- 아동의 권리에 관한 협약 (1989)
    - 제1선택의정서[아동의 무력충돌 참여]
    - 제2선택의정서[아동매매·아동성착취]
    - 제3선택의정서[개인진정]
- 모든 이주 노동자와 그 가족의 권리보호에 관한 국제협약 (1990)
- 강제실종으로부터 모든 사람을 보호하기 위한 국제협약 (2006)
- 장애인의 권리에 관한 협약 (2006)
    - 선택의정서

UN 국제인권조약(채택연도)

2장
아동권리협약이 채택되기까지, 10년의 여정

아동권리선언이 채택된 이후로 각 국가가 사회·경제적 정책 내에서 선언의 원칙들을 부분적으로나마 다루기 시작하는 등 아동과 아동의 권리에 대한 관점 변화가 점진적으로 이루어졌다(UN Commission on Human Rights, 1978). 그러나 여전히 아동권리선언은 선언적 효력에 그쳤으며, 일부 권리는 명확하게 제시되지 않거나 생략되었고, 선언 이행에 참고할 수 있는 지침 또한 제공되지 않았다. 이러한 배경에서 일부 국가들은 법적 구속력이 있는 아동권리규범의 필요성을 제기하게 되었다(Sahovic, Deok, & Zermatten, 2012).

이에 1978년 폴란드 대사 유지니어스 와이즈너(Eugeniusz Wyzner)는 아동권리협약[25]에 대한 논의를 인권위원회(Commission on Human Rights)[26] 의제로 제안했다. 폴란드가 작성한 아동권리협약 초안은 유엔 회원국의 의견과 동의를 받아 총 19개 조항으로 수정되어 인권위원회에 제출되었고(UN Commission on Human Rights,

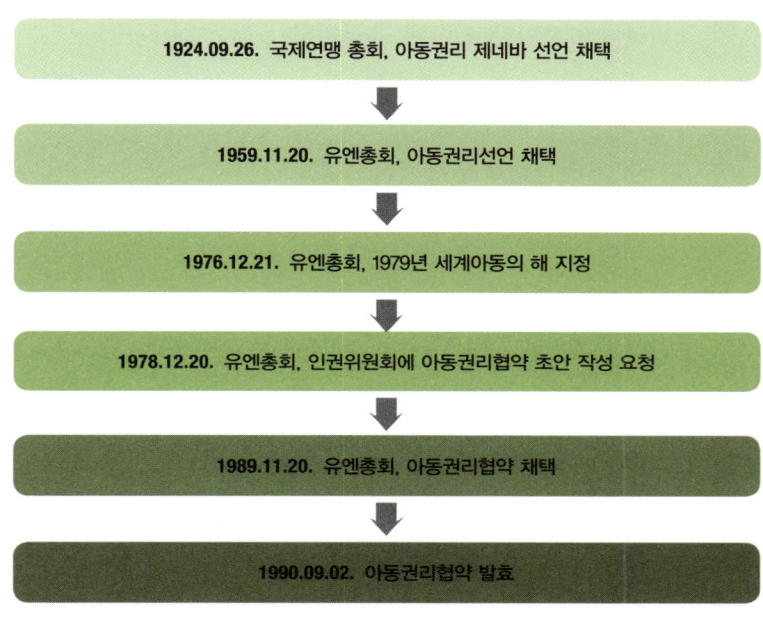

1924.09.26. 국제연맹 총회, 아동권리 제네바 선언 채택

1959.11.20. 유엔총회, 아동권리선언 채택

1976.12.21. 유엔총회, 1979년 세계아동의 해 지정

1978.12.20. 유엔총회, 인권위원회에 아동권리협약 초안 작성 요청

1989.11.20. 유엔총회, 아동권리협약 채택

1990.09.02. 아동권리협약 발효

아동권리협약 채택 및 발효 경과

1978),[27] 유엔 사무총장은 회원국은 물론 전문기구, 지역의 정부 간 조직(regional intergovernmental organization), 그리고 비정부기구를 포함한 권한이 있는 기구들의 의견을 요청했다(E/1978/34).[28] 이렇게 수렴된 의견을 토대로 1978년 12월 20일 유엔총회는 아동권리협약 초안 작성을 인권위원회에 요청했고, 가능하면 세계 아동의 해로 지정된 1979년에는 채택될 수 있기를 희망했다(A/RES/33/166). 그에 따라 1979년 협약 작성을 위한 실무그룹(Open-ended Working Group on the Question of a Convention on the Rights of the Child)이 구성되었다.

아동권리협약 초안은 기존에 유엔에서 채택된 아동권리선언문을 바탕으로 작성되었다. 무엇보다 시민적·정치적 권리에 관한 국제규약(제23조와 제24조)과 경제적·사회적·문화적 권리에 관한 국제규약(제10조)에서도 아동권리의 중요성이 거듭 다루어졌던 터라 큰 어려움 없이 채택될 것으로 예상했지만, 검토에 검토가 거듭되면서 협약 초안을 마련하는 과정은 난항을 겪어야 했다. 실무그룹은 1979년부터 1988년 2월까지 1차 초안을 마련했고, 1988년 11월 28일부터 12월 9일 사이에 진행된 실무그룹 논의를 통해 2차 초안을 작성했다. 1989년에 이르러 비로소 협약 초안이 인권위원회 제45회기에 상정되었으니, 무려 10년이라는 시간이 걸린 셈이다.

이후, 인권위원회는 1989년 3월 8일 협약 초안을 수정 없이 일괄 채택하면서 1989년 11월 제44회기 유엔총회에 제출하게 된다 (resolution 1989/57). 협약 초안이 마련되기까지 긴 시간이 걸렸던 반면, 실제로 협약을 채택하는 데엔 속도가 붙었다. 1989년 11월 20일이 세계 아동의 해 10주년인 데다가, 1959년 11월 20일 아동권리선언의 해로부터는 30주년이 되는 의미 있는 날이었기 때문이다.[29] 덕분에 1989년 11월 20일 유엔총회에서 아동권리협약(Convention on the Rights of the Child [CRC], 이하 아동권리협약 또는 협약)*이 만장일치로 채택되었고, 마침내 아동권리에 대한 국제인권규범이 마련되었다(정태수, 1989).

아동권리협약 초안을 만드는 과정에서 유엔 사무총장 하비에르 페레스 데 케야르(Javier Pérez de Cuéllar)는 "사회가 그 사회의 아동들을 어떻게 대하느냐는 그 사회의 복지정책과 열정의 양상은 물론

★ 한국을 포함한 국제사회는 아동권리협약(Convention on the Rights of the
Child, CRC)을 통상적으로 유엔아동권리협약(UNCRC)이라고 지칭한다. 그러
나 아동권리협약은 유엔헌장과 구별되는 독립된 조약이며, 유엔이 승인한 회원
국 외에도 가입·비준할 수 있는 국제인권법이라는 측면에서(정인섭, 2016), UN
Convention이 아니라 International Convention on the Rights of the Child
가 더 정확하다. 자유권규약과 사회권규약이 International Covenant on Civil
and Political Rights, International Covenant on Economic, Social and
Cultural Rights라 명시한 취지와 같다(이양희·김상원, 2013). 이에 이 책에서는
Convention on the Rights of the Child를 아동권리협약이라 표기하였음을 밝
힌다.

그 사회의 정당성에 대한 감각, 미래에 대한 참여 의도, 그리고 다음
세대의 인권을 향상시키기 위한 의욕 등을 반영한다"고 말했다. 즉,
아동의 권리를 설명하는 국제적 합의는 현재의 인권과 미래의 인권
을 포용하는 과정적 관점을 실천하는 준거라는 뜻이다. 다행히 지
속 가능한 발전을 지향하는 국제사회의 방향성은 아동권리협약 채
택 만장일치라는 결과로 드러났고, 아동권리협약은 20번째 국가의
협약 비준서가 유엔 사무총장에게 기탁된 날로부터 30일째 되는
날인 1990년 9월 2일,[30] 유엔이 채택한 국제인권규범 중 가장 빠르
게 발효되었다.

3장
한국의
아동권리 태동과 발전

1923년 아동권리선언(Geneva Declaration of the Rights of the Child)의 영향을 받았다는 직접적인 기록은 찾아볼 수 없지만, 같은 해 한국에서도 아동을 바라보는 관점의 변화가 필요하다는 각성이 일어났다. 그때까지는 한국 역시 아동을 성인의 부속물이나 종족 보존의 수단으로 여기는 성인 중심의 사회였다. 더욱이 도덕윤리의 근간으로 작용한 유교적 문화는 어른과 아이 사이의 차례와 질서를 강조했고(장유유서), 이는 아동이 성인과 동등한 존재로 인식되는 데 걸림돌이 되었다. 한국이 처한 일제강점기라는 시대적 배경도 이러한 시각을 고착하는 데 일조했다. 아동을 칭하는 '어린이'[31]라는 용어가 있었음에도 '어린놈' '어린애놈' '어린계집애'로 아이들을 지칭하며 얕잡아보는 풍조도 만연했다(김정의, 1997).[32]

아동을 수동적 대상으로 바라보던 종래의 관점은 1922년 천도교소년회가 5월 1일을 어린이날[33]로 정하고, 소년 보호를 위해 발표

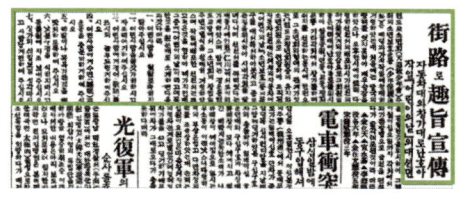

최초의 어린이날 기념 행사 선전문

한 일곱 가지 당부의 말을 기점으로 변화하기 시작한다.[34] 천도교 소년회는 1922년 5월 1일 최초의 어린이날을 기념하며 거리 선전을 진행했고,[35] 다음 해에는 소년운동협회[36]가 어린이날을 기념하며 발표한 소년운동의 기초조항[37]을 통해 아동을 성인과 동등한 인격체로 대우할 것을 강조했다.

특히 1923년에 발표한 소년운동의 기초조항이 "조선에서 처음으로 어린이에게도 사람의 권리를 주는 동시에 사람의 대우를 하자고 떠드는 날이 돌아왔다. 지금에 우리 조선 사람은 어른이나 아이가 누가 사람의 권리가 있으며 사람의 대우를 받는가 생각하면 실로 기가 막히는 일이다"고 기술한 것은 주목할 만하다. 아동의 권리 보장이 어린이날을 정한 목적에 포함되어 있음을 분명히 알 수 있기 때문이다.

이러한 한국의 소년운동엔 특이점이 있다. 아동권리 자체에 초점을 맞추었다기보다 독립운동과 민족운동의 측면에서 소년운동이 시작된 점이다. 그러나 민족의 주체성을 실현하기 위한 노력이 아동기부터 필요하다는 인식은 아동의 존재론적 지위를 전제하는 것이며, 아동을 독립운동의 동참자로서 존중했다는 관점이 투영된 결과

어린이날 기념행사 선전문

1. 어린 사람을 헛말로 속히지 말아주십시오
2. 어린 사람을 늘 갓가히 하시고 자로 리야기하여 주십시오
3. 어린 사람에게 경어를 쓰시되 늘 부드럽게 하여 주십시오
4. 어린 사람에게 수면과 운동을 충분히 하게 하여 주십시오
5. 리발이나 목욕가튼 것을 때 맞처 하도록 하여 주십시오
6. 낫분구경을 식히지 마시고 동물원에 자조 보내주십시오
7. 장가와 시집보낼 생각 마시고 사람답게만 하여 주십시오

최초의 어린이날 기념행사 선전문(1922.05.02. 〈동아일보〉 3면)

라 할 수 있다. 모든 사람의 존엄성을 수용하며 누구도 배제하지 않는 사회, 독립된 국가를 만들어갈 동료로 아동을 바라보았다는 점에서 소년운동의 가치를 높이 평가할 수 있다.

한편, 국제적으로 아동의 권리주체성에 대한 논의가 시작되고, 아동권리협약이 채택되는 등 큰 변화의 물결은 국내에도 조금씩 알려졌다. 유엔 경제사회이사회 산하 사회위원회를 통해 유엔총회에서 채택된 아동권리선언,[38] 아동권리선언 20주년을 기념하며 유엔총회가 선포한 1979년 세계 아동의 해,[39] 그리고 아동권리협약이 만장일치로 채택된 소식과 협약이 담고 있는 아동권리에 대한 내용에 이르기까지 아동권리에 관한 국제인권규범이 형성되는 다양한 과정이 여러 매체를 통해 보도되며 사회적 관심을 환기한 것이다.

"내가 1959년에 대학을 들어갔거든요. 들어가서 얼마 안 돼서 연말쯤 11월인가, 국제아동권리선언이라는 게 발표됐어요. (……) 남영동에 US Information Center, 미국 공보원에서 봤을 거예요."_2021년 2월 8일, 송상현 (전) 회장 인터뷰

정부와 국회 차원의 행보도 주목할 만하다. 아동권리선언이 채택되기 전인 1957년 2월에는 국내 아동 관련 단체가 초안을 마련하고 내무부(행정안전부 전신), 법무부, 문교부(교육부 전신), 보건사회부(보건복지부 전신) 4개 부처의 장관이 공동명의로 「대한민국 어린이헌장」[40]을 제정·공포했다. 제40회 국무회의에 상정된 안건 내용에 따르면, 1924년 국제연맹의 아동권리선언(제네바 선언) 이래 한국에는 어린이 보호와 관련한 법률이나 기본 강령으로 기능할 수 있는 어린이헌장조차 없는 상황에서, 한국의 어린이 육성의 기본정신을 밝히고 인권을 존중하는 것을 제정 배경으로 밝히고 있다.[41] 위

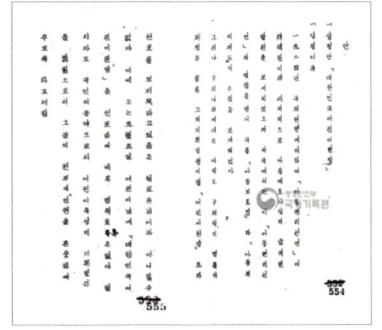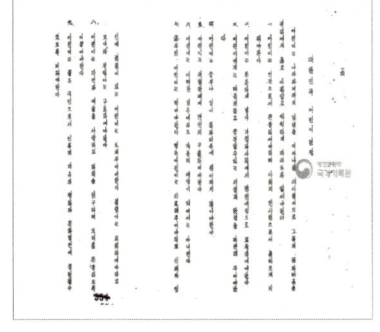

국무회의상정안 내 어린이헌장(1957) 전문

헌장은 아동권리선언과 유사한 내용을 담고 있으며, 아동복지 증진을 위한 국가, 사회, 가정의 책임을 공적으로 확인한 문서였다. 이후 1988년, 보건사회부는 어린이헌장이 시대에 맞지 않고 피상적으로 작성된 측면이 있다고 판단하여 관계 전문가들 30여 명과 함께 헌장을 개정했으며, 제66회 어린이날을 맞아 개정된 어린이헌장(전문과 11개 항)[42]을 공포했다.[43]

1978년 7월 15일에는 1980년 1월 1일 폐지되는 한시법으로 「세계아동의해기념사업추진위원회규정」[44]이 제정되었다. 보건사회부에 설치된 세계아동의해기념사업추진위원회는 보건사회부장관과 보건사회부차관을 각 위원장과 부위원장으로 하고, 경제기획원차관, 내무부차관, 법무부차관, 문교부차관, 문화공보부차관, 국무총리기획조정실장 및 위원장이 위촉하는 자를 포함한 20인 이내의 위원으로 구성되었으며(제3조), 보건사회부 부녀아동국장과 관계행정기관 및 관련된 단체의 직원 중에서 위원장이 위촉하는 자로 구성된 실무위원회(제6조)가 편성되었다. 당시 124,430,000,000원의 예산이 책정되어, 각 기초지방자치단체에 모자보건센터 건립, 출산 준비와 영유아 건강 지원, 장애아동 실태조사 및 부처별 기념사업과 행사도 계획되었다.[45]

1989년 5월에는 유니세프 뉴욕본부에서 파견된 구삼열 의회담당 조정관을 통해 국내 4당의 의원으로 구성한 "아동·인구개발문제를 위한 한국국회의원협의회"(가칭)[46] 결성이 합의에 이르러 같은 해 11월 6일 "아동, 인구, 개발을 위한 한국 국회의원연맹"이 설립되었다.[47] 아동과 관련된 문제를 다루는 국회의원 모임은 유엔총회에

대한민국 어린이 헌장(1957)

　　어린이는 나라와 겨레의 앞날을 이어나갈 새 사람이므로 그들의 몸과 마음을 귀히 여겨 옳고 아름답고 씩씩하게 자라도록 힘써야 한다.

1. 어린이는 인간으로서 존중하여야 하며 사회의 한 사람으로서 올바르게 키워야 한다.
2. 어린이는 튼튼하게 낳아 가정과 사회에서 참된 애정으로 교육하여야 한다.
3. 어린이에게는 마음껏 놀고 공부할 수 있는 시설과 환경을 마련해주어야 한다.
4. 어린이는 공부나 일이 몸과 마음에 짐이 되지 않아야 한다.
5. 어린이는 위험한 때에 맨 먼저 구출하여야 한다.
6. 어린이는 어떠한 경우에라도 악용의 대상이 되어서는 아니 된다.
7. 굶주린 어린이는 먹여야 한다. 병든 어린이는 치료해주어야 하고 신체와 정신에 결함이 있는 어린이는 도와주어야 한다. 불량아는 교화하여야 하고 고아와 부랑아는 구호하여야 한다.
8. 어린이는 자연과 예술을 사랑하고 과학을 탐구하며 도의를 존중하도록 이끌어야 한다.
9. 어린이는 좋은 국민으로서 인류의 자유와 평화와 문화발전에 공헌할 수 있도록 키워야 한다.

세계아동의해기념사업추진위원회 후원으로 진행된 매체 전략 세미나

서 논의 예정인 아동권리협약 채택에 대비한 것으로, 협약에 부합하는 국내법 체계 정비를 촉구하는 기회가 되었으며, 삼권분립으로 대표되는 국가권력의 견제와 조정을 통해 범국가 단위에서 아동권리를 보장하기 위한 기틀을 마련했다고 볼 수 있다.

"처음에는 아는 국회의원들, 여당, 야당 분들을 만났어요. 그랬더니 적극 협조하시겠다고. 그다음에 그분들이 각 당에다 이런 제안이 왔는데 좋은 것 같다고 하니, 당에서 반대할 이유가 뭐가 있겠어요. 우리 의원들이 좋은 의제를 가지고 국제활동을 한다는데. 그래서 당에서도 흔쾌히 허가를 내주고, 그런데 뭐가 좀 더 시간이 걸렸냐면, 결성하는 건 좋은데 국회 내에서도 공식 활동그룹으로 인정을 받아야 예산이 배정돼요. 그래야 사무실도 유지할 수가 있고, 만약에 국제회의 간다고 하면 경비도 나오는 거고, 세미나를 할 때도 경비가(지원되고). 우리 그 모임을 CPE(Children, Population and Environment)라고 했는데, CPE 활동이 활성화되는 것이 쉬운 일은

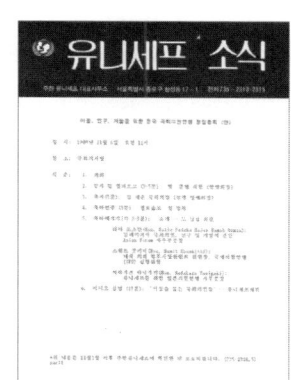

아동, 인구, 개발을 위한 한국국회의원연맹 창립총회 일정(유니세프 소식)

아니었습니다. 왜냐하면 국회의 예산 대상이 되어야 하는데, 그게 한 3년 후에 됐거든요. 그다음부터는 CPE 활동이 훨씬 더 활성화됐죠. 그래서 국제적으로도 중요한 회의만 있으면 한국에서 꼭 대표 한두 번은 나왔구요."_2021년 4월 27일, 구삼열 (전) 조정관 인터뷰

한국은 협약 채택 당시 유엔 회원국이 아니었지만, 협약이 채택되는 일련의 과정은 한국 사회에도 크고 작은 영향을 미쳤다. 정부와 국회가 아동권리 실현을 위한 의무이행자의 역할을 인식하고 수행하게 하는 동력이 된 것이다.

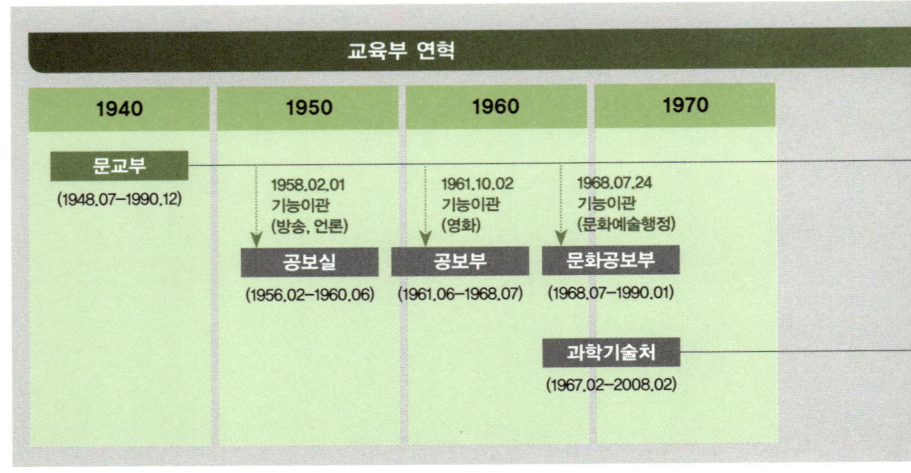

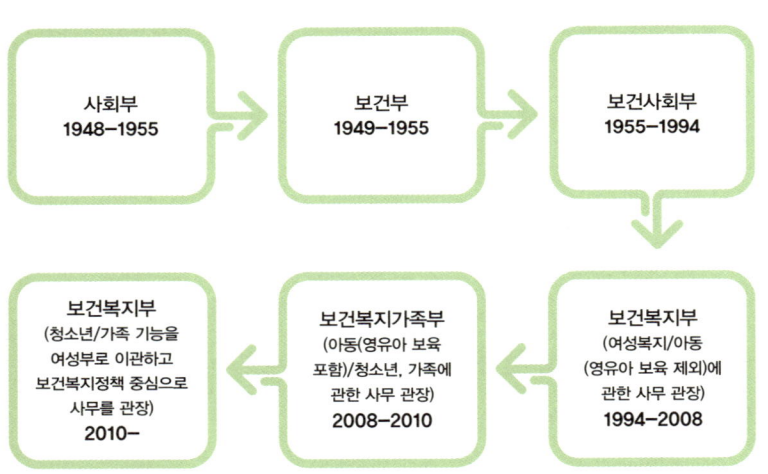

아동권리협약 이행 관계부처 조직 변천

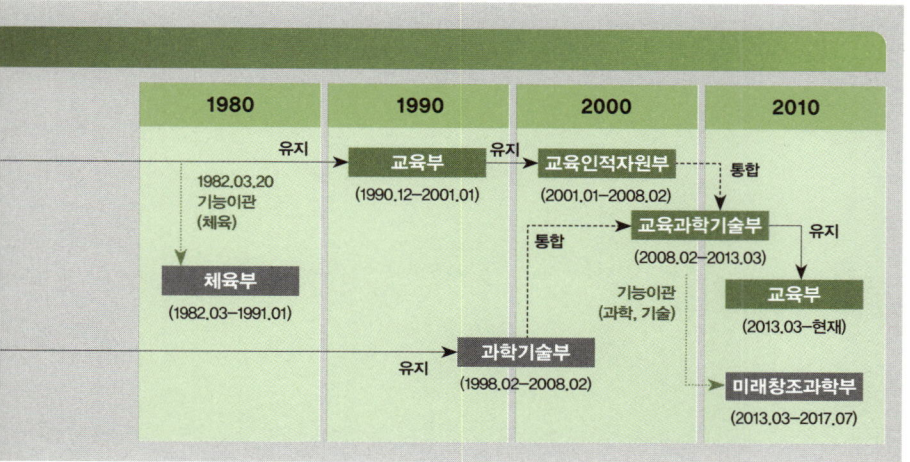

1980	1990	2000	2010

유지 → 교육부 (1990.12~2001.01)
1982.03.20 기능이관 (체육)
체육부 (1982.03~1991.01)

유지 → 교육인적자원부 (2001.01~2008.02)
통합 → 교육과학기술부 (2008.02~2013.03)
유지 → 교육부 (2013.03~현재)

기능이관 (과학, 기술)
통합 →
유지 → 과학기술부 (1998.02~2008.02)
→ 미래창조과학부 (2013.03~2017.07)

여성가족부 연혁

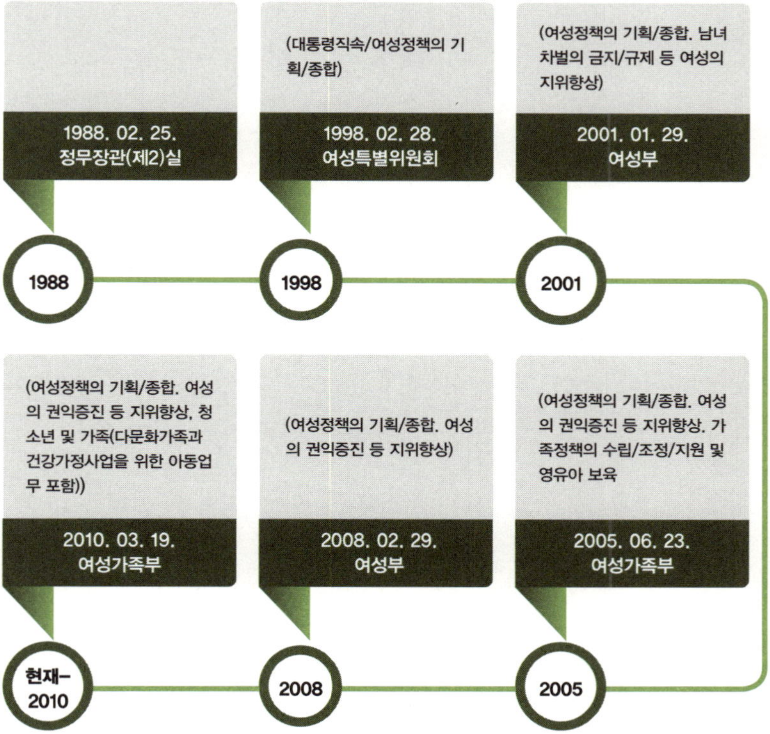

(대통령직속/여성정책의 기획/종합)

(여성정책의 기획/종합. 남녀 차별의 금지/규제 등 여성의 지위향상)

1988. 02. 25. 정무장관(제2)실

1998. 02. 28. 여성특별위원회

2001. 01. 29. 여성부

1988 **1998** **2001**

(여성정책의 기획/종합. 여성의 권익증진 등 지위향상, 청소년 및 가족(다문화가족과 건강가정사업을 위한 아동업무 포함))

(여성정책의 기획/종합. 여성의 권익증진 등 지위향상)

(여성정책의 기획/종합. 여성의 권익증진 등 지위향상. 가족정책의 수립/조정/지원 및 영유아 보육

2010. 03. 19. 여성가족부

2008. 02. 29. 여성부

2005. 06. 23. 여성가족부

현재– 2010 **2008** **2005**

2부

규범 도입의 시대

1장
한국의 아동권리협약 비준
(1991년)

아동권리협약은 국제사회가 아동권리 실현을 위해 마련한 규범적 근거로서, 협약을 비준한 각 당사국은 국제법상 이를 이행해야 할 의무가 있다.[48] 협약 비준은 그 자체로 국내에서 규범력을 발생시키는 요건이 된다. 뿐만 아니라 국제인권법 채택 취지에 부합하여 아동권리와 관련된 개별 국내법 제정 및 개정, 그리고 사법적 판례에 변화를 가져온다는 점에서 아동권리 실현을 위한 국내법·제도의 규범력을 강화하는 기회도 된다(정진경, 2010).

본 장에서는 한국이 협약 비준을 검토하게 된 시점부터 협약을 비준하게 된 경위, 비준 이후 협약 이행에 대한 정기보고서 제출에 따른 제1차 심의와 제2차 심의를 중심으로 정리하며, 아동권리협약이 한국에 알려지고 정착하는 단계의 기록과 인터뷰를 바탕으로 한국에서 아동의 권리가 실체적 권리로 형성되는 과정을 살펴보려고 한다.

"금세기의 마지막 시간들은 어린이를 위한 시간이 되어야 합니다. 그래야 21세기가 평화의 시대, 번영의 시대가 될 수 있으며, 온 인류가 바라는 그런 세상이 될 것입니다."_세계아동정상회의 공동의장 트레오레 말리 대통령 마지막 발언

1990년 9월 29-30일, 제45차 유엔총회 기간 중 뉴욕 유엔본부에서는 유니세프 주관 아래 세계아동정상회의(World Summit for Children)[49]가 개최되었다. 세계아동정상회의는 유니세프의 제임스 그랜트(James P. Grant) 총재가 1989년 세계아동현황보고(the State of the World's Children)에서 처음 제의했으며, 발의를 주도한 말리, 멕시코, 스웨덴, 이집트, 캐나다, 파키스탄 6개국을 포함한 28개 국가가 참여하여 추진위원회를 조직했다.[50] 하비에르 페레스 데 케야르 유엔 사무총장은 유엔과 산하 관련 기구를 대표하여 1990년 3월 세계 각국 정상들에게 초청장을 발송하며, '인간사회의 사회·경제적 발전에 가장 중요한 요소인 아동의 생존과 보호, 발달을 위해 보다 높은 차원의 정치적 의지와 결단을 호소하기 위한 것'이라고 세계아동정상회의의 목적을 설명했다.[51]

71개국 정상을 포함한 159개국 대표(참가국 71개국, 한국을 비롯한 참관국 88개국)가 참여한 세계아동정상회의는 '1990년대 아동의 생존, 보호, 발달을 위한 세계선언 및 행동계획(The World Summit Declaration and Plan of Action for Survival, Protection and Development

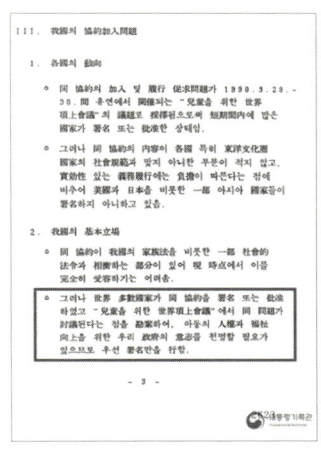

아동의 권리에 관한 협약 서명 (대통령 내부결제 문서 中)

of Children for the 1990s)'을 만장일치로 채택했으며, 각국의 협약 비준과 이행을 촉구했다. 유엔 회원국들은 1990년대 국가행동계획 (National Plan of Action, 1990년대 NAP)[52]을 마련하고 시행할 것, 유니세프를 비롯한 유엔기구들이 국제협력의 관점에서 이를 지원할 것을 결의했다.[53]

세계아동정상회의가 개최된 1990년은 한국이 유엔에 가입하기 이전으로, 한국은 세계아동정상회의에 참석하지 않았다.[54] 그러나 당시 "세계 다수국가가 위 협약에 서명 또는 비준했고, 아동을 위한 세계정상회의에서 같은 문제가 토의된다는 점을 감안하여, 아동의 인권과 복지 향상을 위한 우리 정부의 의지를 천명할 필요가 있으므로 우선 서명만을 행한다"는 입장을 표명하면서 아동권리협약 서명에 대한 대통령 재가를 이루어냈다. 세계아동정상회의를 통한

촛불축제 (유니세프 소식지)

국제사회의 논의가 한국의 관심과 참여 가능성을 높인 셈이다(대통령 내부결제 문서 참조).[55] 이러한 협약 서명은 관계부처(내무부, 법무부, 문교부, 체육부, 보건사회부 등)의 합의를 거친 결과로, 1990년 9월 25일 제45차 유엔총회에 참석한 최호중 외무부장관이 협약에 서명했다.[56] 또한, 1991년 6월 25일에는 '1990년대 아동의 생존, 보호, 발달을 위한 세계선언 및 행동계획'에 서명하며, 한국도 1990년대 국가행동계획 수립에 대한 책무를 부담하게 되었다.[57]

세계아동정상회의를 앞둔 1990년 9월 23일에는 미국, 캐나다, 소련, 영국 등 전 세계 75개 국가에서 성공적인 회의 개최를 기원하는 촛불축제가 추진되었다. 세계아동정상회의에 참석한 제임스 그랜트 유니세프 총재는 전 세계에서 진행된 촛불축제를 언급하며 "일주일 전 이 정상회의의 성공을 바라는 백만 개의 촛불이 밝혀졌습니다. 어떤 종교를 가졌든 그 촛불을 든 모든 아동은 이 회의가 아동들의 삶에 전환점이 되기를 간절히 기도했습니다. 비단 세계의 아동을 위해서만이 아니라 우리 모두를 위해서였습니다"라고 설명했다.[58] 당시 한국도 이 촛불축제에 동참하며, 아동을 포함한 모든 사람의 인권보장을 소망하는 촛불을 밝혔다. 한국어린이재단(초록우산어린이재단의 전신)이 주관하여 촛불축제한국준비위원회가 조직되었으며, 유니세프한국사무소가 이를 재정적으로 지원했다.[59] 한국의 민간단체도 아동권리협약 비준을 촉구하는 세계적 흐름에 함께했던 것이다.

● 한국은 어떻게 아동권리협약을 비준하였을까

조약체결은 외교부(아동권리협약 비준 당시 외무부)의 내부검토[60]를 거친 후, 법제처 심사, 국무회의 심의, 대통령 재가를 마쳐야 한다. 필요한 경우 국회의 비준 동의가 있어야 하는데, 이 모든 절차를 통해 비로소 조약체결이 완료되는 것이다. 당시 외무부는 유엔에서 아동권리협약이 채택된 직후, 비준 여부를 검토하기 시작한 것으로 보인다.

"1989년, 아동권리협약이 채택되고 발효되기 전에, 1990년 상반기 언제쯤에 외교부에서 나보고 이걸 번역해달라고 요청했고, 그다음에는 가입할 때 어떤 법률적인 문제점이 있겠는가, 국내법 이행 문제를 검토해달라고 요청해서 몇 달 정도 시간을 주고 했던 것 같아요. 1990년 8월 21일에 내가 번역본과 그 보고서를 외교부에 줬다고 그 당시 수첩에 기록되어 있더라구요. 아동권리협약 번역을 본격적으로 제대로 다 한 건 내가 처음일 거예요. (다만, 내가 했던) 그 번역이 현재의 정부 공식본으로 그대로 채택되지는 않았고, 외교부 내부 검토과정에서 이런저런 수정이 있었고(……)"_2020년 12월 11일, 정인섭 교수 인터뷰

아동권리협약을 포함한 국제인권조약은 헌법이 정하는 법령안으로서, 국무회의에 상정될 법령안과 총리령안 및 기타 법제에 관한 사무를 관장하는 법제처[61]의 심사를 거쳐야 한다. 당시 협약을 검토한 법제처는 "협약 제9조 제3항(부모 면접교섭권), 제21조 (a)항(입양의 허가), 제40조 제2항 (b)(v)(상소권 보장) 규정이 한국 현행 민법, 호적법 및 군사법원법 등의 규정과 상충되므로, 이들 조항을 유보하지 아니하고 이 협약에 가입하는 한 국회의 동의를 요하는 조약에 해당되는 것으로 판단"된다는 검토의견을 외무부에 회신했다(법제처 회신 공문 참조).[62] 3개 조항을 제외하고 협약에 가입한다면 국회동의가 필요하지 않다는 취지다. 「헌법」 제60조 제1항에 따라 국회는 "상호원조 또는 안전보장에 관한 조약, 중요한 국제조직에 관한 조약, 우호통상항해조약, 주권의 제약에 관한 조약, 강화조약, 국가나 국민에게 중대한 재정적 부담을 지우는 조약 또는 입법사항에 관한 조약[63]의 체결·비준에 대한 동의권"을 갖는데, 아동권리협약은 법제처가 국내법과 충돌한다고 판단한 3개의 조항을 유보(reservation)[64]하면 협약을 비준하더라도 입법 및 예산과 관련된 추가적인 조치가 반드시 필요하지는 않다고 해석한 것이다.[65] 사진으로 삽입한 법제처 공문은 외교부에 대한 정보공개청구 결정(2020. 3. 6. 결정)으로 받은 것이다.

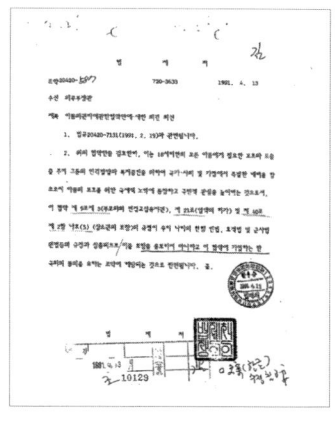

아동권리협약 국회 동의 여부 법제처 검토의견 공문

이처럼 아동권리협약은 국회 동의를 거치지 않고 비준되었는데, 동의를 거치지 않았다고 해서 협약의 효력이 달라지는 것은 아니다. 헌법은 모든 조약이 국회 동의를 받기를 요구하지 않으며, 국회 동의가 없었다고 해서 조약의 체결 요건을 갖추지 못했다고 볼 수 없다(「헌법」 제6조 제1항). 따라서 헌법에 의해 체결·공포된 조약은 국회 동의와 무관하게 국내법적 효력을 갖는 규범적 근거가 된다.

다만, 아동권리협약은 한국이 비준한 7개의 국제인권조약 중 유일하게 국회 동의를 거치지 않았다. 이와 관련하여 "여타 인권조약들은 아동권리협약과는 달리 유보에도 불구하고 일부 조항이 헌법 제60조 제1항에 규정된 입법사항 또는 주권제약 사항에 해당했기 때문에 국회의 동의를 거친 것"이라는 외교부의 설명을 들을 수 있었다(국민 신문고 답변 참조).

조약명	국무회의 심의	국회 동의	비준서 기탁일	발효일
모든 형태의 인종차별 철폐에 관한 국제협약	1978.07.14. (제49회)	1978.11.14. (제100회 국회 제13차 본회의)	1978.12.05.	1979.01.04. (조약 제667호)
여성에 대한 모든 형태의 차별철폐에 관한 협약	1984.09.19. (제40회)	1984.12.18. (제123회 국회 제17차 본회의)	1984.12.27.	1985.01.26. (조약 제855호)
경제적, 사회적 및 문화적 권리에 관한 국제규약	1989.10.05. (제39회)	1990.03.16. (제148회 국회 제9차 본회의)	1990.04.10.	1990.07.10. (조약 제1006호)
시민적 및 정치적 권리에 관한 국제규약	1989.10.05. (제39회)	1990.03.16. (제148회 국회 제9차 본회의)	1990.04.10.	1990.07.10. (조약 제1007호)
아동의 권리에 관한 협약	1991.10.09. (제49회)	불요	1991.11.20.	1991.12.20. (조약 제1072호)
고문 및 그 밖의 잔혹한, 비인도적인 또는 굴욕적인 대우나 처벌의 방지에 관한 협약	1994.09.22. (제40회)	1994.12.15. (제170회 국회 제18차 본회의)	1995.01.09.	1995.02.08. (조약 제1272호)
장애인의 권리에 관한 협약	2008.04.22. (제17회)	2008.12.02. (제278회 국회 제14차 본회의)	2008.12.11.	2009.01.10. (조약 제1928호)

1) 여성에 대한 모든 형태의 차별 철폐에 관한 협약(※비준 당시 제9조, 제16조제1항 (다), (라), (바), (사) 유보): 협약 비준 시 제2조로 인해 여성차별이 되는 법률·규칙·관습·관행을 수정하기 위한 입법조치 의무가 발생하므로 국회 동의 필요.

2) 국제인권규약 (A규약 및 B규약)(※가입 당시 B규약 제14조제5항, 제7항, 제22조, 제23조제4항 유보): B규약 제40조는 인권이사회의 요청이 있는 경우 당사국이 인권에 관한 보고서를 제출하도록 의무화하고 있다는 점에서 헌법 제60조상의 입법사항에 관한 조약에 해당한다고 볼 수 있으며, 따라서 국회의 동의를 얻는 것이 바람직(이후 제138회 국회에 '국제인권규약 가입안'으로 A규약과 B규약을 일괄 상정).

3) 고문 및 그 밖의 잔혹한, 비인도적인 또는 굴욕적인 대우나 처벌의 방지에 관한 협약(※가입 당시 제21조, 제22조 선택조항은 수락하지 않음): 제4조 고문미수범의 처벌 규정이 형법 제29조 및 제125조 규정에 저촉되어 새로운 입법사항에 해당하며, 또한 제20조 내지 제22조에서 고문방지위원회에 의무불이행 당사국에 대한 방문·조사권을 인정하고, 제30조제1항에서 국제사법재판소에 분쟁관할권을 인정한다는 점에서 위 조항을 수락할 경우에는 헌법 제60조제1항의 규정에 의해 국회 동의 필요.

4) 장애인의 권리에 관한 협약(※비준 당시 제25조마호 유보): 제34조제13항에서 장애인권리위원회의 위원에 대하여 국제연합의 전문가에 준하는 특권 및 면제를 향유하도록 규정한 점, 제35조와 제36조에서 당사국에게 협약 이행조치 관련 종합 보고서를 장애인권리위원회에 제출하도록 의무화하고 보고서 제출 시 위원회의 직접조사권을 규정한 점이 주권제약 사

항에 해당하므로 국회 동의 필요.

상기 인권 관련 조약들은 아동권리협약과는 달리, 유보에도
불구하고 일부 조항이 헌법 제60조 제1항에 규정된 입법사항 또
는 주권제약 사항에 해당하여 국회의 동의를 거쳤습니다.

아동권리협약 비준 당시 '국회 동의 불요' 결정 이유에 대한 국민신문고 답변
(2020. 2. 18. 외교부 답변)

외무부가 협약 비준을 위해 관련 부처(내무부, 법무부, 교육부, 보건
사회부, 체육청소년부, 법제처)와 조약 내용을 논의했을 때도 추가적인
법 개정이나 예산이 필요하다는 의견은 없었다는 언급도 있었다.

"외교부에서는 모든 조약에 가입할 때 다 유관부처 의견 조회를 해
요. 이 조약 (내용) 중에서 너의 부처와 관련된 조항으로서 문제점이
지적될 게 있느냐. 그런데 연락이 없었다고 해요. 다른 부처에서 다
상관없다, 하나도 이상이 없다, 다 괜찮다고 한 거지요."_2020년 12월
11일, 정인섭 교수 인터뷰

관련 문헌과 인터뷰 내용을 살펴보았을 때, 국회 동의 필요성에
대한 법제처 검토의견의 타당성은 따로 논하더라도, 이는 협약 비준
당시 아동권리협약과 아동권리에 대한 정부의 낮은 이해도와 관심
정도를 유추하게 해준다. 협약 비준 당시를 기준으로, 유보한 3개 조

항과 관련된 법률 외에도 협약에 부합하지 않는 국내법은 상당히 찾아볼 수 있다. 예를 들면 약혼연령과 혼인적령을 남자는 만 18세, 여자는 만 16세로 정한 구 민법 규정, 취업금지연령을 만 13세로 정했을 뿐 모든 아동에 대한 무상의 초등의무교육을 규정한 협약 제28조 및 노동착취로부터 아동보호를 위한 국가의 입법적·행정적·사회적·교육적 조치를 요청한 협약 제32조와 조화를 이루지 못한 구 근로기준법 규정, 부계혈통주의를 정하는 구 국적법에 따라 모가 외국인인 자녀의 국적과 출생등록에 대한 협약 제7조의 권리를 침해하는 규정 등은 협약 제1조 아동의 정의와 제2조 비차별의 원칙에 명백히 반하는 것들이었다. 협약을 비준한 때로부터 30년에 이르는 현재까지 아동권리 실현을 위한 법률 제·개정 및 자원의 할당과 관련된 권고가 반복되는 중이기도 하다.

더욱이 외교부는 시민적·정치적 권리에 관한 국제규약과 장애인권리협약이 정하는 당사국의 이행보고서 제출 의무 조항을 입법사항 또는 주권제약에 관한 사항이라고 설명하는데, 아동권리협약도 제44조에 당사국의 정기적인 이행보고서 제출 의무를 두고 있다. 아동권리협약을 달리 해석할 이유는 무엇이란 말인가.

한편, 협약 비준 절차에 국회 동의가 생략된 결과, 아동권리협약에 대한 사회적 공론화가 제한되었다는 평가도 있다. 특정 부처와 학계 일부에서만 아동권리협약 비준 문제가 논의되는 바람에 협약의 의미와 방향성을 아우르는 폭넓은 논의가 이루어지지 못했다는 것이다. 결과적으로 아동권리협약은 비준되었고 이후 국내 아동권리 증진에 의미 있는 영향을 주었지만, 사회 각계의 광범위한 참여가 배제된 비준 과정은 아동권리에 대한 당대의 제한적인 인식을 보여주는 역사라 할 수 있다.

"(아동권리협약) 비준이, 국회 의결이 없이 비준 형식을 밟은 것으로 알고 있거든요. 그러다 보니깐 사실 한국에선 (협약을 비준하던 시점에) 공론화가 그렇게 많이 되지를 않았어요. 굉장히 제한적으로 되어 있고, 그때 아마 인권운동사랑방 등에서만 조금 그 논의를 했던 것으로 알고 있습니다. 정태수 씨하고 인권운동사랑방 등이 중심이 되어 민간에 조금 제한적으로 논의가 되었던 것 같고, 그래서 (협약이 어떻게 비준되었는지) 그 과정은 잘 모르겠어요. (……) 제가 1992-1993년 그때 아동학대 관련한 일을 하기 시작하면서, 국제아동학대예방협회(International Society for Prevention of Child Abuse and Neglect, ISPCAN)의 문헌이라든지 그런 쪽 자료를 보면서 '아, 아동권리협약이라는 게 유엔에서 선포되었는데 그게 한국에서는 조금도 공론화되지 않은 상태로, 국회에서도 논의가 되지 않고 비준 절차가 이행되었구나. 이런 것들이 중요하구나' 그렇게 알게 되었죠."_2020년 10월 23일, 안동현 교수 인터뷰

"법제처는 다른 인권조약에 가입할 때도 똑같은 소릴 했어요. 이거, 이거 유보하면 국내법상으로는 문제가 없다, 그런데 정치적으로 이런 것(국제인권규약 비준)이 국회에 안 갈 수가 없지 않느냐. 그렇게 하고 인권조약은 사실 다 같은 거고, 그런 것(국회 동의를 받는 것)도 하나의 관례거든요. 그래서 당연히 외교부에서도 (국회에) 가는 거라

고 생각했죠. (……) 유니세프나 나도 처음에는 국회가 동의한다는 걸 당연히 전제하고, 국회가 키를 잡고 있다고 그랬는데, 어느 날 갑자기 그냥 비준해버렸어요. 비준서 기탁했다고 그러더라고요, 국회 동의 없이."_2020년 12월 11일, 정인섭 교수 인터뷰

"내가 대학생이 되자마자 국제아동권리선언이 있다는 걸 알았고, 이게 앞으로 조약의 형식으로 가겠구나, 하는 생각도 했어요. 그다음에 쭉 인연이 없다가 1972년에 교수가 되었는데, 교수 중에서도 법대 교수니까 그런 걸 잘 보죠. 그러니까 국제적인 동향, 무슨 조약이 성립되고, 비준되고 하는 상황을, 교수하면서 유엔아동권리협약이 유엔총회에서 땅땅 치면 되겠다 하는 것까지 쭉 팔로우를 했어요. 그런데 나는 대학에서 주로 상법, 민사소송법, 지적재산권법, 국제통상법 이런 걸 가르쳤는데, 아동권리협약 같은 것은 국제법 중에서도 국제공법이거든요. 그러니까 이건 우리가 하는 거다 해서, 국제법 선생님들이 들여다보고 알아서 하고, 나는 전공도 관련이 없으니, 끼워주질 않아요. 개인적으로는 팔로우를 했지만, 내가 할 수 있는 일이 없더라구요. 우리 학교에 국제법 선생님들하고 외교부 담당하는 분들하고 사제 간의 관계도 있고, 여러 가지 인간관계도 얽히고 해서. 나는 조약체결 검토하고 비준을 준비하는 동안에 크게 관여한 게 없어요."_2021년 2월 8일, 송상현 (전) 회장 인터뷰

그렇게 국회 동의를 생략한 협약 비준에 관한 안건은 1991년 10월 9일 제49회 국무회의 심의를 통과했고, 1991년 10월 23일 대통

아동권리협약 비준서(안)

령 재가를 받았다. 한국은 1991년 11월 20일 이상옥 외무부장관 명의의 비준서를 유엔 사무총장에게 기탁했고(협약 제47조), 협약 은 비준서를 기탁한 날부터 30일째 되는 1991년 12월 20일 조약 제 1072호로 발효되었다. 정부는 관보 제12002호(1991년 12월 2일)를 통해 「아동의 권리에 관한 협약」을 공포했으며, 이로써 아동권리협 약은 국내적으로 효력이 발생하게 되었다.[66]

2021년 7월 현재 아동권리협약은 193개 유엔 회원국 중 미국을 제외한 192개 국가가 비준했으며, 바티칸(Holy See), 니우에(Niue), 쿡아일랜드(Cook Islands), 팔레스타인(State of Palestine) 4개 자치국가 까지 협약을 비준함으로써 196개라는 가장 많은 국가가 비준한 국 제인권조약이 되었다.

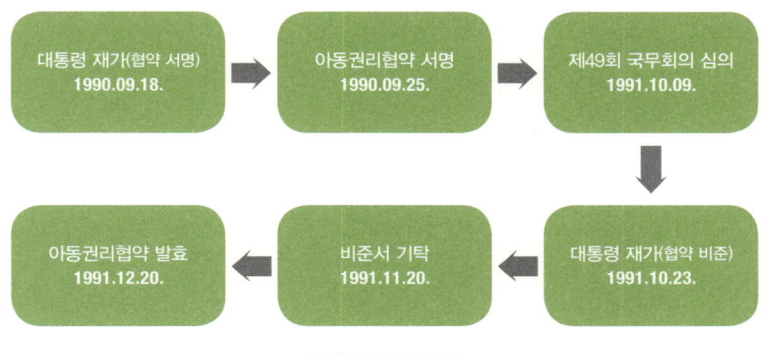

한국의 아동권리협약 비준 경과

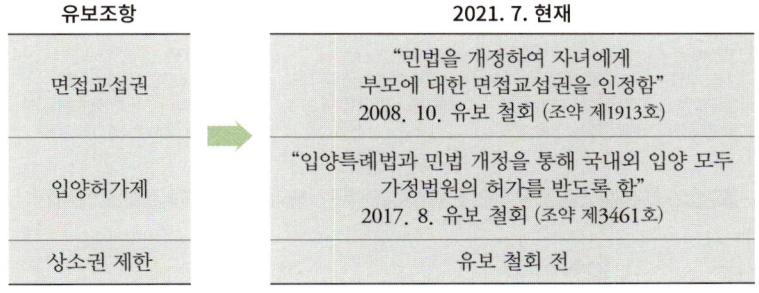

유보조항	2021. 7. 현재
면접교섭권	"민법을 개정하여 자녀에게 부모에 대한 면접교섭권을 인정함" 2008. 10. 유보 철회 (조약 제1913호)
입양허가제	"입양특례법과 민법 개정을 통해 국내외 입양 모두 가정법원의 허가를 받도록 함" 2017. 8. 유보 철회 (조약 제3461호)
상소권 제한	유보 철회 전

● 모든 과정에 NGO가 있었다

한편, 아동권리협약은 한국에서 가장 빠르게 비준된 국제인권 조약이기도 하다. 이러한 결과는 아동권리 보장을 위해 노력한 유 엔기구 및 NGO의 다양한 활동 덕분이다.

아동권리협약이 채택되기 전인 1986년, 세이브더칠드런*의 전 신인 한국지역사회복리회는 유니세프한국사무소(유니세프한국위원 회의 전신, 1950-1993)**의 후원을 받아 농촌지역 인적자원개발 사업을 추진하여 유니세프 평가 보고서(UNICEF Evaluation Report)를 제출했다. 이러한 경험은 NGO가 아동을 중심에 둔 사업 수행의 필요성을 인식하는 중요한 계기가 되었다(이재연, 2017).

아동권리협약이 채택된 이후로, 유니세프한국사무소는 협약 비준을 촉구하는 국내외 활동에 집중했다. 정인섭 교수, 정태수 박사, 이윤구 박사, 홍강의 박사, 이승우 교수 등으로 검토 위원회(Review

세계아동정상회의를 기념하며 한국에서 개최된 모의정상회담

Committee)를 구성하여 협약의 비준, 국내법과 비교를 통한 검토, 제언 등을 도출하여 정부에 전달했다. 한편으로 태국 방콕에 있는 유니세프동아시아태평양지역사무소(East Asia and the Pacific Regional Office)에서 개최한 아동권리협약 워크숍에 정부, 학계, NGO 관계자 등을 초청하여 협약 비준에 관련된 각계 전문가의 논의도 촉진했다.[67]

특별히 유니세프한국사무소는 아동권리를 알리는 캠페인과 뮤지컬 공연, 세미나, 강연회, 심포지엄 개최 등 다양한 사업을 진행하며 협약에 대한 대중의 인식 증진에도 힘썼는데,[68] 1990년 9월 7일에는 모의정상회담 개최를 통해 세계아동정상회의를 알리면서 아동을 위한 세계교육(Global education)의 계기도 마련했다. 위 회담은 아동들이 스스로 아동의 권리를 논의하고 다른 나라 아동의 권리 보장 현황을 파악하는 등 아동들의 직접 참여를 통해 이루어졌으

며, 토의 결과를 바탕으로 행동계획안과 선언문도 채택되었다.[69]

> "(아동권리협약이) 1989년에 채택이 되어서 1990년에 교육방송과 같
> 이 모의정상회담을 했어요. 옛날에는 정상회담이란 것은 핵 문제
> 라든가 정치 문제, 경제 문제 같은 걸 주제로 삼았잖아요. 이런 데서
> 어린이가 주제가 된 것은 1990년에 뉴욕에서 한 회담이 처음이에요.
> (……) 모의정상회담은 세계아동정상회의를 한국에서 똑같이 해본
> 거예요. 그때 텍스트(세계아동정상회의 시나리오)도 그대로 가져왔어
> 요." _2021년 4월 21일, 박동은 (전) 부회장 인터뷰

한편, 세계아동정상회의에서 채택된 세계선언과 행동계획에 따
라 각국 정부는 1991년까지 '1990년대 NAP'를 수립해야 했는데, 유
니세프한국사무소는 한국 정부가 아동복지 증진을 위한 10개년 계
획을 마련하도록 지원했다.[70] 1991년 7월 18일부터 20일까지 방콕에
서는 유니세프 지역사무소가 모여 각국의 1990년대 NAP 수립 현
황을 중간 점검하는 회의가 개최되었는데, 유니세프한국사무소는
위 회의에 정독조 보건사회부 사회복지정책실장 등 정부 대표 2명
과 박보희 자문위원 등을 초청하여 한국 정부의 조속한 실천계획
수립을 촉구하기도 했다.[71]

> "정부 대표, 매스컴, 아동권리 관련 학자, 이런 사람들을 모아서 방
> 콕에서 1990년 8월 7일부터 8월 9일까지 유니세프 동아시아 태평
> 양 지역사무소(EAPRO) 주최로 아동권리협약에 관한 세미나를 했

어요.[72] 일종의 advocacy를 하는 모임이에요. 이미 가입한 나라도 있었는데,[73] 그때 회의하는 도중에 (아동권리협약) 발효에 필요한 숫자(20개국)가 찼다는 소식을 들었고, 그때부터 한 달 뒤인 9월부터 발효했을 거예요. 그때 막 박수치고 그랬던 생각도 나는데. (……) 그때 한국 정부 대표로 정달호라는 국제법규과장(외무부 국제기구 조약국 국제법규과 과장),[74] 그리고 유니세프 박동은 선생이랑 스위스 대표(Eduard Spescha, 유니세프한국사무소 대표),[75] 또 대한적십자 총재를 하셨던 이윤구 선생도 같이 가셨고, 그렇게 한 대여섯 명이 같이 갔던 것 같아요. 법규과장으로 말하자면, 일종의 한국 수석대표로 데려간 거죠. 아동권리협약 비준 작업의 실무를 해야 하니까요. 거기서 이분을 헤드테이블에 앉히고 식사대접을 했어요. 이 조약에 대해서 국제사회의 관심이 이렇게 많으니까 당신도 주무담당과장으로서 한국에 가서 역할을 좀 해줘라, 뭐 이런 취지였어요. 이런 식의 캠페인들이 (아동권리협약을 빠르게 비준하는 데) 영향을 미쳤겠죠."_2020년 12월 11일, 정인섭 교수 인터뷰

NGO가 아동권리협약을 이해하고, 아동권리협약을 알리는 과정에서 사업 담당자의 역량은 특히 중요하다. 세이브더칠드런은 국제연맹 활동을 통해 아동권리교육훈련의 전문성을 쌓으며, 국내에 아동권리를 알리고 교육하는 토대를 마련했다. 1990년 1월에는 국제 세이브더칠드런 연맹이 주관한 아시아지역 워크숍이 태국 방콕에서 열렸는데, 이는 한국지역사회복리회(세이브더칠드런의 전신)를 포함한 국제아동복리연맹 회원국들 중 아시아지역에서 활발히 활

동하는 9개 회원국 사업 책임자와 실무자들이 기술과 경험을 나누는 자리였다. 한국지역사회복리회도 워크숍에 참여하여 아동권리협약에 관련된 문제들을 심층적으로 다루었는데, 이때 연맹의 사업이 아동권리 실현이라는 목적에 맞게 운영될 수 있도록 진지한 토의와 평가가 진행되었다는 보고를 찾아볼 수 있다.[76]

> "아동권리협약이 유엔에서 채택되기 6개월 전에 협약을 알았어요. 그때 스웨덴 스톡홀름에서 전 세계 사람들이 모이는 국제 컨퍼런스가 열렸는데, 내가 세이브더칠드런 연례 총회 참석을 겸하여 가게 된 거죠. (……) 스웨덴은 참여권 등 아동의 권리를 굉장히 중요하게 여겼고, 국제 컨퍼런스에 아동과 관련된 일을 하는 300여 명의 전문가가 모였는데 거기에서 아동들이 퍼포먼스를 하는 거예요. 정말 각종 인종, 각종 피부색을 가진 아이들이 무대에서 춤을 추고 노래하고 시를 읊고. 6개월 후에 아동권리협약이 채택됐는데, 그때 나는 이거(아동권리협약)는 반드시 실현되어야 하는 거다, 실천해야지 머릿속으로만 알고만 있으면 아무 소용없는 거다, 라고 가슴에 받아들였어요."_2020년 10월 22일, 김인숙 소장 인터뷰

이처럼 NGO는 한국 정부의 협약 비준을 독려하고, 협약 비준에 필요한 국내법적 요건을 검토하여 관련 자료를 축적하는 데 협력했다. 협약과 아동권리를 알리기 위해 다방면으로 노력한 NGO가 있었기에, 한국은 여타 인권조약보다 빠른 속도로 협약을 비준할 수 있었다.

"유니세프 본부에서 각 나라가 아동권리협약을 빨리 비준하도록 캠페인을 하라고 오피스에 다 지시를 내렸을 거예요. 그때는 유니세프한국위원회가 외교부 있는 정부종합청사에서 걸어서 5분 정도 거리에 있었어요. 그래서 이분들(유니세프한국사무소 소속 직원들)이 (외교부) 조약국에 가서 '한국도 비준해야 한다'고 계속 이야기했을 거예요. (……) 한국이 이렇게 빨리 인권규약에 가입한 적이 없거든요. 조약을 비준하도록 국제적으로 자꾸 조르는 경우는 별로 없으니까."_2020년 12월 11일, 정인섭 교수 인터뷰

"국회의원들하고 같이 일했기 때문에 (한국에서) 어떤 국제법보다도, 서명(sign)한 다음에 법제화되는 과정, 즉 비준이 굉장히 빨리 됐어요. (……) 정부가 국내에서 아동복지를 위해서, 아동권익을 위해서 (정책을 추진하도록) 법적으로 뒷받침해야 하고, 예산적인 부분도 뒷받침되어야 하니까, 그러니까 그분들(연맹 소속 국회의원)이 나서서 우리(유니세프)하고 같이 협의하면서, 정부에 대한 압력도 넣고, 입법활동도 하고 그랬어요. 한국뿐만 아니라 이러한 활동이 보편적으로, 여러 나라에서 이루어졌습니다. (……) 유니세프는 국회의원들과 종교 지도자들과 일하면서, 한 나라에 든든한 백이 생긴 겁니다."_2021년 4월 27일, 구삼열 (전) 조정관 인터뷰

2장
한국의 아동권리협약 이행보고 첫 번째와 두 번째

● **제1차 아동권리협약 이행 심의 (1991년 11월 – 1996년 2월)**

아동권리협약을 비준한 당사국은 '당사국에서 협약이 발효된 때로부터 2년 이내'에 협약이 명시한 아동권리 실현을 위해 채택한 조치와 관련된 이행보고서를 유엔아동권리위원회(이하 아동권리위원회 또는 위원회)에 제출하여야 한다(협약 제44조 제1항). 한국의 아동권리협약 이행에 대한 최초보고서[77] 제출기한은 협약이 국내에 발효된 때인 1991년 12월 20일 이후 2년 이내인 1993년 12월 19일이었으나, 다소 늦은 1994년 11월 17일에 제출되었다. 유엔아동권리위원회가 국가보고서 검토와 사전심의(Pre-session)를 거쳐 도출한 쟁점목록(List of Issues)[78]은 1995년 11월 27일에 채택되었다. 그 이듬해 1996년 1월 18일-19일에 걸쳐 본 심의가 진행되었고, 최종견해(Concluding Observations)는 1996년 2월 13일 공표되었다.[79]

심의	내용	제출기한	제출/회의일	공표일
CRC 제1차 심의	국가보고서	1993.12.19.	1994.11.17.	1994.11.30.
	쟁점목록		1995.11.27.	
	본심의		1996.01.18.–19.	
	최종견해		1996.02.13.	1996.02.13.

국가보고서 작성을 준비하는 과정에서 한국은 1990년 세계아동 정상회의에서 채택된 결의문을 바탕으로 자국 아동을 위한 행동계획(NAP)을 수립하라는 유엔총회의 요청을 받았다.[80] 이에 1992년 2월 「한국 아동복지 10개년 계획서」를 제출했는데, 여기에는 1)어린이 보건의 향상, 2)맑은 물 공급, 3)식품위생과 국민 영양, 4)아동교육의 증진, 5)모자보건의 향상 및 가족계획, 6)아동과 청소년의 발달을 위한 기타프로그램(저소득층 아동을 위한 무료 보육사업, 근로아동 및 청소년의 보호, 아동전용시설 확충, 장애아동의 복지증진, 불우아동 지원) 등이 핵심 내용으로 포함되었다. 이 사실은 국가보고서에도 언급되어 있다. 10개년 계획은 이후 제7차 경제사회발전 5개년 계획의 아동복지 부분(1992-1996)에 반영되었다.

한편, 정부는 최초보고서를 통해 "아동의 면접교섭권(협약 제9조 제3항), 입양허가제(협약 제21조 가항), 상소권(협약 제40조 2항 나호 (5))에 대한 유보가 한국 아동의 인권 현실에 큰 영향을 미치지 않는다"고 보고했다. 「민법」 개정을 논의하며 아동의 면접교섭권과 관련한 유보조항을 철회하려고 노력하고 있더라도, 인권의 상호의존성과 불가분성에 비추어보았을 때 성인과 다르지 않은 아동의 기본적 권리 실현을 위한 법제 마련의 필요성을 인식하지 못했다고 볼 수 있다(김상원·김희진, 2020). 위원회도 같은 취지에서 한국 정부가 유보조항을 두는 것은 아동 최상의 이익과 아동의 의견 청취를 포함한 일반원칙과 부합하지 않는다고 우려를 표했다.

1981년 전부개정된 「아동복지법」[81]을 근거로, 아동복지의 대상이 요보호아동뿐 아니라 전체 아동임을 강조하면서 협약 비준 전부터 정부가 아동권리 실현에 꾸준한 노력을 기울여왔다는 보고도 있다. 그러나 국가보고서에서 아동복지의 주무 부서로 언급한 보건사회부 아동복지과의 주요 업무를 살펴보면,[82] 영유아 보육사업 외의 부분에서는 여전히 요보호아동의 테두리 안에서 아동복지를 설명하고 있다. 아동과 관련된 정책조정은 협약 이행에 필수적이나, 국가보고서는 보건사회부(아동)와 문화체육부(청소년)가 아동과 청소년을 위한 정책을 총괄한다고 소개하면서 아동·청소년과 관련한 교육부, 법무부, 노동부, 가정법원의 역할을 기술했을 뿐이다. 어떤 기관이 정책조정 역할을 적극적으로 담당하는지는 답하지 못한 것이다. 협약 이행을 위한 모니터링 기관으로 국책연구기관(한국청소년연구원, 한국교육개발원, 한국보건사회연구원, 한국여성개발원)이 수행하는 연구사업 등도 구체적으로 열거했으나, 모니터링 과정에 독립성이 보장되는지는 따로 언급하지 않았다. 이에 대해 위원회는 아동 옴부즈맨 또는 그와 유사한 독립 진정기관이나 모니터링 기구 설립을 한층 더 고려하고, 협약 이행 정도를 제대로 평가할 수 있도록 자료 수집체계를 발전시킬 것을 권고했다.

기존의 국내 법·제도가 전반적으로 협약에 부합한다고 보고하면서 협약 이행을 위한 입법적 변화는 달리 언급하지 않은 것도 주목해야 할 문제다. 그러나 위원회는 결혼 최저연령에 있어서 남녀평등, 장애아동의 교육권을 포함한 권리보장, 혼외자에 대한 차별 금지, 모가 한국국적인 이주아동이 무국적자가 될 위험 방지, 모든 형태의 체벌 금지, 고용최저연령과 의무교육연령의 일치, 국내 및 해외입양과 관련해 협약의 원칙 준수 및 '해외입양에 있어 아동보호와 협력에 관한 1993년 헤이그 협약(The Convention of 29 May 1993 on Protection of Children and Co-operation in Respect of Intercountry Adoption, HCCH 1993 Adoption Convention)' 비준을 권고하여, 개선할 필요가 있다며 구체적으로 지적했다. 이러한 한국 정부의 태도는 협약에 대한 이해도가 낮고 홍보에도 미흡하다는 점을 여실히 보여준다. 국가보고서에도 협약 내용을 홍보하는 구체적인 조치를 취하지 못했다고 밝히면서, 다만 1993년에 발족한 유니세프한국위원회의 중점과제에 협약 홍보활동이 포함되어 있다는 이행 가능성만을 보고했을 뿐이다.[83]

한국청소년개발원이 1995년 서울에서 열린 세계청소년대표자회의에 참석한 각국 대학생 대표(국회 46명, 국내 33명)를 대상으로 「세계 청소년들의 생활과 의식」을 조사하면서 아동권리협약을 알고 있는지 질문한 결과, 외국 청소년들은 20%가 알고 있다고 응답한 반면, 한국 청소년들은 참여자 모두가 모른다고 답한 결과도 있다. 아동권리협약에 대한 홍보가 매우 부족하다는 현실을 간접적으로나마 보여준 셈이다.[84] 이에 위원회는 아동과 함께 또는 아동을 위해 일하는 전문가뿐 아니라 교사, 사회활동가, 법관, 사법집행공무원,

보건의료요원, 협약과 관련한 데이터를 수집하는 공무원 등 이들 모두에게 협약을 알리기 위해 노력하고, 교과과정에 아동권리를 포함하는 것도 고려하도록 권장했다.

그 외에도 위원회는 여자아동, 장애아, 혼외자녀 등에 대한 고질적 차별 문제를 해소하기 위한 노력, 가정폭력인 아동학대를 조기에 발견하고 감독하며 신고할 수 있는 제도의 확립, 국제적 기준에 근거한 소년사법제도의 포괄적인 개혁 등을 권고했다. 이는 당시 국내법이 협약의 표면적 문구에 반하지 않음은 별론으로, 협약이 한국의 법제에 적절히 반영되어 있지 않다는 의미로 이해할 수 있다. 다만, 아동권리협약 이행을 위한 입법적·정책적 변화는 단기간에 이룰 수 있는 게 아니라는 측면을 고려했을 때, 제1차 국가보고서의 다소 한정적인 내용은 협약이 발효된 때부터 2년 이내에 국가보고서를 제출해야 한다는 시간적 한계도 하나의 요인이 되지 않았을까 짐작해본다(김상원·김희진, 2020).

● **제2차 아동권리협약 이행 심의**
 (1996년 3월 – 2003년 1월)

한국의 제2차 국가보고서는 제출기한인 1998년 12월 19일을 넘긴 2000년 5월 1일에 제출되었다. 국가보고서와 사전심의를 거쳐 도출한 쟁점목록은 2002년 10월 11일 채택되었으며, 국가보고서와 쟁점목록에 대한 답변서를 바탕으로 2003년 1월 15일 제838-839차 회기에서 한국에 대한 본심의가 진행되었다. 위원회의 최종견해는 2003년 1월 31일 제862차 회기에서 결정되었다.[85]

심의	내용	제출기한	제출/회의일	공표일
CRC 제2차 심의	국가보고서	1998.12.19.	2000.05.01.	2002.06.26.
	쟁점목록		2002.10.11.	
	본심의		2003.01.15.	
	최종견해		2003.01.31.	2003.03.18.

협약 이행 보고 절차는 최종견해 이행을 확인하고, 권고를 받아들여 더 나은 아동권리의 실현을 지향하는 원동력이다. 위원회는 최종견해를 통해 1997년 「가정폭력범죄의 처벌 등에 관한 특례법」 제정과[86] 2000년 「청소년의 성보호에 관한 법률」 제정, 1999년 ILO 협약 138호와 2001년 ILO 협약 182호 비준, 그리고 1997년 제정된 「근로기준법」에서 15세로 높인 취업최저연령을 협약 이행에 따른 진전사항으로 평가했다. 국제인권법 비준은 자국의 아동권리 보장을 위한 최소한의 기준선을 높이는 동시에, 아동권리 증진과 실현을 위한 국제협력의 의무이행이라는 관점에서도 중요한 작업이다.

제2차 심의는 아동학대대응체계가 대폭 개편된 시기와 맞물린다. 정부는 쟁점목록에 대한 답변서로 체계작동방법을 구체적으로 서술했다. 2000년 「아동복지법」이 전부개정되면서, 아동권리 보호를 위한 법체계에 아동학대의 개념이 반영되었고, 누구든지 아동학대예방센터와 경찰에 아동학대를 신고할 수 있게 되었으며, 전국에 18개의 아동학대예방센터[87]가 설립되었다고 보고했다. 여기서 우리는 심각한 아동학대가 거듭 드러나면서 학대피해아동 보호와 아동안전에 대한 제도적 지원을 공고히 하겠다는 입법취지를 확인할 수 있다.[88] 그러나 정책 대부분이 민간위탁으로 설계되었다는 점, 아동 학대사건을 접수하고 효율적으로 대처하는 데 있어 국가 차원의 제도가 부재했다는 점이 한계로 지적되었다.

> "(아동복지법 개정안) 법안 만들 때는 시·군·구에 다 아동보호전문기 관을 설치해야 하는 걸로 넣고, 지자체가 할 여력이 없을 때는 경험 이 있는 민간기관에 위탁할 수 있는 조항을 넣었어요. 보건복지부 가 전국 시·도 아동복지 과장회의를 개최했고, 서울시하고 부산시 는 시립 아동상담소가 있으니까 직접 하겠다, 그리고 다른 지자체 는 조직이 없어서 못 한다, 민간위탁하겠다고 해서 민간위탁이 된 거예요. 아동복지업무에 3년 이상 경험이 있는 민간기관들이 위탁 절차를 밟아서 굿네이버스가 5개(대전광역시, 경기도, 충청북도, 충청 남도, 전라북도), 어린이재단 5개(대구광역시, 광주광역시, 강원도, 전라남 도, 제주도),[89] 세이브더칠드런(인천광역시, 울산광역시)가 2개, 또 경남 은 인애복지재단(경상남도), 경북은 우봉복지재단(경북남부), 이렇게 나눠서, 서울시, 부산시, 그리고 서울은 서울동부아동상담소까지 해서 2000년 10월에 17개소 아동보호전문기관(아동학대예방센터)이 개소했고, 2001년 10월에는 중앙아동보호전문기관(중앙아동학대예 방센터)[90]을 개소하여 굿네이버스에 위탁을 맡겼어요."_2021년 4월 1 일, 이호균 이사장 인터뷰

그 밖에 제2차 심의는 취업최저연령을 상향하라는 위원회의 종 전 권고를 명확하게 이행했다는 성과를 냈다. 보건복지부 직제 개

편을 통해 '아동의 권익'이 담당 업무로 명시된 변화도 찾아볼 수 있다. 이전에 보건복지부 아동보건복지과의 담당 업무는 보육, 아동복지행정에 관한 종합계획, 아동복지시설 지원, 입양, 아동학대예방 등 보호가 필요한 아동에 초점을 둔 정책이 주 업무였다. 「영유아보육법」도 2004년 1월 29일 전부개정되기 전까지 '보호자의 근로 또는 질병 기타 사정을 이유로 보호하기 어려운 영유아'를 대상으로 했다는 점을 고려할 때, 보육 업무도 보호대상아동에 대한 복지라는 맥락에서 이루어지고 있었다. 그러나 제2차 보고과정 중 가정·아동복지과가 신설되면서 아동의 권익 증진, 입양아동의 사후관리, 학대피해아동 보호 등의 업무가 구체적으로 열거되었다.[91] 이는 보호가 필요한 아동에 대한 복지정책의 관점에서 이루어지던 아동권리협약 이행이 보편적 아동정책으로 확장되는 과정이라 평가할 수 있다.

한편, 유보 철회, 협약 이행 조정기구 마련, 충분한 자원할당을 통해 취약한 상황에 있는 아동의 경제적·사회적·문화적 권리 이행 보장, 자료수집 체계 구축, 아동 관련 전문가에 대한 교육훈련 실시 등 일반이행조치 전반에서 제1차 최종견해에서 받은 권고가 반복되었다. 남녀의 혼인가능연령을 동등하게 상향할 것, 학교 내외에서 표현과 결사의 자유를 보장할 것, 학대피해아동의 보호와 회복을 위한 체계를 개선할 것, 헤이그국제아동입양협약 비준 및 입양과 관련된 법제 개선을 목적으로 국내입양과 해외입양제도를 종합적으로 검토할 것, 교육의 목적에 부합하는 방향으로 교육정책을 검토할 것, 그리고 소년사법에 대한 유엔 기준의 완전한 이행을 보장할 것 등 대부분 영역도 역시 같은 권고를 받았다. 심의 준비에 충분히 대응하지 못한 상황 역시 아동권리에 대한 정부의 낮은 인식을 보여준 결과라 하겠다.

"한국이 유엔아동권리협약을 비준도 하고 발 빠르게 움직이기는 했지만, 사실은 정부가 유엔아동권리협약을 숙지하지 못한 상태에서 1차, 2차 보고서가 제출된 거예요. 그러니까 협약 이행을 잘 모니터링해서 보고서를 써야 하는데, 1-2명의 정부출연기관의 전문연구원들이 자료를 모아가면서 작성한 것 같아요. 내가 세이브더칠드런에 있을 땐데, 그들이 와서 이런저런 것을 물어봤어요. 세이브더칠드런이 국제연맹에서 받아서 사용하고 있던 교육훈련 교재들을 그분들과 공유하기도 했구요. (……) 그분들이 (국가보고서를) 썼는데 1차, 2차 국가보고서 심의에서 위원회로부터 여러 가지 문제가 제기되었다고 해요. 예를 들어 우리나라는 단일민족이라 차별이 없다, 라고 발언했거나 소년소녀가장('child-headed' families)이라는 단어에 대해 위원회가 어떻게 한국은 소년소녀가 가장이 될 수 있는지 질문했다고도 들었어요. 또 1차 보고서 심의에 나온 권고가 2차에도 그대로 나오고 그랬어요. 그때 국가도 그렇지만, NGO들도 우리가 아동을 위해서 여태 일한다면서 활동을 제대로 못 한 것은 아닌가, 이런 자성도 있었는데."_2021년 2월 24일, 김인숙 소장 인터뷰

"한국이 두 번째 보고서에 거짓말을 했어요, 아동권리 조정위원회가 있다고.[92] 그래서 제가 (유엔아동권리위원회 위원이 된 뒤에)[93] 바로

잡아야 한다고 그랬고, (아동정책조정위원회가) 2004년도쯤 생겼을 거예요.[94] (······) 그런데 아동정책조정위원회가 국무총리 산하에 생겼으니까 거기에 참여하는 사람도 장관급인데, 장관이나 국무총리가 없으면 소집이 안 되는 해도 있는 거예요. 다들 너무 바쁘니까. 한명숙 국무총리가 있을 땐 한 번인가 열렸나······. 제가 거기 조정위원이었는데, 어느 날 서면으로 동의하라고, 동의서에 도장 찍어달라고 왔었어요. 그래서 나는 이걸 회의도 안 했는데 회의한 것처럼 도장을 찍을 수 없다, 이 안건에 대해서 심도 있는 논의를 하고 결정을 해야 하지 않겠냐고. 그래서 거기에 도장은 안 찍고 비고란에 (문제제기를) 썼어요."_2021년 4월 13일, 이양희 (전) 위원장 인터뷰

"아동정책실무위원을 오래 했는데, 아동정책조정위원회 사무국을 반드시 만들어서, 사무국에서 이렇게 정기적으로 모니터링하는 시스템을 갖추자는 의견을 여러 번 제시했어요. 얘기를 해도, 아직도 실현이 안 되잖아요. (······) 아동정책조정위원회는 국무총리실 산하니까, 총리실 산하에 사무국을 두고 제대로 하지 않는 한 힘이 없지요."_2021년 4월 1일, 이호균 이사장 인터뷰

모든 폭력은 정당화될 수 없고, 예방 가능하다

(No Violence Justifiable, All Violence Preventable)

2000년과 2001년에 개최된 아동폭력에 관한 종합토론의 날 권고를 바탕으로 유엔총회는 아동 폭력에 대한 유엔국제연구(UN Study on Violence against Children)를 결정했다. 이는 국제적 차원에서 최초로 진행된 아동폭력에 대한 연구로, 9개 지역 협의회(regional consultations)[95]에 아동도 당사자로 참여하여 그들의 경험과 의견이 생생한 증언으로 담겼다는 데 큰 의미가 있다. 이 과정에서 아동권리를 위해 활동하는 NGO들은 각 정부, 유엔, 다른 기관들과 협력하며 보고서의 내용, 진행과정, 결과 부분과 관련된 지원 제공 등 큰 역할을 했다.

한국도 아동권리협약을 이행하는 실천 과정의 하나로 3년간 연구에 참여했는데, 동남아시아 태평양지역의 아동의 신체적·정서적 체벌에 관한 연구에 세이브더칠드런 동남아시아 태평양 연합도 동참했다. 유엔 아동폭력 보고서가 발표된 2006년, 한국에는 42개소의 아동보호전문기관이 설치되었으며, 9월 아동복지법을 개정하여 아동학대행위자 친권 제한 강화와 아동학대 신고의무자를 확대했다. 또한 학교폭력 예방 및 대책 5개년 기본계획 추진을 통하여 폭력 없는 학교 만들기 1000만인 서명운동을 전개하고 있었다.[96]

아동폭력 근절을 위한 지속적인 노력에도 불구하고, 모든 환경에서 체벌이 금지되지 않는 현실은 유엔아동권리위원회가 한국에 거듭하여 지적한 내용이다. 아동을 권리의 주체가 아닌 훈육의 대상으로 보고 체벌을 아동에 대한 폭력이 아닌 교육적 방법으로 여기는 사회적 관행에 문제를 제기한 것이다. 2019년 심의 시에는 '법률 및 관행상의 간접 체벌과 훈육적(disciplinary) 처벌을 포함한 모든 체벌을 금지할 것을 구체적으로 권고하여 체벌 금지가 신체적 체벌뿐만 아니라 모욕적인 형태의 비물리적 체벌을 모두 포함할 것을 천명했다. 특히 제1차, 제2차 국가보고서 심의에서는 학교에서의 체벌이 공공연하게 허용되는 것에 대해 깊은 우려가 있었다. 2000년 국정 조사에 따르면 한국 교사의 10명 중 7명은 체벌 경험이 있었으며, 2002년 교육인적자원부는 '체벌허용'을 골자로 하는 정책을 발표하는 등 광범위하게 용인되고 있는 아동에 대한 체벌에 정책적 지지를 더하기도 했다. 2011년 제3·4차 대한민국심의 시 유엔아동권리위원회는 한국 내 아동학대 및 방임의 발생 증가에 깊은 우려를 표하며 학대 및 방임을 포함한 모든 아동의 폭력에 있어 더 많은 보호기관을 설립하고 학대피해자를 위한 외상 후 지원 및 재활에 필요한 인적, 기술적, 재정적 자원 배정 등을 권고했다.

체벌을 포함한 아동에 대한 폭력에 있어 학생인권조례 제정 운동과 울주 아동학대 사망사건 진상조사와 제도개선위원회 활동은 아동 인권 진전에 있어 전환점이 되었다. 2000년대 초반 학생인권에 대한 지속적인 문제제기와 조례 제정 움직임은 2010년 경기도의 학생인권조례 제정을 시작으로 서울, 광주 등으로 이어졌고, 학교에서 체벌을 금지하는 규정이 마련되었다. 이러한 조례 제정은 초·중등교육법 개정을 선도하여 2011년 3월 체벌이 명시적으로 금지되었다. 다만, 이때에도 교육부는 체벌을 금지하는 초·중등교육법 시행령 개정 당시 도구나 손발 등으로 구타하는 '직접체벌'과 고통스러운 자세를 지속하거나 동작 반복을 강요하는 '간접체벌'을 구분하며, 학교에서는 '직접체벌'만 금지되고 '간접체벌'이나 여타 굴욕적인 처벌 등은 사실상 금지하지 않는다는 입장을 밝혀 제한적인 입장을 취했다. 한편 2013년 울주에서 함께 살던 엄마에 의해 아동학대로 사망한 여덟 살 아동의 죽음에 국회 보건복지위원회 소속의원과 시민사회는 진상조사를 통하여 아동보호시스템의 전 과정을 재검토하고 근본적인 개선을 촉구했다. 진상조사 결과가 담긴 이서현 보고서 발표 후 국회는 '아동학대 범죄의 처벌 등에 관한 특례법'을 통과시키고, 2015년에는 아동복지법과 영유아보육법 개정을 통해 '아동의 보호자는 아동에게 신체적 고통이나 폭언 등의 정신적 고통을 가하여서는 아니 된다(제5조 제2항)', '보육교직원은 영유아를 보육함에 있어 영유아에게 신체적 고통이나 고성·폭언 등의 정신적 고통을 가하여서는 아니 된다(제18조의2)'는 규정이 마련되었다. 초·중등교육법 시행령에 따라 학교의 장이 참고해야 할 법령에는 아동복지법도 포함되므로 교사의 간접적 체벌 또한 금지된 것으로 해석될 수 있다. 같은 관점에서, 유아교육법은 2016년에 최초로 체벌금지를 명시했고, 2020년 추가적인 개정을 통해 '교직원은 제21조에 따라 유아를 교육하거나 사무를 담당할 때에는 도구, 신체 등을 이용하여 유아의 신체에 고통을 가하거나 고성, 폭언 등으로 유아에게 정신적 고통을 가해서는 아니 된다'고 정했으니, 가정과 보육, 교육시설에서 모든 형태의 체벌금지를 분명히 반영했다 할 것이다.

2019년 5월 정부는 가정 내 체벌에 대한 관대한 인식과 아동학대를 사회적 문제로 인식하는 이중성을 지적하며 포용국가 아동정책에 민법상 규정된 친권자의 '징계권' 용어 변경 검토를 추진과제로 삼았다. 징계권은 한 명의 온전한 인간으로 현존하는 아동의 존엄성과 신체보전의 권리를 정면으로 위배하는 조항이다. 시민사회는 학생인권법 제정운동, <Change 915: 맞아도 되는 사람은 없습니다> 캠페인 등을 통하여 훈육이라는 이름으로 허용된 아동에 대한 폭력 근절을 지속적으로 촉구했다. 2021년 1월, 한국은 징계권 조항 삭제 등을 포함하는 민법 개정을 통하여 모든 환경에서의 체벌을 금지한 전세계 62번째 국가가 되었다. 수많은 아동의 안타까운 죽음 뒤 이루어진 배움이었다.

2020년 한국의 성인 30.6%은 '어떠한 경우에라도 체벌은 사용해서는 안 된다'고 응답했다(세이브더칠드런, 2020). 응답자 중 21%는 여전히 '체벌 없이 아동을 양육하는 것은 불가능하다'고 답하여 체벌에 대한 법적 금지를 넘어 체벌에 대한 인식과 태도를 바꾸는 데 국가차원의 전략이 필요함을 알 수 있다. 죽음에서 배울 의무를 다하여야 아동에 대한 폭력을 근절할 수 있을 것이다. 모든 폭력은 예방 가능하다.

<아동폭력에 대한 위원회의 최종견해>

제1차 최종견해(CRC/C/15/Add.51)

28. 아동학대와 가정폭력과 관련해, 위원회는 한국정부가 이 같은 상황의 발생을 예방하고 피해아동의 보호 및 그들의 적절한 신체적·사회적 회복을 보장하기 위해 더욱 발전된 조치를 취할 것을 권고한다. 한국 정부는 가정폭력이나 아동학대를 조기에 발견·감독·진정(신고)할 수 있는 제도의 확립을 고려해야 한다.

제2차 최종견해(CRC/C/15/Add.197)

38. 위원회는 체벌이 학교에서 공식적으로 허용되어 있는 점을 크게 우려한다. 위원회는 특히 아동의 존엄성을 심각히 훼손한다는 점에서 체벌이 아동권리협약의 원칙과 조항에 어긋난다는 견해를 갖고 있다(비슷한 내용을 담고 있는 경제적, 사회적, 문화적 권리위원회 권고의견 참조, E/C/12/1/Add.79, 36항). 교육부가 학교에서의 체벌사용 여부를 개별학교의 재량에 맡긴다는 사실은 일정한 형태의 체벌이 허용되고 있으며 긍정적이고 비폭력적인 방법의 징벌을 장려하며 교육적 조치들을 손상시킨다는 점을 의미한다.

39. 위원회는 당사국이 다음과 같은 조치를 취할 것을 권고한다.

　　a) 관련 법령과 학교운영규칙을 개정, 가정·학교·기타 시설에서의 체벌금지를 명시하도록 하라는 국가인권위원회의 권

고 이행

b) 체벌에 대한 태도 변화를 위해 아동에 대한 가혹행위의 해악에 관한 공공교육캠페인 실시

c) 학교와 가정에서 체벌을 대신하는 긍정적이고 비폭력적인 징벌이 이루어질 수 있도록 촉진

44. 위원회는 아동학대와 방임사건의 신고를 접수하고 피해자에 대한 상담과 지원을 제공하는 아동학대예방센터가 각지에 설립된 것을 환영한다. 그러나, 위원회는 아동학대사건 진정을 효과적으로 접수하고 대처하기 위한 국가차원의 제도가 없는 점을 우려한다.

45. 위원회는 다음과 같은 조치를 취하도록 권고한다.

a) 신고된 아동학대·방임사건을 접수, 감독, 조사하고, 필요한 경우 아동에게 친근한 방법으로 기소할 수 있는 국가제도를 수립하기 위해 법령 개선 등 필요한 조치를 취하고, 이와 관련된 경찰 등 사법집행인원, 사회복지사, 검사들에 대한 훈련 실시

b) 개입이나 처벌만으로 그치는 것이 아니라 가정폭력의 희생자와 가해자 모두를 도울 수 있고 모든 희생자들에게 회복과 재활을 위한 상담, 지원을 제공할 수 있는 전국적인 대응체계를 발전시키기 위해 아동학대예방센터 설립 노력 강화

c) 학대·방임 문제의 실상을 파악하고 필요한 정책과 사업을 수립할 수 있도록 학대·방임의 가해자와 피해자에 대한 성별, 연령별 통계수집체계 마련

42. 위원회는 가정, 학교 및 대안돌봄 환경에서 체벌이 여전히 성행한다는 과거 우려사항(CRC/C/15/Add.197, para. 38)을 반복한다.

43. 위원회는 과거 권고안을 다음과 같이 반복한다.

   a) 가정, 학교 및 모든 여타 기관에서 체벌을 명백히 금지하도록 관련 법률과 규정을 개정하라는 국가인권위원회의 권고를 이행하라.

   b) 체벌에 대한 태도를 변화시키기 위해 아동 학대의 부정적인 결과에 대한 대중교육 캠페인을 실시하라. 그리고 학교 체벌에 대한 대안인 그린마일리지 제도를 포함, 가정과 학교에서의 긍정적이고 비폭력적인 형태의 훈육을 장려하라.

   c) 체벌 피해자 아동이 체벌사례를 신고할 수 있는 제도를 마련하라.

44. 위원회는 대한민국 내 육체적·정신적 아동학대 및 방임의 발생이 증가하고 있고, 이러한 학대를 신고해야 하는 법적 의무가 제한적으로 정의되어 있다는 사실을 우려와 함께 지적한다. 위원회는 또한 교내 괴롭힘의 빈도와 정도가 증가해 왔다는 것을 우려한다. 더 나아가, 위원회는 지역 아동보호전문기관의 설립을 환영하나, 그 수가 제한적이며 재원과 인력이 불충분하다는 점을 우려한다. 위원회는 또한 이러한 학대 및/또는 방임 피해자의 외상 후 지원 및 재활지원이 불충분하다는 것을 우려와 함께 지적한다.

45. 위원회는 대한민국에 다음을 권고한다.

a) 아동학대 빛 방임 신고자의 신원 및 안전을 고려하는 적절한 보고체계를 마련하여, 교내 괴롭힘과 관련한 사항을 포함, 아동학대 및 방임을 신고할 법적 의무를 강화하고 확대하라.

b) 지역 시설을 포함, 더 많은 보호기관을 설립하고, 학대 및/또는 방임 피해자를 위한 충분한 외상 후 지원 및 재활지원을 제공하는 등 이들이 효과적으로 운영되는 데 필요한 인적, 기술적, 재정적 자원을 배정하라.

c) 모든 형태의 폭력으로부터 자유로울 아동의 권리에 관한 위원회의 일반논평 제13호(2011)를 고려하라.

46. 유엔사무총장의 아동폭력보고서(A/61/299)와 관련하여, 위원회는 대한민국에 다음의 사항을 독려한다.

a) 아동폭력보고서 권고사항의 이행을 비롯, 성별에 특히 유념하여 아동에 대한 모든 형태의 폭력 철폐를 우선시하라.

b) 특히 아동폭력에 관한 사무총장 특별대표가 강조한 다음의 사항을 비롯하여, 아동폭력보고서 권고사항 이행과 관련한 정보를 다음 정기 보고서에 포함하라.

(i) 아동에 대한 모든 형태의 폭력을 방지하고 해결하기 위한 포괄적 국가전략의 개발

(ii) 모든 상황에서 모든 형태의 아동폭력을 명시적으로 금지하는 법의 도입

(iii) 자료 수집, 분석, 보급 체계 통합 및 아동폭력관련 연구 의제 통합

c) 아동폭력에 관한 사무총장 특별대표, 유엔아동기금
(UNICEF), 유엔인권최고대표사무소(OHCHR), 세계보
건기구(WHO) 및 기타 관련 기구, 특히 국제노동기구
(ILO), 유엔교육과학문화기구(UNESCO), 유엔난민기구
(UNHCR), 유엔마약범죄사무소(UNODC) 및 비정부기구
파트너와 협력하고 이들 기구의 기술적 지원을 구하라.

제5·6차 최종견해 (CRC/C/KOR/CO/5-6)

26. 「아동학대범죄의 처벌 등에 관한 특례법」 제정과 함께 아동
학대 예방을 위한 예산 증액 및 지역아동보호전문기관, 학대
피해아동쉼터의 수 증가, 심리치료사 전문인력 증원은 환영
하지만, 위원회는 다음에 대해 지속적으로 우려를 표한다.

(a) 온라인 폭력 및 학교폭력을 포함한 높은 아동학대 발생률

(b) 가정 내 재학대 방지를 위한 효과적 대책 부재로 인한 높
은 재학대 발생률

(c) 특정 환경에서 여전히 체벌이 합법이라는 점

(d) 아동학대의 과소보고

(e) 아동학대에 대한 신뢰할 수 있는 자료의 부족

(f) 아동에 대한 모든 형태의 폭력 및 학대 해결을 위한 포괄
적 정책과 전략의 부재

(g) 아동학대 관련 전문성 있는 지역아동보호전문기관, 학대
피해아동쉼터, 상담사, 심리학자, 변호사의 부족

(h) 학대 피해 이주아동 및 장애아동을 위한 쉼터 등을 포함한 전문적인 지원 부족

27. 모든 형태의 폭력으로부터 자유로울 아동의 권리에 관한 위원회의 일반논평 제13호(2011), 신체적 체벌 및 기타 잔혹하거나 굴욕적인 형태의 처벌로부터 보호받을 아동의 권리에 관한 일반논평 제8호(2006), 아동을 대상으로 하는 학대, 착취, 인신매매와 모든 형태의 폭력 및 고문 종식에 관한 지속가능발전목표(SDGs)의 세부목표 16.2를 참고하여 위원회는 당사국에 다음을 권고한다.

(a) 모든 아동에 대한 모든 폭력 및 학대 사건의 국가 데이터베이스를 구축하고, 해당 사건의 규모, 원인, 특성에 대한 포괄적 평가를 실시할 것

(b) 온라인 폭력을 포함하여 아동에 대한 모든 형태의 폭력 및 학대를 방지, 근절 및 모니터링하기 위한 포괄적 전략과 행동계획을 수립할 것

(c) 당사국 영토 내 모든 환경의 법률 및 관행상의 "간접체벌"과 "훈육적(disciplinary) 처벌"을 포함한 모든 체벌을 명시적으로 금지할 것

(d) 모든 형태의 폭력과 학대에 대한 인식 개선 및 교육 프로그램을 강화할 것; 교내 비폭력 의사소통 및 갈등중재를 증진하고, 긍정적이며 비폭력적인 참여형 아동양육 형태를 촉진할 것; 폭력과 학대 신고를 장려할 것

(e) 심리적 학대를 포함한 폭력 및 아동학대 사건을 성인지적 관점을 고려하여 발견하고 적절히 대응하도록 관련 전문

가를 양성할 것; 신고 지침을 수립할 것

(f) 폭력 및 아동학대 사건을 수사하고 적절히 대응하도록 보장할 것

(g) 아동학대 사건을 다루는 지역아동보호전문기관과 학대 피해아동쉼터, 상담사, 임상심리사, 변호사의 수 증원, 아동 피해자들에게 무료 법률대리인 제공, 이주아동 및 장애아동의 학대피해아동쉼터 접근 보장 등을 포함하여 학대 예방, 피해아동의 회복 및 사회통합을 위한 프로그램과 정책 개발을 보장할 것

(h) 앞서 언급된 권고사항을 이행하고 지역 격차를 줄일 수 있도록 적절한 인적, 재정적, 그리고 기술적 자원을 할당할 것

3장
아동권리협약 이행을 위한
시민사회의 역할

● **어린이·청소년 권리 연대회의를 결성하다[97]**

1994년 한국의 제1차 국가보고서가 제출된 사실은 언론에 거의 보도되지 않았다. 이는 시민단체가 시민사회보고서를 작성할 필요성을 인지하지 못하는 요인이기도 했다.[98] 제1차 보고과정을 활발하게 모니터링했던 이기범 교수가 한 세미나에서 "정부가 지난 1991년 유엔의 '아동의 권리에 대한 협약'을 비준했으면서도 국제협약에 따라 의무적으로 실시하도록 되어 있는 방송이나 시민단체 등을 통한 관계법의 홍보를 전혀 하지 않았다"고 비판한 자료도 찾아볼 수 있다.[99] 당시 협약의 최종견해 내용이 여타 인권조약과는 대조적으로 매우 간략하게 보도되거나 학술자료 발표 등으로만 언급되었다는 점도 정부의 적극적인 홍보가 없었던 현실을 추측하게 한다.

제1차 국가보고서에 대한 한국 시민사회의 대응 필요성은 아동권리협약을 위한 비정부기구 그룹(NGO Group for the UN

<간추린소식>유엔,고용연령 상향조정 권고

[중앙일보] 입력 1996.02.02 00:00

유엔 아동권리위원회는 1일 어린이 청소년의 권리 보장을 위해우리나라의 최저 고용연령을 상향조정토록 권고하는등 13개 사항을 한국 정부에 전달했다.

□ 유엔 사회권위원회 한국 인권경련 권고안 짜장

강제력 없지만 사회정책 큰압력

이력적 강경표현 불구 정부 미온적…국제무대서 적지않은 부담

아동권리협약과 사회권규약 보도내용 비교
(1990. 2. 2. 〈중앙일보〉 기사)

아동권리협약과 사회권규약 보도내용 비교
(1995. 5. 21. 〈한겨레신문〉 기사)

Convention on the Rights of the Child, 이하 NGO그룹)[100]을 통해 알려졌다. NGO그룹은 협약 이행을 위해 각국의 인권 관련 민간단체와 소통하고 있었는데, 그 과정에서 한국인권단체협의회(KORNET)[101]에 시민사회보고서[102]가 제출되어야 아동권리협약 이행 사전심의에 참석할 수 있다는 사실을 알렸고, 협의회 소속이었던 인권운동사랑방이 이를 알게 된 것이다. 인권운동사랑방은 유엔아동권리협약을 위한 NGO그룹이 보낸 당시 한국의 국가보고서 국·영문, 시민사회보고서 작성지침과 함께, 이전에 심의를 받았던 국가들의 이행보고서와 시민사회보고서 복사본을 토대로 공개세미나를 개최했다. 이후, 시민사회보고서의 필요성을 절감하면서 공동대책위원회(이하 공대위) 구성을 계획하기에 이른다.

1995년 2월 9일, 마침내 인권운동사랑방에서 첫 모임이 성사되었다. 첫 모임에서는 아동권리협약과 모임에 대한 설명 및 취지를

'어린이−청소년 권리연대회의' 결성식
(1995. 3. 16. 〈동아일보〉 기사)

'어린이도 독립된 인격체' 인식 절실
(1995. 5. 19. 〈중앙일보〉 기사)

공유하며 가능한 한 많은 단체가 공동대책위원회에 참여할 것[103]을 논의했고, 이후 유관단체들의 참가를 독려하여 16개의 주관단체 및 5개의 참관단체로 공대위를 구성했다. 당시 공동대책위원회는 '아동'이라는 용어가 대상을 축소할 우려가 있다고 판단하여 교육 및 홍보 효과를 목적으로, 아동권리협약을 '어린이·청소년의 권리조약'으로 번역하고 모임의 이름도 '어린이·청소년의 권리연대회의'(이하 연대회의)로 칭했다고 밝힌다. 또한 "사실상 '조약, 협약, 규약'이라는 명칭에 서로를 구분하는 일정한 기준은 존재하지 않지만, 국제적으로 체결된 조약은 국내법과 동일한 효력을 갖는다는 헌법 규정에 따라 '조약'으로 번역하는 것이 인권 관련 조약의 강제성과 효력을 강화한다는 측면에서 연대회의는 '조약'으로 부르기로 했다"고 설명했다.

　어린이·청소년 권리연대회의는 1995년 3월 15일 결성식을 가졌다. 이때 최종적으로 참여한 단체로 ACRP 서울평화교육센터, 공동육아연구회, 민주사회를 위한 변호사모임, 민주주의 법학연구회, 부

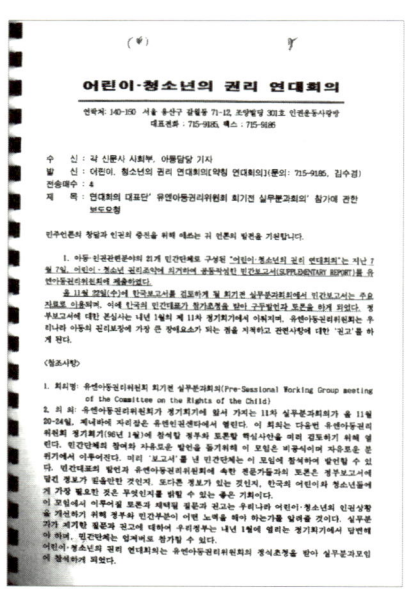

'연대회의 대표단' 유엔아동권리위원회 회기전 실무분과회의(사전심의) 참가에 관한 보도요청

스러기선교회, 어린이도서연구회, 물꼬, 우리아이들의 보육을 걱정하는 모임, 지역사회탁아소 연합회, 인권운동사랑방, 전국교직원노동조합, 전국자원활동단체협의회, 한국기독교교회협의회(KNCC) 인권위원회, 서울지역공부방연합회, OMEP세계유아교육기구 한국위원회, 인간교육실천전국학부모연대가 있다.[104]

  연대회의는 시민사회연대보고서 작성뿐만 아니라 아동권리협약을 널리 알리기 위해 다방면으로 노력을 아끼지 않았다. 5월 어린이날에는 〈중앙일보〉와 공동 기획으로 "우리 아이들 어떻게 자라나"라는 타이틀 아래 연속기사를 보도하면서 아동권리협약 심의 대응

활동을 알렸고,[105] 권리 당사자인 어린이·청소년이 부모님이나 친구들과 쉽게 읽을 수 있는 조약 해설이 필요하다고 판단하여「함께 읽는 어린이·청소년 권리조약」을 만들어 배포하기도 했다(부록 2. 참조).[106] 1995년 7월 7일에는 가장 중요한 목표였던 시민사회보고서를 제출했고,[107] 11월 22일에는 사전심의에 참석하여 민간단체 최초로 아동권리협약 심의 대응 활동을 전개했다.

연대회의 활동은 사전심의 이후로도 계속되었다. 본심의 현장 모니터링은 물론 권고사항에 대한 기자회견도 열었고, 최종견해를 번역하여 각 신문사 사회부와 아동담당 기자에게 보도를 요청하는 등 아동권리협약 이행 상황을 알리기 위한 활동을 활발하게 펼쳤다.[108] 최종견해가 나온 이후로도, 연대회의는 위원회의 권고사항이 어느 정도로 이행되었는지 정부 부처(보건복지부, 법무부 인권과, 외무부 인권사회과 내 아동권리협약 담당자)에 질의응답을 요청하여 정부의 협약 이행을 계속 모니터링했다. 1997년 공문 발송을 통해 정부에 요청한 주요 내용은 어린이·청소년의 권리에 관한 국가인권위원회를 설립했다는 보고에 대한 충분한 설명(보건복지부), 유보조항

유엔아동권리위원회 한국의 최초 국가보고서 심의(1996)[109]

에 대한 후속조치(법무부), '유엔인권교육 10개년 사업'을 근거로 인권교육 실천을 위해 정부가 이행한 사항(교육부), 독립진정기구 설치 및 옴부즈맨 제도, 아동인권 감시기관설립에 대한 구체적인 계획 여부(보건복지부), 민간단체 협력방안(보건복지부), 어린이·청소년 백서가 될 만한 자료와 지표의 개발과 분류(보건복지부) 등이다.

위 질의에 대해 보건복지부는 "어린이·청소년의 권리에 관한 국가인권위원회가 정부 내에 설치되어 있거나 국가기관이라고 답한 것은 아니다"라고 해명하면서, 한국이 아동권리협약 당사국이 된 후, 협약 이행에 관한 국가보고서 작성을 목적으로 1995년 8월 유니세프한국위원회 주최로 관련 부처와 학계, 민간기관 등 전문가들로 구성된 한국아동권리위원회가 개최된 사실을 설명했다.[110] 법무부는 현행 민법이 아동의 면접교섭권을 배제하지 않으므로, 협약 제9조제3항에 대한 유보 철회는 추진할 예정이라고 했다. 그러나 사법당국의 허가 없이 입양이 가능한 것과 상소권 제한 규정은 아동 최상의 이익에 반하지 않는다고 분명히 밝혔다.

교육부는 이미 교과과정에 아동권리 교육을 포함하여 실시하고 있고, 정기적으로 법조인과 아동관련 전문가를 대상으로 아동권리에 대한 교육도 시행하고 있다고 응답했다. 또한, 보건복지부도 아동권리 옴부즈퍼슨과 같은 독립기관 설립 권고에 대해 전국 읍·면·동에 7,000명의 민간 아동위원을 위촉하여 옴부즈맨 기능을 수행하고 있다고 회신했다. 개중에는 아동·청소년에 대한 자료·지표의 관리는 별도의 기구·조직 또는 위원회를 설립하여 총괄·관리하면서 관계부처의 정책 및 국내외 통계지표 등으로 활용하는 것이 더 바람직하다는 답변도 있었다.

이러한 시민사회의 모니터링은 아동권리협약 이행에 있어 순차적인 변화로 이어지는 기반으로 작용했다. 예컨대, 아동위원은 협약을 비준하던 때부터 현재까지 각 지방자치단체에 존재하지만, 위기가정을 발굴하고 공공의 아동보호체계에서 발생할 수 있는 공백을 메우기 위한 전문성을 갖추었다고 보기는 어렵다. 그러나 아동위원의 존재 목적이 아동인권 보장을 위한 독립 모니터링에 있다고 본다면, 그들이 제 역할을 감당해나갈 수 있도록 충분한 교육을 제공하고, 인적·재정적 자원을 확보할 수 있도록 보장해야 한다. 정부가 최종견해에 따른 후속조치로 밝힌 내용은 제도의 도입 취지를 분명히 하고, 적합한 운용을 도모하는 실효적인 근거로 사용될 수 있다.

그 밖에 연대회의는 아동권리협약과 협약 이행에서 정부, 민간단체, 그리고 유엔의 역할을 종합적으로 알리고자 1997년 5월 『아이들의 인권 세계의 약속-유엔 어린이·청소년 권리조약을 중심으로』를 발간했다. 이 책은 아동권리협약의 역사적 배경과 각 조항의 내용, 한국의 협약 이행과 민간단체의 역할, 국가보고서와 민간단체 보고서, 사전심의 내용과 최종견해를 소개한 것이다. 책에 담긴 내용은 귀중한 자료로서 활용 가능한데, 협약과 이행보고서를 대중에 보급하라는 아동권리협약을 충실히 이행하며, 당사국의 보고절차를 아동권리 보장으로 나아가는 하나의 과정이라는 의미로 이해할 수 있다.

시민사회의 지속적인 참여는 당사국의 협약 이행에서 필수다. 아동권리협약은 "위원회는 전문기구, 유니세프 및 위원회가 적절하다고 판단하는 기타 권한 있는 기구(other competent bodies)에게 각 기구의 권한에 속하는 분야에 있어 협약 이행에 관한 전문적인 자문 제공을 요청할 수 있다"고 규정한다(제45조 가항). '권한 있는 기구'란 비정부기구(Non-Governmental Organization), 국가인권기구(National Human Rights Institution), 옴부즈퍼슨(Ombudsperson) 등 시민사회 및 국가 외 독립인권기구를 포괄하는 개념이다. 아동권리협약은 1989년 협약이 채택되던 당시 시민사회의 역할을 명시한 유일한 국제인권조약이었으며,[111] 유엔아동권리위원회는 NGO의 보고서 제출 등 시민사회의 참여를 적극적으로 장려해왔다.[112] NGO 그룹은 협약 채택단계부터 전 세계 아동 관련 NGO의 협약 이행 활동을 조력해 왔는데, 한국 시민사회에 보고서를 제출하고 사전심의에 참석할 필요성을 알려, 국내 시민사회의 신속한 대처를 끌어낸 이유이기도 하다. 실제로 시민사회단체는 협약이 비준된 직후 이행 초기 단계에서 한국에 협약과 아동권리의 의미를 알리고, 정부를 비롯한 각 이해관계자의 활동을 촉구하는 과정까지 아우르며 주도적인 역할을 해냈다.

특히 제1차 민간보고서에 이어 제2차 민간보고서 작성[113]과 후속활동은 인권운동사랑방을 주축으로 진행되었다. 모든 인권을 아우르는 인권운동사랑방 활동의 특성 덕분에 자유권규약과 사회권규약 등에 활발히 참여했던 법률가 단체, 정보인권, 장애인권, 학생인권 단체 등과 교류하면서 효과적으로 심의 대응을 전개한 특징이 있다.

유니세프는 유엔 산하기구로서 위원회가 제시한 지침에 따라 국가보고서 작성을 포함한 협약 이행 모니터링의 의미와 정부의 역할을 알리면서, 각 분야의 전문가를 포함한 이해관계자의 역량 강화에 힘을 쏟았다.[114]

"(국가보고서는) 정부가 쓰는 거지. 그런데 그때는 지금처럼 잘 조직되어 있지 않았어요. 유니세프가 역할을 많이 하고, (국가보고서 작성을 위한) 회의도 소집했죠. 내가 사회도 보고. 참석하는 비용도 다 유니세프가 부담했고요. 두 번째(제2차 국가 심의)까지도 적극적으로 참여하고."_2021년 4월 21일, 박동은 (전) 부회장 인터뷰

"이제 우리가 국가위원회가 되었으니 전 세계 아동권리를 위해 힘쓰려면 (아동권리에 대한) 홍보가 필요한 거 아니냐, 그래서 제가 후원 클럽 다섯 개를 만들었어요. 아동권리를 위한 변호사 모임, 그때 송상현 회장님이 함께했고, 당시 연합신문에 있던 김진현 씨가 언론인 클럽에서 회장으로 참여했고요, 또 문화예술인 클럽, 그 다음에 선생님들이 중요하니까 사립초등학교교장 클럽(당시 사립국민학교교장 클럽)이 있었고, 그리고 어머니 클럽. 이들이 유니세프한국위원회 활동을 지원했죠."_2021년 4월 21일, 박동은 (전) 부회장 인터뷰

또한, 세이브더칠드런은 국제연맹에서 개발한 프로그램을 바탕

유니세프 법률가클럽 활동 모습

으로 아동권리교육훈련을 지속하면서 학계 전문가와 시민단체·
NGO 종사자에 대한 협약 홍보와 보급에 집중했다.[115] 협약 이행
보고 절차에 따른 직접적인 모니터링 활동에 참여하지 않았지만,
대정부 활동과 교육훈련을 통해 아동권리협약에 대한 국내적 관심
을 증진하는 역할을 다각도로 수행하며, 국내 아동단체가 점진적
으로 변화하는 계기를 마련한 것이다.

"세이브가 만든 협약교육 교재를 보면, 유엔 아동권리협약을 이행
하기 위해서 세 개의 큰 조직이 움직여야 한다고 나와 있어요. 정부
가 있고, 유엔기구가 있고, 그 다음에 NGO가 있는데, 정부는 기초
조사를 하고, 모니터링하고, 보고서를 써야 하고, 또 유엔기구는 정
부가 그걸 하도록 촉구(push)하고, 훈련을 시키고, 또 NGO는 정부
를 감시(watch)하고 지원(support)하고, 이렇게 하도록 안내되어 있어
요. 그때 우리(세이브더칠드런)는 NGO로서 움직였고, 유니세프는 박

동은 회장님 혼자서 움직였어요. 혼자서 정부에 언제는 보고서를 써야 하고, 언제는 뭘 해야 하고, 보고서를 쓸 때는 모니터링을 해야 하고. 이런 걸 정부가 전혀 모르고 있을 때 유니세프에서 박동은 회장님이 계속 정부에 그런 이야기를 하신 거지요."_2021년 2월 24일, 김인숙 소장 인터뷰

"97년도 2월, 김인숙 세이브더칠드런 부회장님이 영국 세이브더칠드런의 제이 와이즈카버(Jay Wisecarver)를 초청해서, 아동권리학회가 (아동관련 단체의) 실무자들을 위한 협약 워크숍을 했었어요. 그때 참석하고, 아주 기초적인 내용을, 아동은 18세 미만이고, 네 가지 권리가 있고, 이런 얘기를 처음 접했던 것 같고, 그때 제이 와이즈카버의 강의를 듣고 유엔아동권리협약이라는 것이 있다는 걸 알았고, 협약을 읽어보면서 아동학대에 대한 조항, 특히 19조를 보고 너무 놀랐어요. 어머나, 아동학대가 아이들의 권리를 침해하는 아주 대표적인 거구나, 하는 걸 깨닫고 아주 감회가 새로웠어요."_2021년 4월 1일, 이호균 이사장 인터뷰

1992년 5월에는 한국의 UN 가입과 아동권리협약 비준을 기념하며 '제1회 어린이와 청소년의 생존, 보호, 발달을 위한 전국대회'가 개최되었다. 제1회 전국대회는 아동·청소년 관련 민간단체들이 주도하여 개최한 국내 최초의 연대행사로, 1992년 6월 한국아동단체협의회(구 어린이와 청소년의 발달을 위한 전국협의회) 결성으로 이어졌다.[116] 한국아동단체협의회는 2001년 개최된 제10회 전국대회

한국 세이브더칠드런에서는 세계아동복리연맹의 남동, 동아시아, 태평양지부의 지원을 받아 1999년에 유엔아동권리협약을 소개하고 그 협약을 사업현장에 적용하는 기법을 배우는 훈련 워크숍을 개최하고 유엔아동권리협약 훈련교재를 발간했습니다. 그러나 훈련 워크숍에 참여할 수 있는 참가자 수가 매우 한정되어 2000년에는 그 후속사업으로 유엔아동권리협약 교육훈련을 직접 계획하고 실시할 수 있는 훈련가를 배출하기 위한 '훈련가를 위한 훈련'을 실시하게 되었습니다. 아동권리 훈련가를 위한 훈련에 사용된 교재는 세계아동복리연맹 남동, 동아시아 태평양 지부의 유엔아동권리협약 자문관으로 일하는 제이 와이즈카버(Jay Wisecarver)가 여러 나라에서 실시한 아동권리훈련가를 위한 훈련에 사용했던 매뉴얼을 정리한 후 한국에 맞게 수정, 보완하여 한국말로 번역하여 사용되었습니다. 그리고 그 매뉴얼을 사용하여 지난 10월 실시한 '아동권리훈련가를 위한 훈련 워크숍'에서 참가자들로부터 제시된 정보, 지식, 태도 등의 결과물을 묶어 아동권리교육 매뉴얼을 제작하게 되었습니다. 이 매뉴얼은 유엔아동권리협약을 쉽게 배워 이해하고 현장에서 실행하며 또 다른 사람들에게 설명하고 교육할 수 있도록 준비된 지침서입니다.

아동권리교육 매뉴얼−교사, 사회사업가, 아동관련 전문가들이
아동권리를 쉽고 체계적으로 훈련할 수 있는 실무 지침서 중 발간사(세이브더칠드런, 2001)

에서 '어린이날이 포함된 1주일을 아동주간으로 선포할 것'을 결의문으로 채택하여 3년 후인 2004년에 전부개정된 「아동복지법」에 어

린이주간이 반영되도록 기여하기도 했다. 한편, 유엔아동특별총회에 참석하고 돌아온 아동대표들은 2002년 6월에 '아동총회' 개회를 요구했고, 보건복지부는 이들의 의견을 받아들여 2004년부터 매년 위탁사업으로 '대한민국 아동총회'를 개최하고 있다.

아동권리협약이 채택된 날에 맞춰 1996년 11월 20일에 설립된 한국아동권리학회도 주목할 만하다. 한국아동권리학회는 유엔 아동권리협약의 정신을 존중하며 아동권리를 연구하는 학자와 현장 전문가들의 모임으로, 학술연구와 옹호활동을 통해 아동권리 보호와 아동권리 분야의 발전에 기여하는 실천적 기구로 기능하는 것이 목적이다. 창립 이래로 정기적인 학술대회를 개최하며 아동권리 지표 개발, 아동의 놀 권리, 아동권리교육, 아동 최선의 이익, 아동방임과 아동학대, 아동참여, 보육과 교육 등 다방면에 걸쳐 아동권리에 대한 논의의 장을 마련했다. 더 나아가 아동권리 관련법제정 건의와 관련부서의 역할을 논의하는 정책토론회, 옴부즈맨, 아동권리센터에도 주요한 활동으로 관여했다.[117]

특히 아동지표개발연구는 학회의 선도적인 역할이 무엇인지 잘 보여준다. 아동의 상황을 객관적으로 파악하고 그에 적합한 개선방안을 마련하려면 아동지표가 필수적이지만, 당시에는 국내적 맥락에서 아동에 중점을 둔 지표가 달리 없었다. 교육지표나 보건지표, 여성지표 등에 의거해 간접적으로 살펴볼 수 있을 뿐이었다. 아동지표개발연구는 1998년 보건복지부의 지원으로 3년간 수행되었으며, 한국아동권리학회는 10개 영역의 270여 개 아동지표를 개발한 이후 30개의 핵심지표를 선정하여 최종 발표했다. 연구 결과는 한

국복지재단(초록우산어린이재단의 전신)과 유니세프의 지원으로 완성되어 2001년『한국의 아동지표』로 출간되었다(이재연, 2017). 또한 아동 윤리에 관한 연구내용도 집필하여, 아동 대상 연구가 연구자의 임의로 진행되던 관행을 바꾸는 계기를 마련했다. 아동권리학회가 아동을 대상으로 하는 연구에서 윤리기준(안)을 마련한 이후로, 국내에서도 아동을 포함한 인간 대상 연구의 윤리문제를 검토하고 지침이 마련되기 시작했다(이옥, 2017). 또한, 한일 교류를 지속하다가 그 외연을 넓혀 2009년에는 아시아아동권리포럼(Asia Forum for Children's Right; AFCR)을 만들었으며, 아시아지역의 아동권리에 대한 논의를 확장하면서 국제협력의 관점에서 아동권리를 증진하기 위한 활동도 이어가고 있다(안동현, 2017).

　　이양희 전 유엔아동권리위원회 위원을 선출한 것도 아동권리학회의 성과라 평가할 수 있다. 당시 아동권리협약의 비준이 빠르게 늘어나면서 1995년 12월에는 협약을 비준한 국가가 182개에 달했고, 이에 유엔총회는 협약 제43조 제2항이 정하는 10명의 위원 수를 18명으로 증원하는 결의안을 채택했다(A/RES/50/155). 개정된 규정은 비준국의 2/3 이상이 찬성할 때 효력이 발생하도록 의결했는데, 2002년 11월 18일을 기준으로 191개 비준국의 2/3에 이르는 128개 국가가 찬성하면서 효력이 발생했고(A/RES/57/190), 위원 수가 늘어나면서 한국도 유엔 인권조약기구에 한국인 위원이 선출될 가능성이 높다고 판단한 것으로 보인다. 이에 외교통상부는 한국아동권리학회에 인사추천을 요청했고, 학회는 학회 창립 초기부터 기여한 이양희 이사를 추천한 것이다(이재연, 2017).

이양희 한국아동권리학회 이사는 2003년 2월 유엔아동권리위원회 위원으로 선출되어 약 10년간 위원으로 업무를 수행했다. 이는 한국아동권리학회가 이어온 적극적인 국내외 활동이 있었기에 가능했던 일이다. 이로써 한국아동권리학회는 국가의 위상을 높이는 결과와 더불어 국내에서 아동권리에 대한 관심을 증폭시키는 데 크게 이바지했다.

"ISPCAN(국제 아동학대와 방임 예방협회)[118]쪽의 문헌이나 자료를 보면서 아동권리협약이라는 게 선포가 되었는데, 우리나라에서는 조금도 공론화되지 않은 상태로, 국회에서도 논의되지 않고 비준되었구나. 아, 이런 것들이 중요하구나, 라는 걸 알게 되었죠. 그래서 이제는 아동권리를 학술적으로 연구하고, 그런 것들을 어떻게 확산할 것인지를, 전문가들이 몇 명씩 모여서 조직을 만들게 됐죠. 보통 일반적인 학회들은 영문명이 Academy나 Association 이런 경우가 많은데, 한국아동권리학회는 영문명이 Council입니다. The Korean Council for Children's Rights. 단순히 학술적으로만 연구할 게 아니라, 실질적으로, 제도화하든지, 연수나 교육이라든지, 여러 가지 실천 방안을 해보자, 이런 의미에서 학회 영문명을 Council이라고 했죠."_2020년 10월 23일, 안동현 교수 인터뷰

"(2002년) 월드컵이 있던 해였어요. 그때 유니세프가 주최했는지, 어디서 주최했는지는 정확하게 기억나지 않는데, 여름에 큰 저녁 만찬이랑 파티가 있었어요. 여름옷을 입고 갔던 기억이 나거든요. 그

때 제가 참석했는데, 우리 테이블에 앉아 있던 사람이 백지아 (외교통상부 인권사회과) 과장이에요. 이런저런 이야기를 하다가 아동권리학회가 있다고 얘기했더니, 아니 그런 학회가 있었냐고, 그게 뭡니까 해서, 아동권리협약을 이야기했어요. 그렇게 처음 만났는데, 8월쯤 백지아 과장이 저하고 이재연 교수(당시 한국아동권리학회장)를 불렀어요, 점심 먹자고. 아동권리학회가 무엇인지, 무슨 일을 하는지 알고 싶다는 거죠. 그러고 나서 가을에, 10월쯤 백지아 과장한테서 전화가 왔어요. (유엔아동권리위원회에) 입후보할 의향이 있느냐고. 저한테 마감이 얼마 안 남았다고 딱 3일만 생각할 시간을 준다고 했어요. 그때 위원을 10명에서 18명으로 증원하는 결의안이 나오면서, 2003년 1월 선거에서는 기존 위원 중 5명만 그대로 뽑고 13명을 더 뽑아야 했거든요.[119] 그러니까 한국도 이제 기회가 될 것 같다고 해서 뒤늦게 결정한 거죠."_2021년 4월 13일, 이양희 (전) 위원장 인터뷰

한편, 유엔총회에서 협약이 채택되고 한국이 협약을 비준한 초기에는 보호대상아동에 대한 복지지원의 관점을 넘어 모든 아동의 보편적 권리라는 개념이 다소 낯선 때였고, 아동권리 침해가 구체적으로 확인되는 아동학대에 관심이 쏠려 있던 경향도 있다. 이에 민간이 주도한 국내의 아동학대 예방사업은 아동권리 옹호활동의 큰 축으로 전개되었다. 1988년 11월 한국어린이재단은 보건복지부와 유니세프의 후원으로 네덜란드 암스테르담 자유대학교(Vrije Universiteit Amsterdam) 교수이자 국제아동학대와 방임 예방협회

(ISPCAN) 부회장이던 듀크 박사(Jaap E. Doek)를 초청하여 국내 최초로 아동학대예방 세미나(아동학대예방–확인, 치료 및 예방, 그리고 아동의 권리)를 개최했는데, 전국 5개 도시(서울, 부산, 대구, 대전, 광주)를 순회하면서 진행되었다.

이 세미나는 특히 아동학대 문제의 심각성과 예방대책 마련의 시급성을 사회에 알리는 계기가 되었는데, 1989년 3월 24일에는 유니세프와 보건복지부의 후원을 받아 한국아동학대예방협회가 창립되었다.[120] 한국아동학대예방협회는 한국어린이재단 전국 14개 시·도 지부를 중심으로 협회 지부(지역별 아동학대 상담신고센터)를 개설하여 아동학대 사례 신고, 상담 치료와 교육, 예방 캠페인을 추진했고, 창립 이후로 학술세미나와 사례발표회를 정기적으로 개최하는 등 활동의 폭을 넓혀갔다.[121]

국내 최초의 학대피해아동쉼터는 1999년 2월 한국아동학대예방협회와 한국지역사회복리회가 공동으로 설립·운영한 '신나는 그룹홈'이다.[122] 2000년 1월에는 「아동복지법」이 전부개정되면서 아동학대 신고의무제도와 처벌, 아동보호전문기관 설치 근거 규정이 마련되었고, 굿네이버스, 인애복지재단, 한국어린이재단, 한국지역사회복리회 등이 정부의 위탁을 받아 중앙 및 17개 시·도에 아동보호전문기관을 설치했다.

국제구호개발사업으로 활동을 시작한 굿네이버스(구 한국이웃사랑회)도 아동학대 예방사업을 토대로 국내 활동을 확장했다.[123] 1996년에 아동학대 신고 및 상담 핫라인(온라인 '아동의 전화')을 개설한 이후 아동학대예방캠페인, 아동학대예방교육(Child

1988년 11월 개최된 아동학대예방 세미나

Empowering Service, 아동 힘 키우기 서비스)을 추진했고, 2000년 10월에는 5개 시·도에 보건복지부 위탁 아동학대예방센터(현 아동보호전문기관)을 개소했으며, 2001년에는 중앙아동학대예방센터(구 중앙아동보호전문기관)을 위탁 운영하기 시작했다.

"1996년부터 우리(굿네이버스)가 전국적으로 아동학대 상담센터를 열었고, 사업초기에는 신고요원을 위촉했어요. 신고의무자 조항이 있다는 것도 전혀 몰랐던 시절이에요. 가정 내에 숨어 있는 아동학대를 어떻게 발굴해낼까 하다가, 동네 부녀회장, 통장 등을 신고요원으로 위촉하고, 신고의무자 교육을 했어요. 워크숍도 하고, 세미나도 하고, 전화번호부에 아동학대 상담전화도 넣고, 하이텔에 아동상담도 넣고 했는데, 어떻게든 발굴하려고 애를 썼는데 그래도 신고가 마땅치 않아서, 어느 현장에 가면 아이들을 제일 많이 만날수 있을까 생각하니까 학교 현장인 거예요. 그래서 1997년도부터는 학교사회사업 프로그램을 했어요. (……) 처음에는 굿터치 배드터치 (Good Touch Bad Touch)에 대해서만 가르치다가, 이제 아동권리 개념을 거기에 더했어요. 제이 와이즈카버(Jay Wisecarver)에게 배운 대로 Needs와 Wants의 차이를 아이들한테도 가르쳐주고, 너희들한테도 권리가 있다는 것을 가르쳐주고. (……) 2000년도 아동복지법이 개정되고 우리가 10월부터 아동보호전문기관이 되면서, 전국에 20개소 있던 상담센터는 다 접고 5개만 아보전으로 위탁받은 거거든요. 이제 아동복지법에 신고제가 들어갔으니까 우리가 굳이 따로 신고요원을 위촉할 필요는 없었죠. 우리가 아마 2000년 아보전되기 전까지 민간 차원에서 한 3,600건 정도 (아동학대) 사례에 개입했던 것 같습니다."_2021년 4월 1일, 이호균 이사장 인터뷰

"98년도 4월이죠. 영훈이 남매 사건이 터졌는데, 아동학대가 사회문제라는 인식을 우리 사회에 일으킨 계기가 되었어요. (……) 그 해 8월에 아동복지법 전면개정을 위한 대토론회가 개최되었고, 아동복지법 개정추진위원회가 구성되었어요. 9월부터 11월까지 계속 의견을 모아서 개정작업하고 2000년도에 (아동복지법 개정안이) 나온 건데 그 안에 아동권리협약 4대원칙(일반원칙)을 넣었어요. 그때 기본이념이 복지법안에 처음 들어갔어요. (……) 그렇게 아동학대개념의 정의를 집어넣고 이러면서 아동학대에 대한 조항이 11개로 가장 많이 들어갔죠. 그렇게 발의했는데, 국회가 도무지 검토를 안 해줘. 그래서 굿네이버스 사무실에서 아동복지법 개정 빨리 해달라는 진정서를 작성하고, 기관마다 전화해서 단체장들 이름 다 넣고, 그 진

정서를 팩스로 국회 보건복지위에 속한 의원들에게 다 보내고, 아동학대예방협회하고 굿네이버스가 길거리에서 아동복지법 개정을 촉구하는 서명을 4천몇백 명에게 받아서, 이만큼 복사해서 보건복지위원회 법안심사 소위원들에게 들고 가서 들이밀었어요. 5월에 그렇게 난리를 치고 해도 (안 됐는데), 8월에 '그것이 알고 싶다' PD가 김신애 사건을 터뜨린 거예요. 아버지가 종교적인 이유로 애가 배가 이렇게 소아암으로 불러 있는데 치료를 안 해준다고. (……) 그때 그 아이를 수술하려면 수술 동의를 받아야 하는데, 아동복지법상으로는 할 수가 없었어요. 그러니까 인천지검 공안부 검사가 유기죄로 아버지를 호출해서, 수술동의서를 써줘서 겨우 수술했거든요. 그 사태 터지고 김대중 대통령께서 뭐가 문제냐, 이게 법에 규정이 없어서 아동학대 개입을 못 합니다, 그러니 민주당에다가 그 법 좀 빨리 통과시켜, 해서 99년 12월에 드디어 (아동복지법) 개정안이 통과된 거예요."_2021년 4월 1일, 이호균 이사장 인터뷰

위 내용과 관련하여, 제1차 국가보고서와 제2차 국가보고서는 '협약 이행을 위한 모니터링 기관'으로 민간단체의 이름을 상세하게 열거하고 있다. 아동보호체계를 비롯한 아동정책 대부분이 민간위탁으로 운영된 역사적 배경을 포함해, 협약이 명시한 아동권리 이행 전반에 민간이 상당한 역할을 분담했음을 보여준다.

26. 대한민국에는 어린이 및 청소년 관련의 여러 민간단체 및 기관들이 아동의 권리를 증진하기 위하여 활동하고 있다. 아동의 교육과 관련된 단체로는 전국교원단체총연합회, 한국학원총연합회, 참교육을 위한 전국학부모회, 인간교육실현 학부모연대, 한국청소년단체협의회 등이 있다. 아동복지와 관련된 민간조직으로는 한국아동단체협의회, 한국아동복지시설협회, 한국영유아보육원시설협회, 한국부녀복지연합회 등이 있다.

– 제1차 국가보고서 제26항

30. 대한민국에는 아동 및 청소년 관련 여러 민간단체 및 기관들이 아동의 권리를 실현하기 위하여 활동하고 있다. 아동의 교육과 관련된 단체로는 전국교원단체총연합회, 한국유치원총연합회, 한국학원총연합회, 참교육을 위한 전국학부모회, 인간교육실현 학부모 연대, 청소년 대화의 광장, 한국청소년단체협의회 등이 있다. 아동복지와 관련된 민간 조직으로는 한국아동단체협의회, 한국아동복지시설연합회, 한국영유아보육시설연합회, 한국부녀복지연합회, 아동복지위원회, 모자복지위원회 등이 있다. 특히 보건복지부에 설치된 중앙아동복지위원회와 각 시·도에 설치된 지방아동복지위원회는 아동복지 정책 및 제도에 관한 사항, 아동복지시설의 발전에 관한 사항, 불우아동의 건전한 육성에 관한 사항, 그리고 기타 아동복지에 관한 사항을 조사, 연구 및 심의하고 있다. 특히 1996년 발족된 학술단체인 '한국아동권리학회'는 아동권리에 관한 학술연구와 실천활동을 통해 한국

아동의 권리를 보호하고 이 분야의 학술적 발전에 기여함을 설립목적으로 하고 있다. 이 밖에 대한가족보건복지협회는 모자보건센터를 운영하면서 아동의 건전 출산과 가족건강 환경조성을 위한 아동보호사업을 전국적으로 실시하고 있다.

31. 이처럼 아동관련 정책의 조정 및 협약 이행 사항의 모니터링은 다양한 부처와 민간간의 협력에 의하여 다각도로 이루어지고 있다. 외교통상부, 보건복지부, 유니세프한국위원회, 한국보건사회연구원 등이 주도하고 다수의 NGO와 학계가 참가하는 아동권리협약보고서 작성과정 자체가 대한민국 정부가 시행한 아동관련 각종 조치를 되돌아보고 평가하는 좋은 기회가 되었다. 또한 정부는 동 보고서 준비과정에서 한국여성단체연합, 한국어린이보호재단, 한국아동권리학회, 참여연대, 경실련, 민주사회를 위한 변호사모임, 부스러기선교회 등 7개의 NGO 및 학계에 보고서 초안을 배포했으며, 또한 NGO, 학계, 정부관료 등이 참석하는 공청회를 개최하여 아동권리위원회에 제출하는 국가보고서에 NGO와 학계의 의견을 반영하는 등 아동권리의 신장을 위하여 시민사회와의 협력을 강화하고자 노력하고 있다. 또한 보건복지부, 외교통상부, 교육부, 법무부 등의 정부부처와 학계, 민간단체 등으로 아동권리조정위원회를 구성하고 여기서 국가보고서의 검토 및 조정을 거쳐 국가보고서를 최종적으로 제출할 것이다. 아울러 제2차 국가보고서 제출 후에는 국가보고서 내용의 충실을 기하고 민간과의 협력을 강화하기 위하여 아동권리 조정위원회를 정기적으로 개최하고 여기서 보고서 내

용의 검토 및 조정을 통해 제3차 국가보고서를 작성해 나갈
계획이다.

- 제2차 국가보고서 제30-31항

● 아동참여의 장이 움트다

한국이 제2차 국가보고서를 제출하고 심의를 예정하던 2002년
5월 8일부터 5월 10일까지 유엔 뉴욕본부에서는 1990년도 세계아
동정상회의의 후속조치로 아동특별총회(Special Session on Children)
가 개최되었다. 유엔아동특별총회는 각국이 작성한 1990년대 국가
행동계획(National Programme of Action, 1990년대 NAP)을 바탕으로
지난 10년의 발전 상황을 논의하는 회의였는데 여기서 '아동에게
적합한 세상(A World Fit for Children)'이 총회 결과문서로 채택되었
다.

"아동특별총회(Special Session on Children)를 할 때, 유니세프가 포컬
이 되어서 준비했어요. 한국에서도 대표로 뽑힌 아이가 2명이 갔고,
다녀와서 결의문을 읽었죠. (……) 1990년에 세계아동정상회의가
끝난 후에 12월에 각 나라에 NAP를 써내라고 그랬는데, 한국도 3년
후인가 내고 그랬어요. 그러니까 (2002년 유엔총회는) 그 NAP에 따라
10년 동안 얼마나 발전했는가를 보고하는 회의였고, 그때 어린이는
따로 (회의를) 해서, 아이들이 결의한 걸 가지고 와서 유엔총회에 보

아동권리추진위원회 발대식

아동권리주간 선포식 1

아동권리주간 선포식 2

고한 거죠."_2021년 4월 21일, 박동은 (전) 부회장 인터뷰

세계 각국의 정상이 약속한 아동이 살기 좋은 세상을 만들기 위해, 한국에서도 세이브더칠드런을 주축으로 아동권리추진위원회가 조직되어 아동권리협약이 채택된 11월 19일을 포함하는 한 주를 '아동권리주간'으로 선포했다. 아동권리추진위원회는 아동의 목소리에서 시작되었다. 당시 유엔아동특별총회에 다녀온 아동들이 협약과 아동권리에 대한 이해를 바탕으로 아동참여를 위해 활동할 수 있는 아동권리추진위원회의 설치를 요구한 것이다. 이들 아동을 포함한 성인들은 아동권리추진위원회에 대한 준비기간을 거쳐, 2003년 7월 30일 공식적인 발대식을 가졌다. 위원회는 11명의 성인

국제아동청소년포럼

위원과 5명의 아동 위원으로 구성되었다.

　아동권리추진위원회는 아동특별총회의 결과문서가 국가계획으로 수립되기 위해서는 특히 아동들의 참여가 중요하다는 인식하에 제1회 아동권리주간(2003년 11월 17일-23일)을 기념하며 국제아동·청소년포럼도 준비했다. 국제아동·청소년포럼(2003년 11월 21일-23일)에는 유엔아동특별총회 이후 아동들과 함께 국가행동계획을 작성한 경험이 있는 말레이시아 정부 대표와 아동대표단을 포함하여 중국과 일본, 한국의 아동대표들이 참여했으며[124] 전문가 발제 세션 이후, 말레이시아와 한국, 일본의 정부 및 지방자치단체, NGO 등에 참여했던 아동들의 보고가 이어졌다.[125]

　'가정, 학교, 사회생활에 대한 아동의 참여 촉진'은 제1차 최종견해에 이어 제2차 최종견해에서도 적절히 이행되지 않는 분야로 지적되었다.[126] 포럼에서 '한국의 아동참여 경험'을 발표한 서윤정 한국아동대표는 "유교문화 때문에, (한국의 아동들은) 자신의 의견을

유엔아동특별총회가 끝난 후, 저희들은 한국 아동들의 권리와 참여를 위한 위원회의 필요성과 중요성을 깨달을 수 있었습니다. 왜냐하면 우리 한국은 아동은 물론 일반인들과 아동을 위해 일하는 전문가들조차 협약과 아동권리 접근에 대한 충분한 이해가 부족한 게 현실이었기 때문입니다. 그래서 우리는 여러 NGO의 정상들에게 아동권리추진위원회의 설치를 강력히 요구했습니다. 다행히 NGO의 정상들께서도 아동권리추진위원회의 필요성을 인식하시고, 저희의 제안을 흔쾌히 받아주셨습니다.

저희는 위원회에 대해 충분히 토론하고 이야기해볼 수 있도록 6달의 준비기간을 가졌습니다. 그 준비기간을 거쳐, 7월 30일, 저희는 「아동권리추진위원회」의 공식적인 발대식을 가질 수 있었습니다. 위원회는 11명의 어른 추진위원들과 5명의 아동위원으로 구성되었습니다. 아동권리추진위원회의 위원장은 유엔아동권리위원회의 위원으로 일하고 계신 이양희 교수님이 맡으셨고, 아동위원은 각종 아동포럼 및 회의 참가 경험이 있는 5명의 아동으로 이루어졌습니다.

위원회의 첫 번째 사업으로, 2003년 11월 17일 아동권리추진위원회는 11월 17일부터 23일까지를 「아동권리주간」으로 제정

했습니다. 이 아동권리주간 행사에 대해 간단히 소개하자면, 우선 이번 주 수요일에 아동성학대에 대한 심포지엄을 가졌습니다. 그리고 그저께부터 오늘까지 아동·청소년과 함께 만드는 국가의 미래(Shaping Country's Future with Children/Young people)라는 주제로 국제포럼을 개최했습니다.

저희는 앞으로도 이 아동권리주간 사업을 국가적으로 널리 알리는 데 최선을 다할 것입니다. 또한, 저희는 초등학교 학생들을 위한 아동권리 관련 책을 제작할 것이며, 내년 5월에는 또 다른 계획도 짤 예정입니다. 저희 아동권리위원회의 목표 중 하나는 아동권리센터를 건립하는 일입니다. 저희는 우리 아동의 권리를 위한 세계가 실현되는 데 최선을 다하겠습니다.

저희, 중국, 일본, 그리고 말레이시아 아동들은 한국의 이번 아동권리주간 사업이 성공적으로 이끌어짐과 동시에 앞으로 아동권리센터 건립을 위한 추진이 좋은 열매를 맺기를 소망합니다. 감사합니다.

윤채민(2003), '아동을 위한 국가행동계획(NAP)에서의 아동참여-한국 NGO의 경험'

제대로 발표를 기회를 갖지 못합니다. 많은 공부와 부담 때문에 자신의 권리에 대해서 관심을 가지지 않습니다. 어른이 가하는 여러 가지 압력 때문에, 아동들은 그들 스스로 자신들의 권리에 대해서 알아볼 조직이나 기구를 만들지 못합니다. 수능을 위한 지나친 공부가 심한 압박으로 적용합니다. 선생님들의 명령에 익숙해져 있어서 창의적인 생각이 부족합니다"고 문제를 말했다(서윤정, 2003). 김근영 한국아동대표는 "아동들은 자신들의 역할은 언제든지 할 수 있습니다. 우리의 자리에 서게 해주세요. 우리의 역할을 할 수 있도록 해주세요. 아동참여의 진정한 의미를 우리로부터 느끼게 해주세요"라고 했다(김근영, 2003). 당시 이들이 지적한 한국 정부와 NGO의 문제는 오늘에 비추어도 놀라울 정도로 어색함이 없다. 20여 년 전 아동의 목소리를 통해 국가와 사회의 더딘 변화를 실감하며, 아동권리에 있어 참여의 의미를 환기해본다. 제1회 국제아동청소년포럼은 아동에게 적합한 세상을 찾기 위한 출발점은 아동에게서 시작되어야 한다는 당연한 원칙을 실천했다는 의미가 있지만, 움트기 시작한 아동참여가 활짝 피어나기 위한 앞으로의 긴긴 여정을 예고하는 듯하다.

유엔아동특별총회는 국내에서 '대한민국 아동총회'(이하 아동총회)를 개최하는 계기도 마련했다. 2002년 6월 유엔아동특별총회 후속으로 개최된 NGO 포럼 참가 보고회에서 한국 민간대표단으로 참석하고 돌아온 아동들이 외국의 활발한 아동 참여 동향을 보며 국내에서도 아동참여의 장이 필요하다는 의사를 전달한 것이다. 그 결과로 아동총회 예비대회가 2003년 10월에 개최되었으며, 이후 보건복지부 정책에 반영되어 2004년부터 현재까지 '대한민국 아동총회'가 이어지고 있다.[127] 정부는 대한민국 아동총회 개최를 위해 매년 아동단체협의회에 재정을 지원하고 있다.[128]

유엔아동권리위원회는 일반논평 12호를 통해 아동참여를 규정한 아동권리협약 제12조는 "해당 권리를 창설할 뿐만 아니라 다른

정부 & 비정부단체(NGO's)

문제점 : 변화해야 할 점은 무엇인가?
- 아동 관련 분야들이 많이 분산되어 있습니다.
  예) 복지부/교육부/여성부 등등
  => 국회의원들이 힘을 합쳐 공동으로 일을 할 수 있도록 해야 합니다.

- 정부와 NGO의 끝없는 참여가 필요합니다.
  => 권리협약 이후의 발전을 지속적으로 보고하고 실행을 옮겨야 합니다.
  => 정부와 NGO가 활동을 할 때 주체인 아동들이 참여할 수 있어야 합니다.

- 정부의 일들이 항상 1~2년씩 늦어지는 경우가 많습니다.
  − 담당사람들이 자주 바뀌어 일을 이어서 진행하기 힘든 문제점이 있으며, 자연스레 일의 리듬이 깨지게 됩니다.

- 정부는 NGO와 같이 일을 해야 합니다.
  − 아래가 바뀌어야 위가 바뀌게 됩니다.

- 시각의 변화 필요
  − 아동이란 단어의 뜻이 매우 모호합니다. 자신이 아동인지 아닌지 구별하는 자체가 힘들 정도입니다.
  − 일반적으로 아동은 10살 미만이라고 생각되어집니다.
  − 청소년들은 따로 분류가 되어 어떠한 작업을 실행할 때 막상 힘이 들게 됩니다.
  => 국제적인 기준으로 분류되어야 합니다.

- 문화의 벽
  − 유교의 문화로 인해 많은 발전이 저하되고 있습니다.
  − 성차별의 문제는 여전히 존재합니다.
  − 아동들을 어른들의 소유물로 봅니다. 그렇기 때문에 착취 등이 아직 심각한 문제로 떠오르고 있습니다.

김근영 한국아동대표의 발표 내용 발췌

유엔아동특별총회 NGO 보고회   아동총회 예비대회 포스터

2003.10. 아동이 살기 좋은 세상을 위한 아동총회 예비대회

2004.07. 제1회 "아동이 살기 좋은 세상 만들기"

2005.10. 제2회 "아동이 만들어가는 행복한 세상"

2006.09. 제3회 "아동, 그 차별의 벽을 넘어서"

2007.08. 제4회 "아동폭력 없는 행복한 세상"

2008.08. 제5회 "우리들의 안전한 세상을 위해"

2009.11. 제6회 "서로 존중해주는 세상을 위해"

2010.08. 제7회 "우리가 원하는 환경을 말하다"

2011.08. 제8회 "세상과 함께하는 행복한 소통"

2012.08. 제9회 "꿈, 행복을 향한 도전"

2013.08. 제10회 "건강한 아동, 건강한 대한민국"

2014.08. 제11회 "대한민국 아동안전은 녹색불입니까"

2015.08. 제12회 "행복한 아동, 존중받는 아동"

2016.08. 제13회 "우리의 꿈, 말해도 되나요?"

2017.08. 제14회 "아동의 목소리, 대한민국에서 살아 숨 쉬
다"

2018.08. 제15회 "대한민국 아동은 보호받고 있습니까?"

2019.08. 제16회 "아동정책-아동=0, 아동의 의견을 존중하는 정책"

2020.11. 제17회 "아. 직. 아동들이 직접 말하지 못한 이야기"

대한민국 아동총회 연도별 주제

제반 권리를 해석하고 적용함에 있어 고려되어야 한다"고 기술함으로써 참여권이 갖는 실체적·절차적 특성을 밝혔다(Parkes. A., 2013). 아동이 보유하는 '참여권'이라는 개념은 제네바 선언과 아동권리선언에는 포함되지 않았지만, 이후 아동권리협약 작성을 위한 실무그룹에서 '어른이 갖는 권리를 아동에게도 확장'하려는 노력의 일환으로 논의되기 시작한 것이다. 다만, 아동권리협약 작성 과정에 아동참여가 이루어졌다는 공식 기록은 찾아볼 수 없었으며, 아동권리위원회가 '아동권리위원회 보고 절차 시 아동 참여를 위한 실무 방법론'이라는 제목의 지침을 발표한 것도 협약이 채택된 지 25년 뒤인 2014년의 일이었다(Fenton-Glynn, C., 2019). 아동참여에 대한 실질적 논의가 오랜 시간을 거쳐 현실에 반영되었음을 알 수 있는 대목이다.

비슷한 맥락에서 대한민국 아동총회가 지속적으로 운영되며 공적 의사결정에 아동의 의견을 반영할 수 있는 통로를 열어놓았다는 점은 매우 긍정적으로 평가할 수 있다. 그러나 아동총회가 여전히 법적 근거 없이 정책으로만 시행되고 있으며, 아동총회의 누적된 결과가 정부 정책과 의정에 실제로 반영된 결과도 확인하기 어렵다는 점 또한 짚고 넘어가야 한다. 최근 정부는 제2차 아동정책 기본계획을 통해 「아동복지법」을 개정하여 매년 아동총회 개최와 아동정책조정위원회에 대한 결과보고를 의무화하고, 필요 시 정책에 반영할 수 있도록 검토·심의할 수 있는 근거를 마련하겠다고 밝혔다. 아동의 목소리에서 시작된 참여기구인 만큼 보다 실효적인 아동총회로 변화하는 계기가 되기를 기대해본다.

3부

이행 발돋움의 시대

1장
한국의
아동권리협약 이행보고
세 번째

● **아동권리협약 선택의정서 비준과 이행 심의**
  (2004년 10월 – 2008년 6월)

「아동의 무력충돌 참여에 관한 아동권리협약 선택의정서」
(Optional Protocol to the Convention on the Rights of the Child on the
Involvement of Children in Armed, 이하 OPAC 또는 아동의 무력충돌 선
택의정서)와 「아동 매매 및 아동 성착취에 관한 아동권리협약 선택
의정서」(Optional Protocol to the Convention on the Rights of the Child
on the Sale of Children, Child Prostitution and Child Pornography, 이하
OPSC 또는 아동매매 선택의정서)[129]는 2000년 5월 25일 유엔총회에
서 채택되었다. OPAC는 2002년 2월 12일에, OPSC는 2002년 1월
18일에 10번째 비준서가 기탁되며 발효되었다. OPAC는 18세 미만
의 모든 아동은 어떠한 형태로든 무력분쟁에 동원되어서는 안 된다
는 점을 분명히 했다는 데 특별한 의미가 있다. 즉, 무력분쟁이 아동

에게 미치는 유해한 영향을 재확인하고, 자발적인 군대 징집 및 적대행위에 참여할 수 있는 아동의 최저연령을 15세로 규정한 협약 제38조의 한계를 넘어선 것이다. 또한, 아동권리협약이 채택된 이후에도 광범위하게 확산되는 아동매매와 아동 성착취 문제에 더욱 적극적으로 대처하여 아동을 보호해야 할 국제사회 공통의 책무를 확인했고, 모든 형태의 아동매매 및 아동 성착취 범죄에 관여한 자에 대한 형사적, 민사적 제재 촉구를 주요 내용으로 했다.

각 선택의정서를 비준한 당사국은 선택의정서 이행에 대한 국가보고서를 유엔아동권리위원회에 제출해야 하는데(OPAC 제8조 제1항, OPSC 제12조 제1항), 이에 따른 일련의 심의는 아동권리협약 보고 절차와 같다. 다만, 선택의정서를 비준한 당사국이 아동권리협약까지 비준했을 경우에는 사정이 달라진다. 선택의정서 이행에 대한 최초 보고서 제출과 심의가 이루어진 이후에는 협약 제44조에 따라, 아동권리위원회에 제출하는 정기보고서에 각 선택의정서 이행에 관한 정보를 포함하여 작성하게 된다(OPAC 제8조 제2항, OPSC 제12조 제2항).

한국은 2000년 9월 6일 OPAC와 OPSC에 서명하고 2004년 9월 24일 비준했으며, 각 선택의정서는 조약 1687호(OPAC)와 1688호(OPSC)로 2004년 10월 24일 국내에서 발효되었다. 이때 한국은 OPAC 비준 또는 가입 시 자원입대가 허용되는 최소연령과 이러한 입대가 강제 또는 강요되지 않도록 보장하기 위한 당사국의 조치를 명시해 구속력 있는 선언을 기탁하도록 규정한 OPAC 제3조 제2항에 따라 "대한민국 군대로 자원입대할 수 있는 최소연령은 만 18세임"을 선언하며 OPAC를 비준했다.[130] OPSC의 경우, 한국은 비준 당시 「국제입양 관련 아동의 보호 및 협력에 관한 헤이그협약 (The Hague Convention on the Protection of Children and Co-operation in Respect of Intercountry Adoption, 이하 헤이그국제아동입양협약)에 가입하지 않은 국가로서[131] "적용 가능한 입양 관련 국제법 문서를 위반하여 알선자로서 아동 입양에 대한 동의를 부적절하게 유도하는 행위"를 당사국 형법으로 규율한 OPSC 제3조 제1항 (a)(ii)은 헤이그국제아동입양협약의 당사국에만 적용되는 것으로 해석한다"는 해석선언을 밝히며 OPSC를 비준했다.[132]

이후, 한국은 각 선택의정서가 발효된 때로부터 2년이 되는 2006년 10월 24일로 예정된 이행보고서 제출기한을 약 6개월 지난 2007년 4월 1일, 아동의 무력충돌 선택의정서와 아동매매 선택의정서 이행 최초보고서(CRC/C/OPAC/KOR/1, CRC/C/OPAC/KOR/1)를 유엔아동권리위원회에 제출했다. 위원회는 2008년 5월 23일 오전 10시부터 오후 1시까지 진행된 제1322회 회의(CRC/C/SR/1322)와 같은 날 오후 3시부터 오후 6시까지 진행된 제1323회 회의(CRC/C/SR/1323)에서 한국의 선택의정서 이행 최초보고서를 심의하여 2008년 6월 6일 최종견해를 채택했다.[133]

심의	내용	제출기한	제출/회의일	공표일
OPAC, OPSC 이행 심의	국가보고서	2006.10.24.	2007.04.01.	2007.11.01.
	쟁점목록			2008.02.13.
	쟁점목록 답변	2008.03.30.	2008.04.23.	2008.04.25.
	본심의		2008.05.23.	
	최종견해		2008.06.06.	2008.06.27.

선택의정서 이행에 따른 최초보고서 심의에 참석한 한국 대표단은 모두발언을 통해 아동정책조정위원회 설립과 아동권리 옴부즈퍼슨 위촉, 아동권리협약 홍보와 아동권리교육 등을 보고했다. 이로써 선택의정서 이행 강화를 위한 강력한 의지를 밝힌 셈이다. 특히 「병역법」에 따라 아동의 무력분쟁 참여는 엄격하게 금지된다는 점, 아동매매는 관련 법에 따라 처벌되며 아동매매 사례도 없다는 점, 아동 성매매 근절을 위한 법·제도적 개선조치 등을 설명했고, 위원들의 질의에 답변했다.[134]

OPAC 심의 결과, 위원회는 군대에 자원입대할 수 있는 연령은 18세 이상임을 명시한 한국의 선언에도 불구하고, 18세 아동의 적대행위 참여 혹은 강제 징집을 금지하는 구체적인 조항이 없는 점에 우려를 표명했다. 탈북아동을 포함하여 본국에서 적대행위에 징집되었거나 이용되었을지 모르는 망명 및 난민 아동을 확인하는 체계가 없으며, 이들의 신체적·심리적 회복과 사회 재통합을 위한 구체적인 전략이 부재한 점에도 유감을 표했다. 더불어 분쟁지역 아동보호를 위한 재정 지원을 포함하여 국제협력을 계속해나갈 것을 장려하면서, 18세 미만의 아동이 군대나 비정부 무장단체의 일원으로 적대행위에 참여하는 국가들을 대상으로 수출을 금지하는 구체적인 법률이 없는 점을 꼬집어 말하면서 관련 법률 제정을 권고했다.

OPSC의 경우 위원회는 아동매매, 아동 성착취와 관련된 체계적인 통계자료가 마련되지 않은 점을 지적했다. 그리고는 나이 및 성별, 범죄유형에 따른 기소와 유죄판결 건수 등 종합적인 자료수집 체계를 구축해야 한다고 강조했다. 무엇보다 국내법 규정이 선택의정서 규정에 완전히 부합하지 않는 점을 우려하며, 개정과 더불어 판사와 변호사에 대한 체계적인 교육 시행을 권고했다. 「형법」제324조와 「근로기준법」 제113조가 인신매매 관련 범죄를 규정하고 있지만, 「형법」에는 기망, 폭력 또는 다른 형태의 강압적인 수단이나 금전 혹은 다른 형태의 보상과 관계없이 아동매매를 금지하는 조항이 존재하지 않는 점, 성교를 포함하지 않는 성적행위나 아동이 성적행위에 대한 보상을 받았을 경우는 아동 성매매로 정의되지 않을 수 있다는 점, 아동의 성적부위에 대한 표현 또는 가상의 노골적인 성적활동과 단순히 아동음란물을 소지한 것은 당시의 「청소년의 성보호에 관한 법률」(이하, '청소년성보호법'이라 함) 제2조 제3항이 정의한 '아동 음란물'에 포함되지 않으며 이는 선택의정서 제2조 c항과 부합하지 않는 점 등도 일일이 짚어냈다.

수단을 불문하고 아동 성착취를 목적으로 아동을 제공, 조달, 획득하는 모든 행위를 금지할 것, 아동 성매매 피해자 보호를 강화하고, 이들이 처벌받지 않도록 관련 법률을 개정할 것, 아동음란물 배포 의도와 상관없이 단순 소지하는 행위 자체를 금지할 것은 그에 따른 권고 사항이다.[135] 또한, 한국은 국내 및 해외입양이 많이 이루어지고 있음에도 협약 제21조를 유보하고 있었는데, 위원회는 바로 이 점을 언급하면서 선택의정서 제3조 제1항 (a)(ii) 승인에 대해 헤이그국제아동입양협약이 적용되지 않는다고 해석한 입장에 우려를 표했다. 그러면서 유보를 철회하고, 법 개정을 서두를 것, 헤이그국제아동입양협약을 비준할 것을 강력하게 권장했다.

"(한국의 OPSC 이행 심의 당시 유엔아동권리위원회에서) 성매수범죄 상대방은 피해자로 간주해야지, 가해자로 보면 안 된다, 처벌하면 안 된다, 그랬더니 한국은 (성매매를 한) 14세 이상 아이들을 처벌한다고 한 거예요. 그러니까 이게 무슨 소리냐고, 그 아이들이 왜 처벌을 당하냐고, 아동권리협약을 읽어봤냐고 질문하니까 "아, 우리는 자발적인 매매는 처벌하고 비자발적인 경우는 처벌 대상이 아니고……" 거기서부터 위원들하고 정부 관계자가 옥신각신하는데, 우리 대표부가 말을 막 얼버무려서, 그때 제가 보고 있다가[136] 아무래도 안 되겠어서 쟝 져마틴(Jean Zermatten, 당시 유엔아동권리위원회 위원장)에게 'time out, time out'을 요청했어요. 그래서 심의하는 곳 옆에 회의실에 (한국) 대표단들 쫙 모여서, 제가 선택의정서 읽어보고 왔느냐고 뭐라고 했어요."_2021년 4월 13일, 이양희 (전) 위원장 인터뷰

한편, 세이브더칠드런(Save the Children Korea)과 아시아인권센터(The Asia Center for Human Rights)는 2007년 10월 한국의 OPSC 이행에 대한 NGO 연대보고서를 제출했다. 지금껏 국내에서 협약 이행 실태와 관련된 민간 단위의 보고서를 제출한 주체는 인권운동사랑방이 유일했는데, 아동에 초점을 맞춘 단체가 당사국의 협약 이행 보고를 보완하는 최초의 보고서를 제출한 것이다. 당시 세이브더칠드런은 아동권리협약 이행을 위한 NPO연대의 사무국이면서, 옴부즈퍼슨 활동을 통해 한국의 협약 이행을 모니터링하고 있었다. 보고서에는 적절한 자원의 할당 없이 상설기구로 운영되지 않는 아동정책조정기구의 한계, 아동 성범죄와 성착취물에 관련된 불충분

한 자료수집 체계, 선택의정서에 대한 아동은 물론 NGO, 언론의 낮은 인식, 아동권리모니터링센터의 비독립적 운영과 권한 없는 옴부즈퍼슨 제도 등이 광범위하게 다루어졌다. 이로써 아동매매와 아동 성착취범죄를 예방·근절하고 피해아동의 회복을 돕기 위한 출발점은 기본적 아동권리의 실천이며, 이는 자국의 관할권을 넘어 국제적인 협력과 지원을 필요로 하는 사안임을 확인하면서 다시 한번 협약의 의미를 상기하게 되었다.[137]

위 최종견해를 통해 위원회는 OPAC 제8조 제2항과 OPSC 제12조 제2항을 근거로 2008년 12월 19일까지 제출 예정인 한국의 아동권리협약 이행 제3·4차 통합 국가보고서에 선택의정서 이행에 관한 추가 정보를 포함해줄 것을 요청했다. 2008년에 채택된 최종견해 이후 선택의정서 이행을 위한 후속조치는 협약 이행 보고에 통합되어 검토 중이다.

"유엔총회에서 아동권리협약이 채택된 이후 초반에만 해도 유엔아동권리협약을 알리고, 교육하는 것만이 NGO의 사명이라고 생각했지, NGO 사람들이 보고서를 쓴다든지, 민간보고서를 어떻게 써야 한다든지 그런 걸 몰랐어요. 그런데 당시 유엔아동권리위원회 위원으로 계셨던 이양희 교수님이 위원들이 한국에는 NGO 보고서를 작성하는 아동인권전문 NGO들은 없느냐고 물었다는 이야기를 전해줬어요. 그때 처음으로 '아, 이것도 우리의 일이구나' 생각하고서 세이브더칠드런(OPSC 이행에 대한 NGO) 보고서를 처음 쓰게 된 거예요."_2021년 2월 24일, 김인숙 소장 인터뷰

제3·4차 아동권리협약 이행 심의

(2003년 2월 – 2011년 10월)

한국의 제3·4차 국가보고서는 제출기한인 2008년 12월 19일을 지나 2009년 5월 28일 제출되었다. 국가보고서와 사전심의를 거쳐 도출된 쟁점목록은 2011년 3월 14일 채택되었으며, 2011년 9월 21일 본심의가 진행되었고, 최종견해는 2012년 2월 2일 공표되었다.[138]

심의	내용	제출기한	제출/회의일	공표일
CRC 제3·4차 심의	국가보고서	2008. 12. 19.	2009. 05. 28.	2011. 01. 12.
	쟁점목록			2011. 03. 14.
	쟁점목록 답변	2011. 07. 03.		2011. 08. 16.
	본심의		2011. 09. 21.	
	최종견해		2011. 10. 07.	2012. 02. 02.

두 차례의 심의를 거치면서 특히 법·제도를 중심으로 다소간의 개선이 있었다. 협약 제2조에 따라 남자는 만 18세, 여자는 만 16세로 다르게 정한 「민법」상 약혼연령과 혼인적령을 모두 만 18세로 조정했다. 「초·중등교육법」에 의해 15세 이상인 경우에도, 중학교에 재학 중인 18세 미만인 사람은 근로자로 사용하지 못하도록 최저근로연령 규정을 개정하여 노동으로부터 보호받아야 할 아동권리를 강화했다. 「아동복지법」 전부개정을 통해 아동학대의 개념을 명시하고, 학대피해아동 보호를 위한 제도적 기반을 마련했으며, 「청소년의 성보호에 관한 법률」을 제정하여 청소년 대상 성매수를 범죄로 규정하는[139] 등 협약 이행을 위한 조치도 이루어졌다. 또한 「초·

중등교육법 시행령」을 개정하여 학교현장에서 학칙 제·개정 시 학생의 의견을 의무적으로 반영하도록 하여 민주적 절차를 확보하고, 학교 내 체벌을 전면 금지했다. 2007년 「민법」 개정을 통해 면접교섭권과 관련한 유보도 철회했고,[140] 입양허가제는 단계적으로 도입 방안을 검토하겠다고 언급했다. 다만, 상소권[141]은 분단 상황이라는 특수성을 고려하여 현 규정대로 유지할 계획이라고 밝혔다. 위원회는 면접교섭권 유보 철회는 환영하지만, 다른 2개 조항에 대한 유보를 유지한 것은 협약의 완전한 적용에 걸림돌이 될 수 있다며 지적했다.

> "기존에는 그런 생각(민법상 면접교섭권의 주체로 자녀를 명시하지 않는 문제)을 안 하고 있다가 이런 협약에서 유보를 하니까 딱 눈에 띄는 거죠. 그러면 민법하는 분들 중 외국에서는 어떻게 하는지 보는 분들도 생기고, 그렇게 글 쓰는 분도 생기고, 그렇게 되는 거죠. 결국 민법을 개정하면서 해결된 문제니까, 협약이 영향을 미쳤다고 할 수 있죠. 그분들이 그걸 생각하게 된 계기가 결국은 아동권리협약이거든요."_2020년 12월 11일, 정인섭 교수 인터뷰

아동의 특수성을 고려한 별도의 조항이 포함된 경우도 찾아볼 수 있다. 「형사소송법」 및 「성폭력범죄처벌법」에서 신뢰하는 관계자의 동석, 진술에 대한 영상녹화 등이 이에 해당한다. 그러나 「소년법」 적용 연령을 20세 미만에서 19세 미만으로 낮추고 촉법소년과 우범소년의 연령을 12세 이상에서 10세 이상으로 낮추는 개정도

이루어져, 아동권리협약에 반하여 후퇴한 변화도 있었다.

그 밖에 위원회가 반복하여 권고한 사항으로, 국가인권위원회 내 아동권리 분과위원회의 설립, 체벌의 전면적인 금지, 아동이 받는 스트레스를 줄이기 위한 교육정책 검토 등이 있다. 또한, 위원회는 아동·청소년 관련 정책을 분절적으로 이행하고 이를 조정하는 업무를 관장하는 아동정책조정위원회가 운영되지 않는 현실에 거듭 우려를 나타내면서 아동정책조정위원회를 복구하여 강화할 것을 권고했다. 새롭게 설립된 한국아동권리모니터링센터와 해당 센터가 위촉한 아동권리 옴부즈퍼슨의 독립 모니터링에 의구심을 표하며, 실질적 독립과 효과적인 운영을 보장할 것도 강조했다.

한편, 당시 아동권리협약 이행을 담당하던 보건복지부의 업무에 '아동권리협약 모니터링'이 명시된 점은 주목할 만하다. 이전에는 '아동의 권익증진 및 모니터링에 관한 사항'으로만 정했던 규정을 '아동의 권익증진 및 아동권리협약 모니터링'으로 개정하고,[142] 아동권리에 대한 국제협약 이행 업무를 명확히 밝혔다.

일부 국제적 규준에 반하는 방향으로 조정된 법규도 있었으나, 전반적으로 협약 이행을 위해 재정비된 다양한 법·제도는 성과라 보아야 할 것이다. 특히 제2차 최종견해 이행으로 설립된 한국아동권리모니터링센터와 옴부즈퍼슨 운영에 아쉬운 점은 있었지만, 위 사업을 통해 한국의 아동권리협약 이행 제3·4차 국가보고서는 종전보다 광범위하고 자세한 실태를 담아낼 수 있었다.

다만, 협약을 국내법에 직접 인용할 수 있도록 하는 헌법 규정에도 불구하고, 실질적으로 아동권리협약을 인용하는 경우가 매우 드

물다는 점을 우려하며, 이에 사법판결에 협약이 적용될 수 있도록 조치하라는 위원회의 권고는 규범의 존재가 곧 협약 이행이라고 볼 수 없다는 점을 분명히 보여준다(김상원·김희진, 2020).

형사사법체계에 반영되어야 할 아동의 권리

1958년 제정된 이래 2021. 5. 18. 기준 총 12차례 개정을 거쳐 현행법에 이른 「소년법」은 제1조에서 '반사회성이 있는 소년의 환경 조정과 품행 교정을 위한 보호처분 등의 필요한 조치를 하고 형사처분에 관한 특별조치를 함으로써 소년이 건전하게 성장하도록 돕는 것'을 그 목적으로 한다고 명시한다. 이러한 아동사법(child justice; 종래 juvenile justice로 소년사법이라 번역되었음)은 발달 과정에 있는 아동의 특수성을 고려하여 사회복귀(rehabilitation)와 회복(restoration), 사회 재적응(reintegration)을 주된 목적으로 고안된 형사사법체계로서 회복적 정의(restorative justice)를 통하여 아동의 권리 실현을 돕고자 하는 사법제도의 큰 흐름이라고 할 수 있다(최정규 외 8인, 2018; 한영선 외, 2020).

유엔아동권리위원회는 위와 같은 접근방식이 형사법 체계 내에서 아동의 존엄과 가치를 보장하려는 아동권리협약 제40조에 부합하며, 결과적으로 아동 범죄의 발생률을 낮추는 효과가 있다고 설명한다.[143]

국내에서도 소년사법운영에 관한 유엔최저기준규칙(The United Nations Standard Minimum Rules for the Administration of Juvenile Justice, The Beijing Rules), 자유를 박탈당한 소년의 인권보호에 관한 유엔규칙(The United Nations rules for the Protection of Juveniles

Deprived of their Liberty, The Havana Rules) 등 관련 국제규범에 관한 연구가 2000년대 초반 이래 이루어지고 있으며, 특히 2010년 이후부터는 국내 소년범죄 현황과 제도의 한계에 대한 이해 역시 증진되고 있다.

그럼에도 불구하고 우리 사회는 소년범죄 사건이 주목 받을 때마다 주로 '아동이기 때문에 선처를 받는다'는 비난 여론을 중심으로 「소년법」, 「형법」, 「특정강력범죄의 처벌에 관한 특례법」 등 관련 법령에 대해 처벌강화 개정 움직임으로 귀결되는 경향이 있는 것으로 보인다. 가령 제3-4차 국가보고서 제출을 앞둔 2007년에는 "청소년의 성숙 정도, 「청소년보호법」 등 다른 법률과의 통일성, 만 19세는 대학생인 점, 소년범 연령이 낮아질 뿐 아니라 범행내용도 사회적으로 문제가 되는 경우가 적지 않다"는 이유로 「소년법」의 적용 연령을 20세 미만에서 19세 미만으로, '촉법소년' 및 '우범소년'의 연령을 '12세 이상'에서 '10세 이상'으로 낮추는 개정이 이루어졌다. 다른 한편 2017년 인천 초등학생 살인 사건, 부산 중학생·강릉 고등학생 집단폭행 사건 등 소년범 사건들이 잇따라 발생했을 당시 39만 명이 넘는 국민들이 「소년법」을 개정 내지 폐지하라는 국민청원에 동참하기도 했다 (대한민국청와대, 2017.9.25.). 부정적 여론을 등에 업고 제20대 국회에 제출된 18개 형사법 개정들은 "소년범 연령이 점점 낮아지며 범행 내용이 점차 '흉포화' 된다"는 것을 근거로 보호대상 소년의 연령 하향, 소년에 대한 형 완화 규정의 상향 또는 폐지, 형사미성년자 연령 하향 및 소년법 특례규정 폐지 등의 내용이 포함되었다(최정규 외 8인, 2018). 또한 형사미성년자 연령 하향

이 소년범죄와 학교폭력에 대한 범정부 차원의 대책으로 반복되기도 한다.

이러한 상황에서 유엔아동권리위원회가 2019년 9월 유엔에 제출한 한국 정부에 대한 아동권리협약 이행 제5·6차 최종견해는 한국의 아동사법 실태에 관련하여 기존에도 반복적으로 지적되어 온 여러 우려와 권고사항을 제시하였는데, 소년전문법원 설치, 형사책임 최저연령 14세 유지, 조사단계부터 법적 조력 제공 보장, '우범소년' 규정 삭제, 소년법상 구금기간을 최종형벌에 포함하고 구금은 최후의 수단으로서 최단기간만 허용할 것, 비구금형 촉진, 성인과 분리수용 등을 권고사항으로 포함하고 있다. 여기에서 '우범소년'은 '성격이나 환경에 비추어 앞으로 형벌 법령에 저촉되는 행위를 할 우려가 있는 10세 이상인 소년'으로서 '집단적으로 몰려다니며 주위 사람들에게 불안감을 조성하는 성벽', '정당한 이유 없는 가출' 또는 '술을 마시고 소란을 피우거나 유해환경에 접하는 성벽'을 보이는 때 보호자, 학교의 장, 시설장, 보호관찰소의 장 등에 의하여 법원 소년부에 통고되어 소년원 처분의 대상이 되는 소년을 의미한다(「소년법」 제4조 제1항 내지 제3항). 즉, 법률에서 정한 죄를 짓지 않고도 '보호처분'이라는 명목으로 다른 구금과 다를 바 없이 자유를 박탈당할 수 있다는 것이다. 이렇듯 아동이라는 이유만으로 범죄 구성요건 이외에 다른 특정 행위를 범죄시하는 '지위비행 폐지'는 유엔아동권리위원회뿐만 아니라 여타 국제인권규범에 포함된 사항임에도 불구하고, 2019년 제5·6차 심의를 앞두고 한국 정부가 발표한 '포용국가 아동정책'에 전혀 언급되지 않았다.

이러한 점들을 두고 볼 때 한국에서 아동의 권리를 실현하기 위한 아동사법은 여전히 걸음마 단계에 있다고 평가할 수 있으며, 발달과정에 있는 아동의 특성과 아동 이익 최우선의 원칙에 대한 심도 깊은 이해를 바탕으로 관련 부처들 간에 실질적인 개선방안 및 적용방안이 논의되어야 할 것이다.

<아동사법과 관련한 위원회의 최종견해>

제1차 최종견해(CRC/C/15/Add.51)

18. 위원회는 또한 한국의 현행 청소년사법제도가 협약 제 37, 39, 40조 등에 부합되지 않는다는 점을 우려한다.

31. 위원회는, 본 협약(특히 제37, 38, 40조)의 정신을 비롯하여 '북경규칙(Beijing rules)', '북경규칙 리야드 지침(Riyadh Guidelines)', '자유를 박탈당한 청소년의 보호를 위한 UN규칙(UN Rules for the Protection of Juveniles Deprived of their Liberty)' 등 청소년사법 분야 국제연합 기준들에 입각해 한국정부가 청소년 사법제도의 포괄적 개혁에 착수할 것을 권고한다. 자유의 박탈은 오로지 최후의 수단으로서만 사용되어야 하며 단기간 동안만 이루어져야 하고 자유를 박탈당한 아동의 권리 보호와 법 절차, 사법제도의 완전한 독립성과 공정성 보장에 특별한 주의가 기울어져야 한다. 청소년사법제도에 관계하는 모든 전문가들에게 관련 국제기준을 교육하는 훈련프

로그램이 마련되어야 한다. 위원회는 한국정부가 '인권센터(Center for Human Rights)' '범죄예방 및 형사정의 분과(Crime Prevention and Criminal Justice Branch)'에 청소년사법행정 분야에 관한 국제적 지원을 구해볼 것을 제안한다.

제2차 최종견해(CRC/C/15/Add.197)

56. 위원회는 법을 위반하여 보호처분에 처해진 소년이 형사절차를 거치지 않은 채 법률관련 지원을 받지 못하고 신체의 자유를 빼앗길 수도 있는 점을 우려한다.

57. 위원회는 당사국이 아래와 같은 조치를 취할 것을 권고한다

(a) '소년사법집행에 관한 아동권리위원회의 1995년 토론의 날'에 비추어, 특히 아동권리협약 제 37·39·40조, '소년사법집행에 관한 유엔최저기준규칙 베이징 규칙 소년비행 예방을 위한 유엔지침(리야드 지침)' 등 소년사법기준의 완전한 이행을 보장하고 소년사법제도 종사인력에 대한 전문훈련 실시

(b) 신체자유박탈을 최후의 수단으로만 사용하고 신체자유박탈에 이를 수 있는 보호처분에 처해진 모든 소년들이 조기에 변호인과 접촉할 수 있도록 보장

(c) 미성년자의 형사절차 보호처분 여부 결정에 관한 검사의 재량권을 없애도록 법률 개정

80. 위원회는 당사국 내 청소년 비행율이 계속하여 증가하고 있고 높은 수준의 재범률 등 청소년 범죄율이 높다는 점을 우려한다. 위원회는 또한 비행아동이 이러한 상황에 처하게 된 근본원인을 다루기보다 성인 구금시설에 비행아동을 구금하는 등, 아동 범죄자를 사회가 효과적으로 복귀하도록 하는 조치 대신 징계조치를 늘리는 식으로만 청소년 범죄 대책이 이루어졌다는 사실을 우려와 함께 주목한다. 나아가 위원회는 청소년전담검사 임명을 긍정적으로 평가하나, 이들이 실제 소년사법 전문가가 될 수 있도록 하는 환경을 제공받지 않아 이러한 기능을 충분히 수행할 수 없다는 점을 우려한다.

81. 위원회는 청소년 범죄 및 높은 수준의 재범률에 효과적으로 대응하기 위한 적절한 방안을 마련할 것을 당사국에 요구한다. 이 과정에서, 위원회는 대한민국이 소년사법제도를 특히 37조, 39조 및 40조를 비롯한 협약과 소년사법 운영에 관한 유엔최저기준규칙(베이징 규칙), 소년비행방지를 위한 유엔가이드라인(리야드 가이드라인), 피구금소년보호규칙(하바나규칙), 형사사법제도 하에서의 아동을 위한 비엔나 행동지침, 청소년 사법시 아동의 권리에 관한 위원회의 일반논평 제10호(2007) 등을 포함한 여타 관련 기준에 완전히 합치하도록 할 것을 권고한다. 특히, 위원회는 다음 사항을 촉구한다.

(a) 대한민국 전역에 충분한 인적, 기술적, 재정적 자원을 갖춘 소년전문 법원을 설립하라.

(b) 형법위반 혐의를 받는 아동에게 충분한 법률 및 기타 지

원을 법적 절차 초반과 전반에 걸쳐 제공하라.

ⓒ 자유를 박탈당하거나 교화시설 혹은 구금시설에 있는 아동이 절대로 성인과 함께 구금되지 않고, 안전하고 아동을 배려하는 환경을 제공받고, 가족과 정기적으로 연락을 유지하고, 음식, 교육, 직업훈련을 제공받을 수 있도록 하라.

d) 자유를 박탈당한 아동이 자신의 배치에 대한 결정에 대해 주기적으로 검토 받을 수 있는 권리를 보장하라.

e) 구금이 최후의 수단으로 사용되도록 하고, 가능한 한 자유박탈 대신 다이버전(diversion), 보호관찰, 상담, 사회봉사, 집행유예 등 다른 대안을 장려하라.

f) 유엔 청소년사법정의에 관한 기구간 패널과 유엔 마약 및 범죄사무소(UNODC), 유엔아동기금(UNICEF), 유엔인권최고대표사무소(OHCHR) 및 비정부기구 등 패널 회원기구들이 개발한 기술적 지원도구를 활용하고, 패널 회원기구로부터 소년사법 분야의 기술적 지원을 구하라.

제5·6차 최종견해(CRC/C/KOR/CO/5-6)

46. 위원회는 소년원 송치기간을 최종 결정의 집행기간에 산입하는 「소년법」 개정을 환영한다. 그러나, 다음을 우려한다:

ⓐ 법에 저촉된 아동 사건에 대한 처리절차와 처우의 두 가지 병렬 시스템의 존재;

ⓑ 형사 미성년자 연령을 만 13세 미만으로 낮추는 개정안과

만 10세 이상부터 「소년법」에 따라 구금될 수 있는 것;

(c) 범죄를 저지르지 않은 "우범소년"의 구금을 규정하는 「소년법」 제4조 제1항 제3호;

(d) 조사단계부터 보조인 개입을 보장받지 못하거나, 자백을 강요당하거나, 증거 및 항소에 대한 접근성이 부재하거나, 무죄 추정의 원칙이나 방어권이 지켜지지 않거나, 재판이 언론에 보도되거나, 법률구조(法律救助)를 조건부로 규정하는 것을 포함한 공정한 재판을 받을 아동의 권리 침해에 대한 보고들;

(e) 성인에 비해 높은 아동 구금률;

(f) 과밀 수용, 불충분한 의료 지원, 교육, 훈련, 여가, 식사 제공, 특히 여아에게 적게 제공되는 식사량을 포함한 부적절한 구금 환경; 접견, 진정 및 야외활동 제한; 소수자 아동을 위한 합당한 편의 부재; 구금된 성소수자 아동(young lesbian, gay, bisexual, transgender and intersex children)에 대한 차별;

(g) 성인과 아동을 혼거수용하는 사례;

(h) 구금된 아동에 대한 불필요한 DNA 및 HIV 의무검사; HIV 아동 구금자의 격리; 구금된 아동에게 강제적인 신체검사와 이발; 그리고 지속적인 위생시설 촬영;

(i) 독방 감금, 가족방문 제한 및 원거리 징계이송과 같은 재량에 따른 징계조치 남용;

(j) 법상 금지되어 있음에도 불구하고 수갑, 포승, 전기충격기를 포함한 기타 보호장치의 사용;

(k) 범죄 재발 방지를 위한 비구금형 조치의 부족.

47. 위원회는 당사국에 다음을 촉구한다:

(a) 적절한 자원을 지원받아, 법에 저촉된 아동과 관련된 모든 사건을 다루는 아동사법전문법원을 설립할 것; 아동 전담 법관 및 법 위반 아동과 함께 일하는 전문가들이 아동권리에 대한 적절한 교육과 지속적인 훈련을 받을 수 있도록 할 것;

(b) 형사책임 최저연령을 만 14세로 유지하고, 만 14세 미만 아동을 범죄자로 취급하거나 구금하지 않을 것;

(c) 협약 제40조에 따라 공정한 재판 보장을 준수할 것; 아동 관련 사건의 공판에서 일반 청중을 배제하고, 재판 시작단계부터 아동의 법정 후견인 참여를 보장할 것; 침해 (violations)를 보고함에 있어 비밀이 보장되는 경로를 제공·증진하고; 아동 관련 사건을 위한 언론보도 지침을 수립할 것;

(d) 법적·관행적으로 법에 저촉된 모든 아동에게 조사단계부터 자격을 갖춘 전문가의 법적 도움을 제공하고; 법률구조 제도를 수립할 것;

(e) "우범소년"에 관한 「소년법」 제4조 제1항 제3호를 폐지할 것;

(f) 다이버전 제도(diversion programmes)을 위한 법적 근거를 마련하고, 비구금형을 촉진할 것;

(g) 「소년법」에 구금의 명확한 근거를 마련할 것; 구금은 최후의 수단으로, 최소한의 기간만 사용할 것; 구금은 중단을 목적으로 정기적으로 검토할 것; "보호처분" 기간 및 "소년분류심사원 위탁" 기간이 최종 형기에 산입되도록

보장할 것; 구금에 항소할 권리 및 부당한 구금에 대한 배상권을 보장할 것;

(h) 일시구금을 포함하여, 구금이 국제기준에 부합하도록 할 것(개인 공간, 남녀 모두에게 동등한 음식, 교육, 신체적·심리적 건강 서비스, 운동, 여가, 가족과의 접견 및 진정 제도 등 제공); 자유를 박탈당한 아동이 주거지에서 가까운 시설에 머물 수 있도록 할 것; 아동복지시설을 포함한 구금시설의 지속적인 모니터링을 보장할 것;

(i) 아동이 성인과 함께 구금될 모든 가능성을 제거할 수 있도록 법을 개정하고 모든 효과적인 조치를 취할 것;

(j) 근신실 및 이송을 징계적 조치로 사용하는 것을 폐지하고, 회복적 조치로 대체하고 촉진할 것;

(k) 아동에 관한 무력 및 보호장비 사용을 규제할 것, 그러한 사용이 특정한 상황에 제한되고, 비례적(proportional)일 것;

(l) 구금된 아동의 사생활을 존중할 것; 구금된 아동의 DNA 수집 및 HIV 검사를 금지하고, 그것에 대한 모든 기록을 삭제할 것; HIV 정보는 비밀을 보장할 것; HIV에 감염된 아동 구금자를 격리하지 않을 것; 강제적인 신체검사와 이발, 그리고 계속적인 위생시설 촬영을 금지할 것;

(m) 범죄 재발 방지를 위한 비구금 조치를 강화할 것;

(n) 법에 저촉된 모든 아동을 국적, 장애, 성적 지향이나 성정체성 등을 근거로 한 차별 없이 동등하게 대우하고 필요한 경우 적절한 편의를 제공할 것.

한국, 아동권리모니터링센터를 설립하다

아동권리협약 이행 최초보고서와 제2차 국가보고서에 따른 최종견해에서 '협약 이행을 모니터링하는 독립된 기구 설치'가 권고사항으로 반복되었다. 제1차 국가보고서 심의가 진행되던 때에는 국내 인권상황을 모니터링하는 공적 기관이 달리 없었기에, 아동을 위한 옴부즈퍼슨 제도 또는 그와 유사한 독립 모니터링 체계를 수립할 것을 권고한 것이다. 이후로 2001년 국가인권위원회가 설립되면서, 국가인권위원회의 아동권리에 관한 전문성 확보 방안이 요청되었다. 위원회는 제2차 최종견해에서 「국가인권기구의 지위에 관한 원칙」(파리원칙)과 위원회가 채택한 일반논평 제2호에 근거하여, 국가인권위원회에 최소한 1인의 아동권리 전문가를 위원으로 두거나 아동권리에 관한 소위원회를 설립할 것, 그리고 아동 친화적인 방식으로 아동이 제기하는 청원을 접수, 조사, 대처하는 국가인권위원회의 기능을 널리 알려서 아동의 접근성을 보장할 것을 제시했다.

그러나 문제는 여전히 남아 있었다. 국가인권위원회 설립이라는 변화는 있었지만, 아동권리에 관한 독립 모니터링 기능은 부재했기 때문이다. 사실상 제2차 심의에서 제시된 대부분의 권고사항이 제1차 심의 때와 크게 달라지지 않았다는 결과가 곧 협약이 제대로 이행되지 못했음을 반증해준다. 아동권리 전담 모니터링 기구의 필요성이 논의되기 시작한 이유다. 모니터링을 통해 협약의 국내 이행을 지속하여 점검하고, 이를 바탕으로 국가 단위의 중장기 계획을 수립하며, 궁극적으로 협약이 명시한 아동권리를 실현할 수 있기 때문이다. 그 결과, 2006년 한국보건사회연구원 내에 아동권리모니터링센터가 설치되었다.

분명 아동권리에 대한 별도의 모니터링센터를 둔 것은 진일보한 조치이나, 아동권리모니터링센터가 한국보건사회연구원에 설치되어 보건복지부 위탁 "UN아동권리협약 이행 모니터링 사업" 형태의 업무로 자리 잡은 것은 그 자체로 한계상황에 처했음을 보여준다. 한국보건사회연구원은 6년간 모니터링센터를 운영하면서 선택의정서 비준과 최초보고서, 쟁점목록에 대한 답변서 작성 및 심의 대응 준비자료를 만들고, 제3·4차 협약 이행 국가보고서와 UPR 보고서도 작성하는 등 사실상 정부를 대변하는 역할을 했다. 연구원 내 고유업무에 더하여 상시적인 모니터링 업무까지 수행하느라 어려움도 많았다.

제3·4차 심의가 끝난 이후에는 굿네이버스가 보건복지부 공모 위탁사업으로 아동권리모니터링센터와 아동권리옴부즈퍼슨을 운영했고, 2014년에는 협약 이행 담당부처인 보건복지부와 협의를 거쳐 국가인권위원회로 아동인권모니터링 사업 예산이 이관되었다. 그리고 2015년부터 국가인권위원회가 아동권리협약 이행 모니터링(아동인권 정책 모니터링, 아동인권 현장 모니터링, 아동인권 당사자 모니터링, 정책연구 용역사업)을 담당하고 있다.

"2003년에 권고사항이 발표되면서 아동권리에 대한 한국정부의 인식과 권리증진을 위한 노력이 부족하다는 비판과 함께 사회적으로 문제제기가 강하게 나타났던 게 사실이에요. 그런 부분이 (한국 아동권리모니터링센터 설립에) 많은 도움이 되었죠. 한국 실상이 이렇다, 그런데 이렇게 계속 갈 수 있겠느냐 하면서. (모니터링 기구의) 조직 구성은 어떻게 할 것이고, 그 조직은 어디서 운영할 것이며, 예산 확보는 어떻게 할 것이고, 얼마나 소요될 것인가에 대한 고민이 구체적으로 이루어졌죠. 특히, 조직 운영의 주체가 어디가 되는 것이 가장 바람직하냐에 대한 부분이 가장 큰 고민거리였죠. 보건복지부는 아동정책을 추진하는 기관이기 때문에 아동권리 모니터링을 직접 할 수는 없었고, 그래서 국책연구기관에 위탁할 것인지, 민간기관에 위탁할 것인지, 공개경쟁에 의한 공모방식을 채택할 것인지 등 크고 작은 모든 것들이 논의되었어요. 물론 국가인권위원회에서 담당하는 것도 논의된 걸로 알고 있어요."_2021년 1월 14일, 김승권 (전) 소장 인터뷰

"그때 국가가 해야 하는 일종의 모니터링 기구가 없이 국가보고서를 쓴다는 것이, 정말 너무 준비가 안 된 보고서가 나갈 수밖에 없다는 상황인 것을 그제야 알게 되었어요. 그래서 모니터링센터 설립을 논의하기 시작했고, 한국보건사회연구원이 맡게 되었죠. (……) 한국보건사회연구원에서 모니터링센터를 만들어서, 3년씩 두 번을 진행했어요, 꽤 길게 했는데 도무지 힘들어서 못 하겠다고 그러셔서 그다음에 굿네이버스가 하게 됐죠. (그런데) 굿네이버스가 NGO임에도 불구하고 자체 재원으로 하기가 어렵고, 또 모니터링센터를 힘들게 운영해서 국가가 보고서 쓰는 걸 도와야 하니까 정부에서 재정지원을 해준 거예요. 그러니까 (아동권리모니터링센터를 했던) 기관 중 하나는 정부출연기관이고, 다른 하나는 NGO인데, 정부출연기관은 정체성 자체가 맞지가 않고 예산도 받았고. NGO도 역시 (국

가에서) 재정을 지원받아 했으니까 국제사회가 요청하는 독립기구인 모니터링센터가 만들어질 수 없었던 거죠."_2021년 2월 24일, 김인숙 소장 인터뷰

"보건사회연구원이 (아동권리모니터링센터를) 5년 하다가 못 하겠다고 내놔서, (굿네이버스가 위탁을 받아) 제가 (굿네이버스) 고문직에 있으면서 모니터링센터장을 2년 했죠. 그런데 옴부즈퍼슨이랑 옴부즈키즈들을 위촉하고 보고서를 받아서 정부에 개선 과제를 보내면 답이 없는 거예요, 답이. No Response. 아무 답이 없으니, 왜 하고 있나 싶어서, 2013년도까지 하고, 그때 복지부에 이거는 우리가 할 일이 아닌 거 같다, 다시 가져가라고 했더니, 복지부랑 국가인권위원회랑 협의해서 국가인권위원회로 모니터링 공이 날아간 거예요. 그래서 인권위에 아동청소년인권과가 처음에는 팀으로 있다가 과가 된 거예요. (……) (모니터링센터가) 국가인권위원회로 잘 들어간 것이, 국가인권위원회는 직권조사를 할 수 있는 권한이 있잖아요. 민간 옴부즈퍼슨은 조사 권한이 없으니까. 그러니까 정책적인 개선 요구, 건의밖에 할 수 없는데, 복지부가 그거를 해당하는 부처로 날려주고 의견을 모아줘야 하는데 안 움직이는 거예요. 그러니까 하나마나 한 일을 하고 있었던 거죠."_2021년 4월 1일, 이호균 이사장 인터뷰

한편, 아동권리모니터링센터는 옴부즈퍼슨 운영을 통해 분야별 아동정책과 현안을 모니터링했다. 최초의 옴부즈퍼슨은 아동권리, 교육, 법조, 의료 등 사회 각 분야에서 실제 모니터링이 가능하고 아

동권리에 관심이 높은 전문가 16명(옴부즈맨)과 다양한 특성의 아동 10명(옴부즈키드)으로 구성되어 2006년 10월부터 2008년 12월까지 활동했다. 이들은 한국의 아동권리협약 이행 제3·4차 국가보고서 제출 시까지 국내 아동정책에 대한 모니터링과 홍보, 아동권리 침해사례 조사와 정책제언 등의 활동을 수행하도록 계획했다. 위촉된 옴부즈맨과 옴부즈키드는 월별 활동보고서를 모니터링센터에 제출하고, 센터는 옴부즈퍼슨의 활동을 점검하며 아동과 관련된 다양한 실태를 모니터링했다. 한국아동권리모니터링센터가 보고한 아동권리옴부즈퍼슨의 구체적인 역할은 다음과 같다(김승권·박세경·황옥경·장보현·이건우, 2007).

옴부즈퍼슨의 역할

- 아동을 위한 국가정책이 아동의 권리를 실현하는데 실패한 점이 무엇인지를 파악하고, 그러한 실패에 대해 개선할 조치를 제안함.
- 아동의 권리를 침해하는 사안에 대해 관련 법, 정책, 서비스 등의 개선 및 보완을 요구하고, 필요한 경우 효과적으로 시행이 되도록 대안을 제시함.
- 아동의 권리가 얼마나 보장되고 있으며, 협약의 어떤 내용이 보장되고 있는지 등을 분석, 평가하는 활동을 함.
- 이를 통해 아동의 권리 증진을 위한 사회 환경의 변화를 가능케 함.

아동권리옴부즈퍼슨의 역할

그러나 2007년 5월 아동권리모니터링센터에서 26명의 아동권리 옴부즈퍼슨을 대상으로 자체 실시한 설문조사 결과에 따르면, 응답자 13명(옴부즈맨 11명, 옴부즈키드 2명)의 만족도가 상당히 낮았다. 이들은 운영규칙 마련 및 활동 예산지원의 필요성과 함께 현장조사권 등의 법적 권한이 명시되어야 하며, 장기적으로는 국가인권위원회와 같은 상설화한 독립기구로 운영하는 것이 바람직하다는 의견을 제시했다. 옴부즈퍼슨이란 독립적 지위에서 아동의 입장을 옹호해줄 수 있는 대변인(Independent advocate for children)으로 본연의 역할수행을 위한 명확한 권한을 위임받아야 한다. 아동권리 전반을 모니터링하면서, 필요한 경우 현장조사와 자료 열람 등을 통해 사안을 구조적으로 분석하고, 국가기관을 포함한 이해관계자에게 개선방안을 권고할 수 있어야 한다. 사실상 모니터링센터의 하위기구로서, 제한적으로만 접근할 수 있는 자료를 토대로 이슈별 실태를 기록하는 역할의 옴부즈퍼슨은 제도의 취지에 부합한다고 보기 어렵다(김승권·박세경·황옥경·장보현·이건우, 2007). 이러한 아쉬움은 당시 옴부즈퍼슨으로 활동했던 전문가들에게도 확인할 수 있었다.

　　"2차 NGO 보고서를 쓴 민간단체의 장들이 여기(아동권리옴부즈퍼슨)에 참여하고 있었어요. 당시 한국청소년상담복지개발원장 이배근, 세이브더칠드런 부회장 김인숙, 굿네이버스 부회장 겸 아동보호전문기관장 이호균, 아동단체협의회 사무총장 임성자, 유니세프한국위원회 사무총장 박동은, 또 유엔미래포럼 대표 박영숙, 부스러기선교회 사무총장, 월드비전의 과장급 실무자 등이 포함되었으며,

초기에 성인 10명, 아동 6명으로 16명이었어요. 옴부즈퍼슨은 보건복지부 장관 명의로 위촉했고, 3·4차 국가보고서를 작성할 때에는 성인 20명, 아동 10명으로 확대가 됐어요. (……) 옴부즈퍼슨들은 분기마다 활동보고서를 제출했어요. 센터는 보고서를 받아서 검토하고, 제가(센터장이) 회의 안건으로 채택하면 옴부즈퍼슨 회의에서 의결했어요. 조치 결과를 어떻게 할 것이냐에 대해서. 민원, 시정권고, 개선 건의, 감사, 기타 이렇게 5개로 분류해서 의결 결과를 복지부에 공문으로 통보했어요."_2021년 1월 14일, 김승권 (전) 소장 인터뷰

"김승권 박사님이 (한국아동권리모니터링센터를) 운영할 때 옴부즈퍼슨이라는 제도를 도입했어요. 나도 첫 번째 옴부즈퍼슨 중 한 사람인데, 옴부즈퍼슨이 보건복지부 장관이 임명해서 하는 것이었지만, 어떤 지침 같은 것도 명확하지 않았고, 물론 조사권 같은 권한도 없었어요. (……) 아동권리를 한다는 큰 NGO에서 활동하는 사람들을 모아서 옴부즈퍼슨을 임명해서 운영했지만, 나 같은 경우는 내가 현장에서 일하면서 만났던 일들을 중심으로 옴부즈퍼슨 활동보고서에 쓸 수밖에 없잖아요. 나는 내가 속한 기관에서 월급받아 일을 하는 사람이니 별도의 많은 시간을 내어 조사하는 등 활동이 쉽지 않았어요. 다른 사람이 쓴 보고서를 제가 본 적은 없지만 저처럼 할 수밖에 없었을 테고, 당시 옴부즈키즈로 임명된 아동들도 그렇지 않았을까요? 그러니까 엄밀히 말해서 우리는 옴부즈퍼슨이 아니고 모니터링단이라고 명명을 해야 맞는 것 같았어요."_2021년 2월 24일, 김인숙 소장 인터뷰

2장
아동권리에 기반한 접근, NGO의 변화

● **아동권리협약 이행에 목적을 둔 아동단체의 연대가 시작되다**

　유엔아동권리위원회의 제2차 심의를 거치며, 협약 이행을 위한 국내 NGO의 활동은 큰 폭으로 확장되었다. 일례로, 제2차 국가보고서에 제시된 것처럼, 아동권리 증진을 위한 아동단체들의 교육 및 홍보활동이 활발하게 전개되었다는 점을 들 수 있다.

　무엇보다 아동권리협약이 채택된 11월 20일이 있는 주를 "아동권리주간"으로 기념하는 것은 NGO가 주도한 대표적인 성과에 해당한다. 한국의 제2차 심의가 끝난 직후, 세이브더칠드런이 아동권리추진위원회 구성을 도모했고, 이양희 유엔아동권리위원회 위원이 위원장이 되어 '아동권리주간'을 정부에 제안한 결과였다. 정부는 2003년 11월 19일 아동권리주간을 선포하는 기념식에 참석하여 "현재 운영되고 있는 어린이보호·육성추진협의회를 아동정책조정

아동권리협약 당사국은 자국민에게 아동권리의 내용에 대하여 홍보할 의무가 있다. 1993년에 발족된 유니세프한국위원회는 1997년 시민참여연대와 공동으로 『아이들에게도 인권이 있다』라는 홍보책자를 발간하여 학교 및 관계기관에 배포하고, 아동권리 홍보를 위한 부모교육을 실시한 바 있다. 또한 아동권리협약의 내용에 대한 홍보활동을 중점과제로 삼아 공청회 개최를 계획하고 있다. 또한 세계아동복리연맹(International Save the Children Alliance)의 회원으로서 비영리·비정부민간기관인 한국지역사회복리(Save the Children, Korea)가 아동의 권리에 관한 비디오프로그램 제작 등을 통하여 민간인을 대상으로 아동권리에 대한 홍보 및 교육활동을 전개하고 있다. 한국이웃사랑회(Good Neighbors Inc.)와 SBS는 아동학대에 대한 국민의 인식을 제고하기 위하여 아동학대 예방을 위한 방송 캠페인을 1998년 12월 21일부터 한 달간 매일 1회 실시했다.

−제2차 국가보고서 제13항

위원회로 발전시키기 위한 입법을 추진"하고 있으며, "유엔아동특별총회의 결과문서인 "아동들이 살기 좋은 세상 만들기"를 실현하기 위하여 아동 및 여러 단체와 함께 노력할 것"이라고 밝혔다.[144]

관련하여, 유엔아동권리협약 한국 NPO연대(Korea NPO Coalition for UN Convention on the Rights of the Child, 이하 NPO연대)는 협약 이행 모니터링을 지속하기 위한 국내 최초의 아동단체 연대이다. NPO연대는 아동권리협약을 연구하고, 대정부 활동을 하는 단체들이 서로 협력하여 홍보 효과를 극대화하며, 하나의 목소리를 내자는 취지에서 결성되었다. 2004년부터 총 5차례의 준비모임을 거쳐 2005년 9월 15일 창립되었으며, 아동관련 단체와 전문가가 연대하여 아동권리협약 옹호와 홍보, 협력사업 실시를 목적으로 한다. 굿네이버스, 부스러기사랑나눔회, 월드비전, 세이브더칠드런, 유니세프한국위원회와 한국아동학대예방협회 등 15개 단체와 당시 이양희 유엔아동권리위원회 위원, 박영숙 유엔미래포럼대표, 임송자 한국아동단체협의회 사무총장 등 전문가가 참여했고, 박동은 유니세프한국위원회 사무총장이 초대회장을, 김인숙 세이브더칠드런 부회장이 사무국장을 맡으며 활동을 시작했다.

"국가보고서를 쓰면 항상 NGO 보고서가 따라가잖아요. 그런데 1차, 2차 NGO 보고서를 쓴 곳이 인권운동사랑방이라고, 한 곳이었어요. 그랬을 때 사실은 이양희 교수님이 유엔아동권리위원회 위원으로서 있을 땐데, 위원들이 한국은 아동인권을 위해서 일하는 NGO들은 없냐, 왜 이렇게 하나의 NGO만 하냐, 그런 이야기를 듣게 된 거죠. 그래서 2005년에 유니세프에서 연대를 만들어야겠다고 했고, 박동은 회장님(당시 유니세프 사무총장)이 회장을 맡고, 굿네이버스하고 월드비전의 회장님이 부회장을 했죠. 그리고 정관에 보면 사무국장을 회장이 임명하도록 되어 있어서, 그분(박동은 회장)이 나를 개인적으로 임명한 거예요. 내가 세이브더칠드런에서 일하니까, 세이브더칠드런이 사무국 단체가 된 거죠. 그리고 유니세프에서 일하는 직원(황혜영)이 간사를 겸직했고, 또 내가 사무국장이니까 세이브더칠드런에서 한 직원(오선영)이 함께, 이렇게 두 사람의 간사와 박동은 회장님, 나 사무국장 이렇게 일했죠. (……) 각 단체가 내는 회비로 운영을 했고, 그때 유니세프가 (금전적으로) 큰 기여를 했죠. 유니세프에서는 유엔아동권리협약 이행이 굉장히 중요한 사업이거든요. 그래서 NPO연대 활성화를 위해서 지원을 했고, 일도 많이 했어요. 법무부, 국방부, 보건복지부 이렇게 전부 모아서 유보조항 철회 간담회도 하고, 입양허가제를 위한 논의도 하고, 놀 권리에 대한 일반논평 17호가 나왔을 때는 번역이랑 NGO로 옹호활동도 하고, 분야별 (아동권리협약) 이행상황 심포지엄에서는 NPO연대 사람으로 한 꼭지 맡아 발표도 하고, 또 제3선택의정서도 번역하고."_2021년 2월 24일, 김인숙 소장 인터뷰

NPO연대는 국내에서 유일하게 아동권리협약 이행 모니터링을 목적으로 만들어진 모임이었다. 1, 2차 심의도 인권운동사랑방이 공대위 결성 등으로 연대활동을 추진했지만, 이전까지 국가보고서 제출에 따른 심의 자체에 집중하여 활동했던 것을 넘어, 최종견해 이행과 차기 국가보고서 작성에 이르는 전 과정을 상시적으로 모니터링하는 것에 목적을 두었다. 그에 따라 결성된 해부터 정기적인 행사 개최와 자료집 발간을 통해 협약 홍보와 인식 제고를 위해 힘썼다. 특히 유보조항에 대한 학계와 정부 관계자, 이해당사자가 참여하는 포럼, 공청회 등을 지속하며 유보 철회에 대한 정부의 역할을 적극적으로 촉구했다. 한국이 이후 심의를 준비하며 면접교섭권과 입양허가제에 대한 유보를 단계적으로 철회한 결과는 협약 이행

을 위한 방향성에 '유보'가 변명이 될 수 없다는 NGO의 반복된 활동이 있었기에 가능했다고 봐도 과언이 아니다.

행사일	행사명
2005.11.21.	아동권리 실현 우리 다 함께!
2006.11.20.	유엔아동권리협약 유보조항 철회를 위한 전문가 포럼
2007.11.21.	아동 최선의 이익 관점에서 본 입양허가제
2008.11.20.	한국의 유엔아동권리협약 이행상황보고회
2009.11.13.	2009 아동권리 국제포럼 '보호를 넘어 아동의 참여로' (공동주최: 월드비전, UNCRC 한국NPO연대)
2009.11.20.	유엔아동권리협약 채택 20주년 기념행사
2012.04.26.	유엔아동권리협약의 국내이행증진과 제3선택의정서 (공동주최: 국제아동인권센터, 대한변호사협회, 유니세프한국위원회, UNCRC 한국NPO연대)
2012.09.12.	유엔아동권리협약 한국NPO연대와 함께하는 콜로키움 – 헤이그국제아동입양협약과 개정 입양특례법
2013.06.26.	「헤이그국제아동입양협약」가입 이후 한국사회가 나아갈 길
2015.11.20.	'아동의 놀 권리'에 대한 인식개선 방안 모색

협약에 따른 국가보고는 협약 이행에 있어 매우 중요한 과정이다. 따라서 보고서는 당사국 전체의 성인과 아동에게 알려져야 한다. 보고서 작성 과정과 내용의 적절성이 범국가 단위에서 건설적으로 논의되지 않는다면, 그 과정이 아동의 삶에 실질적인 영향을 미칠 수 없기 때문이다. 특히 위원회의 최종견해는 아동을 포함한 대중에게 널리 소개되고 전달되어야 하며, 이를 위해서는 국문 번역과 웹사이트 게시, 자료집 배포와 같은 방법을 활용해야 한다.[145] 1·2차 심

의에 제출된 국가보고서 및 최종견해 국문 자료는 정부 웹사이트 등에서 찾아볼 수 없었지만, NPO연대가 국가보고서와 민간보고서, 최종견해를 취합하여 발간한 자료집이 최초의 국문 자료로 확인되었다. 국가가 위원회에 보고한 내용과 위원회의 권고사항을 국문으로 정리한 자료집은 시민사회가 아동권리협약을 알고 협약 이행을 이해할 수 있도록 기여했으며, 정부가 주도하여 『유엔아동권리협약 제3·4차 국가보고서 및 권고사항 자료집』을 발간하는 결과도 촉진했다.

유엔아동권리위원회가 아동의 여가 및 놀 권리에 대한 일반논평을 채택한 직후에는 이를 국문으로 번역하여 국내에 배포하는 등 국제사회의 아동권리 동향을 국내에 알리는 활동에도 주력했다. 그 밖에 아동권리협약과 협약 선택의정서 국문자료 발간을 통해 아동권리협약 홍보와 대중의 인식 제고에 힘썼으며,[146] 아동의 개인청원에 관한 제3선택의정서를 국내 최초로 번역하여 정부는 물론 학계에서 선택의정서 비준 필요성을 논의하는 계기도 마련했다.[147]

발간연도	발간 자료집
2006년	유엔아동권리협약과 선택의정서
2006년	유엔아동권리협약 이행상황보고서와 권고문 Ⅰ
2006년	유엔아동권리협약 이행상황보고서와 권고문 Ⅱ
2014년	유엔아동권리협약과 선택의정서 Ⅰ·Ⅱ·Ⅲ
2014년	유엔아동권리협약 일반논평 17호 '휴식·여가·놀이·레크리에이션 활동·문화·예술에 대한 아동의 권리' 번역 자료집

무엇보다 NPO연대가 주도하여 제3·4차 NGO 연대보고서를 제출하고, 사전심의에 참석하는 등 유엔아동권리위원회 심의과정에 아동 관련 전문가들의 대응 활동이 본격적으로 시작된 것은 NPO연대의 특별한 성과라 할 수 있다. 보고 과정 참여는 그 자체로 학계 전문가 및 활동가들의 역량을 강화하는 기회였으며, 국내 아동단체가 공통의 의제를 갖고 협력하는 기반이 되었기 때문이다.

1. NGO 보고서 작성 준비 워크숍

- 2008년 3월 27일 제1차 월례 워크숍
  - NGO 보고서 작성 가이드라인발표 (세이브더칠드런 김인숙 부회장)
  - 교육, 여가 및 문화 활동에 대한 NGO 보고서 작성 방향
- 2008년 4월 29일 제2차 월례 워크숍
  - 아동권리와 NGO의 활동 (세이브더칠드런 김인숙 부회장)
  - 특별보호조치에 대한 NGO 보고서 작성 방향 (월드비전/세이브더칠드런)
  - CRC 이행 NGO 보고서 작성을 위한 실무위원회 구성 협의
- 2008년 6월 17일 제3차 월례 워크숍
  - 기초보건 및 복지에 대한 NGO 보고서 작성 방향 (부스러기사랑나눔회/유니세프한국위원회)
- 2008년 7월 15일 제4차 월례 워크숍
  - 시민적 권리와 자유에 대한 NGO 보고서 작성 방향 (굿네이버스, 어린이재단, 임송자 한국아동단체협의회 사무총장)

- 2008년 9월 23일 제5차 월례 워크숍
  - 가족환경과 대안양육에 대한 NGO 보고서 작성 방향 (은평천사원, 수양부모회, 홀트아동복지회)
- 2008년 11월 7일 제6차 월례 워크숍
  - 아동에 관한 정의(1조) 및 일반원칙(2,3,6,12조)에 대한 NGO 보고서 작성 방향 (한국아동권리학회)

2. 2008년 11월 20일 아동권리주간행사

- CRC 한국NPO연대 경과보고 (김인숙 사무국장, 세이브더칠드런 부회장)
- 3·4차 국가보고서 주요 내용 (김승권 한국아동권리모니터링센터 소장)
- 3·4차 국가보고서에 대한 NPO연대 의견 (안동현 한국아동권리학회 회장)

3. 제3·4차 통합보고서에 관한 대한민국 민간보고서 집필

집필진: 박동은 유니세프한국위원회 사무총장, 김인숙 한국사회복지미래경영협회 상임부회장, 문창진 CHA 의과대학교 보건복지대학원장, 양정자 대한가정법률복지상담원장, 이배근 한국아동학대예방협회장, 이재연 숙명여자대학교 가정아동복지학부 교수, 이호균 굿네이버스 부회장, 정인섭 서울대학교 법과대학 교수, 송신혜 유엔아동권리협약 한국NPO연대 간사

4. 2010년 12월 30일 제3·4차 통합보고서에 관한 대한민국 민간보고서 제출

유엔아동권리협약 NPO연대 제3·4차 심의 준비 및 대응 일정

"2008년에 NPO연대에서 3·4차 NGO보고서를 쓰기 위한 워크숍을 주최했어요. 먼저 NPO연대가 참여한 기관에게 스위스 제네바에 있는 NGO group이 보내준 NGO보고서 작성 지침서를 설명하는 워크숍을 가졌고, 여덟 개의 클러스터에 나와 있는 이슈를 구분해서 단체들의 특성에 따라 역할을 나누었어요. 예를 들면 교육권 관련해서는 세이브더칠드런과 월드비전, 폭력 및 학대는 굿네이버스, 복지 관련은 어린이재단, 대안 양육은 은평천사원 등 (……) 워크숍은 한 번만 한 게 아니라 이슈별로. 입양, 출생등록, 아동학대, 이런 식으로 여러 차례 걸쳐서 진행했어요."_2020년 10월 22일, 김인숙 소장 인터뷰

* 유엔아동권리위원회가 1991년 처음 발간한 지침은 '아동에 대한 폭력'이 '가정환경과 대안양육'에 포함되어 8개의 클러스터로 구성되었으나, 2015년 새로운 지침 발표를 통해 '아동에 대한 폭력'을 별도의 클러스터로 분리하면서 총 9개의 클러스터(일반 이행조치, 아동의 정의, 일반원칙, 시민적 권리

와 자유, 아동에 대한 폭력, 가정환경과 대안양육, 장애·기초보건과 복지, 교육·여가 및 문화활동, 특별 보호조치)가 되었다("*Treaty-specific guidelines regarding the form and content of periodic reports to be submitted by States parties under article 44, paragraph 1 (b), of the Convention on the Rights of the Child*").

"박동은 사무총장님, 경복궁 옆에 있는 유니세프 총장님 옆방 회의실에서 저녁마다 집필자들이 모였어요. 누가 누가 (3·4차 NGO보고서) 집필에 참여하자 해서. 그러면서 자연스럽게 누가 어떤 파트 맡을까 논의했고, 제가 가정환경과 대안양육 쪽을 맡았어요. 각각 담당하고 계속 공유하면서, 한 달에 한두 번은 만난 것 같아요. (……) 3·4차 심의 때 NPO연대에서 (사전심의에) 회의하러 갔었잖아요. 그때 나는 개인사정으로 못 가고, 우리(굿네이버스) 제네바 대표가 나 대신 들어갔죠. 그때 성 대표(성하은 굿네이버스 제네바 대표)가 참여해서 통역이랑 이것저것 많이 활동했다고 해요." _2021년 4월 1일, 이호균 이사장 인터뷰

2008년 워크숍을 진행하던 당시에는 이호균 굿네이버스 이사장이 정부 위탁으로 운영되던 중앙아동보호전문기관의 관장으로 재직하던 중이라 NGO로 참여하지 않았고, 퇴임한 이후 NGO 보고서 집필에 참여하며 '가정환경과 대안양육' 클러스터를 담당한 것으로 확인된다.

세상에서 가장 소중한 신고, 보편적 출생등록제도

　이전의 소식이 잊혀지기도 전에, 반복해서 들려오는 소식. 출생의 기록이 없는 아동들의 이야기이다. 이미 우리는 수차례 언론을 통해 출생신고가 안 된 아동들의 이야기를 듣고 있다. 2020년 2월 보건복지부와 경찰청이 실시한 '만 3세 아동 소재·안전 전수조사'를 통해 발견된 원주 삼남매 사건의 셋째는 출생신고도 되지 않은 채 사망했다. 다행히 출생신고가 되어있던 첫째 자녀에 대한 학대 수사가 없었다면, 그 누구도 셋째의 존재를 몰랐을 것이다. 2020년 11월 여수의 차가운 냉동고에서 발견된 2세 영아도 쌍둥이 동생이 있다는 첫째의 증언이 아니었다면 끝끝내 발견되지 않았을지도 모른다. 2021년 1월에는 대전에서 출생신고 안 된 만 9세, 6세 형제가 영유아 검진은 물론 병원치료도 받지 못했고, 학교도 다니지 못했다는 사실이 알려졌다. 2021년 1월에는 생후 29일 된 출생미신고 아동이 아동학대로 사망했고, 사실혼 관계였던 동거남 사이에서 낳은 딸을 9년간 출생신고 안 한 채 키우다가 살해한 사건도 있었다. 의사의 학대의심 신고가 없었다면, 엄마의 자백이 없었다면, 그 누구도 한 사람이 있었던 사실을 알지 못한 채 존재의 기억이 지워졌을 사례들이다. 또한, 구미에서 사망한 아동의 유전자검사 결과, 엄마가 엄마가 아니었다는 기록은 아동의 공적 기록에 대한 우리 사회의 허술한 단면을 보여준다.

　이렇게 언론에 드문드문 드러나는 사례 외에 출생미신고 아동에 대한 국가통계는 없다. 갓 태어난 아동에 대한 출생신고가 없으면, 그 누구도 '여기에 사람이 있다는 것'을 알 수 없기 때문이다. 다만, 국제아동인권센터가 2018년 실시한 실태조사 결과에 따르면, 지방자치단체가 2015년부터 2018년 6월까지 인지한 출생미등록아동은 1,086명(2015년 358명, 2016년 317명, 2017년 297명, 2018년 6월 기준 114명)이었고, 아동양육시설에 보호조치된 아동 중 출생미등록 아동은 199명(2015년 42명, 2016년 25명, 2017년 29명, 2018년 6월 기준 23명)이었다. 또한, 보편적출생신고가 아동양육시설을 대상으로 조사한 결과에 따르면, 총 146명(2019년 74명, 2020년 72명)의 아동이 출생신고가 안 된 상태에서 시설에 배치되고 있었다. 그 밖에 국내에 체류하는 미등록 이주아동은 약 2만 명으로 추산되고 있다. 부모와 함께 체류자격 없이 한국에 살아가는 상당수의 이주아동은 출생의 기록이 없는 어려움을 맞닥뜨리고 있다.

출생등록이란 국가가 세상에 태어난 한 사람의 존재를 공적으로 기록하는 것으로, '법 앞에 인간으로 인정받을 권리'를 말한다(UN Human Rights Council, 2012). 아동권리협약은 출생 시부터 이름과 국적을 가질 아동의 권리를 명시한다(제7조). 존재의 공적 증명인 출생등록은 아동권리의 출발점으로, 유엔아동권리위원회는 일반논평 제7호를 통해 '출생이 등록되지 않았다는 것은 아동의 정체성 인식에 부정적인 영향을 미칠 수 있으며, 기본적인 보건, 교육 및 사회복지 서비스에 접근할 수 없고 거부당할 수 있음을 의미한다. 따라서 당사국은 모든 아동의 출생등록을 보장하기 위한 모든 필요한 조치를 취할 의무가 있다."고 강조하였다.

그러나 슬프게도, 한국이 아동권리협약을 비준한 이후 30년 동안 출생신고에서 배제된 아동을 줄이기 위한 국가의 노력은 현저히 느리게 진행되었다.

아동권리협약 이행에 대한 최초보고서와 제2차 국가보고서는 출생한 아동의 호적등재와 출생신고 절차를 안내하는 수준에 그쳤으며, 제3·4차 국가보고서도 속인주의에 따른 국적 부여와 「가족관계 등록 등에 관한 법률」(2007년 제정)에 따른 출생신고 의무자를 설명했을 뿐이다. 호적제도가 폐지되면서 2008년 가족관계등록법이 시행되었으나, 출생신고제도는 사실상 호적법 시대의 체계를 그대로 가져와 운영되었다는 한계도 있다(송효진, 2017). 2011년, 유엔아동권리위원회는 한국의 현행 법률과 관습이 어떠한 상황에서도 생물학적 부모가 보편적으로 출생신고를 하는데 불충분하다고 우려하면서, 부모의 법적 지위 및/또는 출신에 관계없이 모든 아동의 출생이 신고되도록 조치를 취할 것을 권고하였다.

혼인 외 출생자의 출생신고는 원칙적으로 모가 해야 한다는 조항 때문에 아동의 출생신고가 어려운 문제도 있었다. 2015년 가족관계등록법이 "태어나자마자 버려지는 아이들의 생명권 보장"을 이유로 모의 인적사항을 알 수 없는 경우에도 가정법원의 확인을 받아 친생부가 출생신고 할 수 있도록 개정된 이유이다. 2016년에는 출생신고 의무자인 부 또는 모가 출생신고를 하지 않아 자녀의 복리가 위태롭게 될 우려가 있는 경우에는 검사 또는 지방자치단체의 장이 출생신고할 수 있도록 정하여, 아동의 출생등록 될 권리를 보다 강화하였다.

출생등록의 신속성과 편의성을 확보하기 위한 노력도 계속되고 있다. 2015년 병원에서 우편으로 출생신고 할 수 있는 시범사업이 기획된 이후, 2017년부터는 병원이 직접 출생증명에 대한 정보를 대법원 가족관계등록정보시스템에 송부하는 온라인 출생신고제도가 시행되고 있다. 같은 시기에 아동의 인권 보장을 위한 시민사회의 노력과 대응도 보편적출생신고 네트워크를 중심으로 활발히 전개되었다.

다만, 온라인 출생신고를 비롯한 국내 출생신고제도는 여전히 이주아동을 포용하지 못하며, 정체성에 대한 아동의 권리 보장을 아우르지 못한다. 정부는 포용국가 아동정책(2019년), 제2차 아동정책 기본계획(2020-2024) 등을 발표하며 누락 없는 아동의 출생 등록을 위해 출생통보제와 보호출산제를 병행 추진과제로 제시하면서, 2021년 2월 외국인 아동의 출생등록제 도입을 신속히 추진하겠다고 밝혔다. 그러나 인권에 기반한 출생등록은 '보편적 출생등록제도'로 구현되어야 하며, 보편적 출생등록제도는 이주 아동에 대한 낙인이나 배제로 이어지지 않고, 모든 아동의 부모를 알 권리, 가능한 한 부모에 의해 양육될 권리가 선행되도록 설계되어야 한다. 아동의 출생에 대한 기록을 감추는 익명출산제는 명백히 아동권리에 반하는 제도이나, 국가는 '(유기될 우려가 있는) 아동보호'를 명목으로 익명출산제를 도입하겠다는 입장을 취하는 현실이다.

법과 제도의 한계는 여전하지만, 다행히 2020년 6월에는 국내 최초로 '아동의 출생등록 될 권리'를 인정한 법원 판결이 있었다(대법원 2020. 6. 8.자 2020스575 결정). 대법원은 모의 성명, 등록기준지 및 주민등록번호를 알 수 없는 경우에 미혼부가 아이의 출생신고를 할 수 있도록 길을 열어준 일명 '사랑이법'(가족관계등록법 제57조 제2항)은 아동의 출생등록 될 권리 보장에 부합하도록 해석되어야 한다고 판시하여, 혼인 외의 자에 대한 부의 출생신고 가능성과 필요성을 적극적으로 인정하였다.

세상에서 가장 소중한 신고, 보편적 출생등록제도 도입은 비로소 시작이라 할 수 있다. 모든 아동의 탄생을 진정으로 축하할 수 있는 법과 제도의 개선에 대한 논의가 전면적으로 재검토되며, 단 한 명의 아동도 남겨두지 않는 사회로 나아가기를 소망한다.

\<출생등록과 정체성에 대한 권리와 관련한 위원회의 최종견해\>

제1차 최종견해(CRC/C/15/Add.51)

(없음)

제2차 최종견해(CRC/C/15/Add.197)

(없음)

제3·4차 최종견해(CRC/C/KOR/CO/3-4)

36. 위원회는 대한민국의 현 법률 및 관습이 어떠한 상황에서도 생물학적 부모가 보편적으로 출생신고를 하도록 규정하는 데 있어 불충분하다는 것을 우려한다. 특히, 위원회는 양부모나 정부당국요원이 출생신고를 할 수 있으며, 이로 인해 청소년 미혼모 관련 상황을 포함, 적절한 사법감시가 부재한 상황에서 사실상의 입양이 일어날 수 있다는 점을 염려한다. 더 나아가, 위원회는 난민, 망명 신청자, 또는 비정규 이주 상태의 사람에게는 출생신고가 사실상 또는 지속적으로 가능하지 않다는 사실에 우려를 표시한다.

37. 협약 7조에 따라, 위원회는 대한민국이 부모의 법적 지위 및/또는 출신에 관계 없이 모든 아동의 출생이 신고되도록 조치를 취할 것을 촉구한다. 위원회는 또한 대한민국이 이러한 과정에서 출생신고에 아동의 생물학적 부모가 정확히 명시되도록 보장하고 이를 확인하도록 촉구한다.

제5·6차 최종견해 (CRC/C/KOR/CO/5-6)

22. 위원회는 온라인 출생신고 및 통보제도 도입을 환영한다. 출생등록을 포함하여 모든 사람에게 법적 신분을 부여하는 것에 대한 지속가능발전목표(SDGs)의 세부목표 16.9를 감안하여, 당사국에 다음을 촉구한다.

ⓐ 부모의 법적 지위 또는 출신지와 관계없이 모든 아동이 온라인 출생신고를 포함한 출생신고를 보편적으로 이용할 수 있도록 보장할 것

ⓑ 모든 아동이 출생 직후 등록될 수 있도록 미혼부가 그들의 자녀를 등록하는 절차를 간소화할 것

ⓒ 모니터링 체계 수립 등 미등록 출생아동 파악을 위해 필요한 모든 조치를 취할 것

ⓓ 출생등록의 중요성에 대한 인식 개선 캠페인을 실시할 것

23. 위원회는 종교단체가 운영하면서 익명으로 아동유기를 허용하는 "베이비박스"를 금지하고, 병원에서 익명으로 출산할 가능성을 허용하는 제도의 도입을 최후의 수단으로 고려할 것을 당사국에 촉구한다.

● 최초의 아동보고서가 제출되다

한국의 아동권리협약 이행 제3·4차 보고와 심의는 국내 최초로 NGO 연대가 결성되었을 뿐만 아니라, 처음으로 아동의 목소리가 유엔아동권리위원회에 직접 전달되었다는 점에서도 기념비적이다. 아동 당사자가 아동의 관점에서 자국의 협약 이행을 모니터링하고, 그 의견을 유엔아동권리위원회에 전달하여 아동권리 보장을 위한 국가적인 방향성을 설정하도록 촉진했기 때문이다.

세이브더칠드런이 기획하고 추진한 아동보고서[148]는 인터넷 설문조사에 참여한 564명, 아동권리 교육 프로그램과 인터뷰에 참여

기자회견 "합천 아이들, UN에 가다"

아동회의 현장

한 107명(남자 50명, 여자 57명)을 포함한 다양한 연령대에 있는 671명의 아동이 참여하여,[149] 한국의 아동권리 보장 실태에 대한 의견을 담아낸 것이다. 인터넷 설문조사에 참여한 아동들은 집단과 환경의 성격을 특별히 정하지 않은 18세 미만 아동들이었으며, 교육 프로그램과 인터뷰는 빈곤가정의 아동, 시설 거주 아동, 농촌 거주

아동, 탈북가정 아동, 난민과 다문화가정을 포함한 이주배경 아동, 장애아동, 청소년 미혼모 등으로 취약한 상황에 있는 아동 집단을 대상으로 진행되었다.[150]

2011년 1월에는 기자회견을 개최하여 아동보고서의 내용과 아동대표 선발 과정, 아동회의에 참석한 아동대표와 국내 언론과의 인터뷰 자리 마련, 아동대표가 아동권리위원회를 만나는 것의 의의 등을 설명하여, 아동이 아동권리협약 보고 절차에 참여한 의미를 국내에 널리 알리고자 했다. 협약 이행 보고 절차에서 아동의 목소리가 유엔아동권리위원회에 직접 전달되는 일의 중요성을 한국 시민사회 내에 널리 알리는 계기를 마련한 것이다.

"아동보고서를 기획하게 된 계기는 (세이브더칠드런이) 유엔아동권리협약 12조, 아동의 참여를 중시하는 단체이기도 하고, 세이브더칠드런 한국뿐만 아니라 다른 회원국들도 아동보고서를 워낙에 많이 내고 있었어요. 세이브는 아동의 참여권 보장 프로젝트를 많이 하고 있었는데, 한국 아동들이 가장 보장받지 못하는 권리 중 하나가 의견을 말할 권리이니, 8년 만에 심의를 받는 이번 기회에 참여권을 보장하는 계기로 삼자, 그런 차원에서 시작되었다고 알고 있습니다."_2020년 11월 20일, 김희경 (전) 본부장 인터뷰

참고로 아동회의(Children's meeting)는 유엔아동권리위원회 위원들이 NGO 보고서를 제출한 성인 활동가들을 만나는 사전심의에 앞서 약 1시간 가량 보고서를 작성한 아동들을 직접 만나는 자리

2011년 2월 아동회의에 참석한 김윤희, 배병우 아동이 유엔아동권리위원회의 이양희 위원장 및 장 져마틴(Jean Zermatten) 부위원장과 함께 찍은 기념사진

로, 아동[151]만 참석하고 발언할 수 있다. 성인은 통역이나 표현 방법을 조력하는 역할(chaperon)로만 참여한다. 아동회의 현장 사진에서 확인할 수 있는 김윤희, 배병우 아동 우측에 앉은 성인은 당시 조력자(chaperon)로 동행한 김희경 세이브더칠드런 본부장과 정병수 아동보고서 사업 담당자이다.

아동대표들이 아동보고서 제출과 아동회의 참석을 통해 발언한 내용은 최종견해 전반에 반영되었다. 시골 지역 아동의 놀이와 학습권 보장을 위한 인프라 부족, 다문화가정 아동에 대한 차별, 체벌과 사생활 침해 등 아동의 목소리가 최종견해에 주요하게 고려된 결과는 아동의 직접적인 참여가 아동권리 증진을 위한 협약 이행 과정에서 어떤 의미를 갖는지 잘 보여준다.

"그때 당시에 저희가 시골에서 지내면서 다른 도시 애들보다 불편

했던 것들 있잖아요. 피시방 같은 것도 없고, 먹을 거 사 먹는 것도 힘들고. 합천은 좀 많이 시골이었어요. 그래서 저희 상황을, 시골 아이들의 불편함에 대해서 되게 말하고 싶었던 것 같아요."_2020년 12월 5일, 아동회의 참석자 김윤희, 배병우 인터뷰

"제 기억에 그때 두 친구(아동회의 참석자 김윤희, 배병우)가 되게 강조했던 게 도시와 농촌 간 차이, 그런 격차에 대해서 이야기를 많이 했어요. 예를 들어, 아이들이 인근의 가까운 도시에 가려면 한 시간을 가야 하는데, 한 시간씩 가서 옆 도시의 버스를 타고 다시 노래방에 간다는 거예요. 놀 데가 없으니까. 청소년센터나 수련관 이런 것도 없어서, 청소년들이 같이 모여서 놀거나 공부를 할 공간이 전혀 없다는 거죠. 그 친구들이 그런 문제를 열렬하게 제기했어요. 제가 그 인과관계를 확인해본 것은 아니지만, 3·4차 최종견해에서 아동 예산의 확보, 확충 필요성을 언급할 때 지역 간 격차가 해소되어야 한다는 내용이 들어갔거든요. 거기에 그 아이들의 발표가 영향을 끼치지 않았나 이런 생각을 하고요."_2020년 11월 20일, 김희경 (전) 본부장 인터뷰

아동이 직접 자신들을 옹호할 수 있는 기회, 그 제반 상황을 마련하는 것 자체가 아동권리 증진에 매우 중요한 일이다. 제네바에 다녀온 후 최종견해가 어떻게 나왔는지 피드백이 부족해 다소 아쉬웠지만, 한국의 아동권리협약 이행 제5·6차 심의를 앞두고 아동의 목소리를 담은 보고서가 여느 때보다 많이 제출되었다는 결과를

본다면,[152] 세이브더칠드런이 조력한 아동보고서 작성과 아동회의 참석을 통해 당사자가 위원회에서 직접 경험을 발언하는 심의 대응이 한국의 협약 이행에 얼마나 특별한 영향을 미쳤는지 알 수 있다.

"(아동회의 참석을 위해 2월에 제네바에 다녀오고 나서, 최종견해는) 못 봤던 것 같아요. 다녀온 이후에 어떤 절차가 진행되었는지, 그런 것들은 잘 모르겠어요. (……) 한국에 돌아와서 따로 만나거나 리뷰하거나 그런 자리는 없었어요."_2020년 12월 5일, 아동회의 참석자 김윤희, 배병우 인터뷰

"그때 여행(제네바에서 개최된 아동회의) 다녀온 다음에 보고대회 같은 것으로 기자회견을 했었고, 아이들이 학교로 돌아가서 주변 친구들과 경험을 나누는 것을 하자고 말을 했는데, 기억에 그렇게 잘됐던 것 같지 않아요. '너희들이 참여한 아동보고서가 제출되어서, 이런 내용으로 이렇게 뭐가 나왔단다'라는 설명 같은 걸 한 번 했으면 좋았을 텐데, 그게 많이 미진했어요."_2020년 11월 20일, 김희경 (전) 본부장 인터뷰

3장

아동권리 증진을 위한 국제인권메커니즘의 통합적 활용

● **공통핵심문서(Core Document)**

2002년까지 유엔이 채택한 인권조약은 아동권리협약을 포함하여 총 7개였다.[153] 당사국이 비준한 인권조약이 늘어나면서 다수의 이행보고서를 작성해야 하는 국가의 부담도 커졌고,[154] 제출된 보고서가 쌓이면서 각 조약기구의 부담도 가중되었다. 2002년 1월을 기준으로 아동권리협약을 비준한 당사국은 191개였는데,[155] 여느 조약기구보다 많은 국가보고서를 심의해야 하는 아동권리위원회의 어려움은 특히 컸다.[156]

위와 같은 문제를 해소하고자 2002년 코피 아난 유엔 사무총장은 인권조약 비준에 따른 다수의 보고서를 제출해야 하는 국가의 부담과 그에 따른 보고서 제출 지연, 조약기구의 비효율적인 운영과 심의의 질 저하, 사무국의 자원 부족 문제를 지적하면서, 모든 이행보고서를 하나로 통합하고, 각 위원회가 포괄적인 단일보고서(a single comprehensive)를 심의하는 방안을 제안하기도 했다.[157]

단일보고서 제안은 합의에 이르지 못했지만, 2006년 제5차 조약기구 회의와 제18차 조약기구 의장단 회의는 "공통핵심문서 및 조약별 문서에 대한 지침을 포함한 일원화된 보고지침(HRI/MC/2006/3)"을 결의하여, 각 인권조약 이행보고서에 포함되어야 할 국가의 핵심적인 사항을 공통문서로 제출하는 것을 결정했다. 공통핵심문서란 당사국이 비준한 모든 인권조약 이행에 대한 일반정보를 포함하는 문서이다. 인권조약을 비준한 당사국은 조약별 이행보고서와 함께 유엔아동권리위원회를 포함한 모든 인권조약기구에 정기적으로 공통핵심문서를 제출해야 한다.[158]

공통핵심문서는 또한 인구통계학적, 사회적, 문화적 특징과 국가의 헌법적, 정치적, 법적 체계에 관한 정보 및 통계 정보를 포함해야 한다. 뿐만 아니라 국제인권규범의 비준, 유보, 국내법 체계와 같이 인권보호와 증진을 위한 국가의 구조적 정보와 인권조약 이행에 대한 보고서 준비과정에 대한 정보, 비차별과 평등 같은 모든 인권조약에 공통된 실질적인 인권규정의 이행에 대한 정보를 담아야 한다. 이러한 공통핵심문서는 각 위원회가 당사국에 관한 최신정보를 확인하는 근거가 된다.[159] 한국은 2021년 현재까지 공통핵심문서를 총 3차례 제출했다.[160]

● **보편적 정례인권검토**(Universal Periodic Review)

보편적 정례인권검토(Universal Periodic Review, UPR)는 유엔인권이사회(Human Rights Council)가 마련한 인권보장제도로, 유엔에 가입한 모든 회원국은 4년 6개월을 주기로[161] 인권상황을 상호검토 (peer review)하게 된다. 유엔인권이사회는 다음과 같이 UPR의 원칙을 정리하고 있다.[162]

- 모든 인권의 보편성, 상호의존성, 불가분성, 상호관련성을 촉진해야 한다.
- 객관적이고 신뢰할 만한 정보 및 상호 대화에 바탕한 협력적인 메커니즘이 되어야 한다.
- 검토범위는 보편적이며, 모든 국가를 동등하게 취급해야 한다.
- 정부 간 과정(intergovernmental process)이어야 하며, 유엔 회원국 주도로 행동 지향적이어야 한다.
- 검토 대상 국가가 충분히 참여할 수 있어야 한다.
- 다른 인권메커니즘을 보완하되 중첩되지 않으며, 결과적으로 부가적인 가치를 가져야 한다.
- 객관적이고 투명한, 비선별적이고 건설적이며, 대립적이지 않은(non-confrontational), 그리고 정치적이지 않은 방식으로 이루어져야 한다.
- 관련 국가 또는 유엔인권이사회 의제에 부담되어서는 안 된다.
- 지나치게 오래 지속되어서는 안 되며, 시간과 재정적·인적 자원을 고려하여 현실적이어야 한다.
- 긴급한 인권상황에 대처해야 한다.
- 젠더와 관련된 관점이 통합되어야 한다.
- 검토를 위해 제공된 요소에 포함된 의무를 침해하지 않는 선

에서 각국의 개별성과 특수성을 고려해야 한다.

- 비정부기구, 국가인권기구를 포함한 관련한 모든 이해관계자의 참여가 보장되어야 한다.

UPR은 국가가 인권상황에 대한 보고서를 제출하고 정부 대표단과 상호 대화(interactive dialogue)하는 형식의 심의가 이루어진다는 점에서 유엔인권조약기구 심의과정과 유사하다. 다만, UPR은 특정 조약의 비준과 관계없이 유엔 회원국이라면 모든 인권분야를 망라하여 검토를 받게 되며, 47개의 유엔인권이사국[163]으로 구성된 UPR 실무반이 보고내용을 검토한다는 점에서 차이가 있다.[164] 유엔아동권리위원회를 비롯한 조약기구 심의는 당사국이 제출한 국가보고서(State Party Report)에 기반하여 심의가 이루어지는 반면, UPR은 NGO가 먼저 인권 이슈를 발굴하여 국가의 의무이행을 확인하고, 그 과정에서 민관이 상호협력하는 방안을 검토할 수 있다는 장점도 있다. 또한, 특정 조약기구 위원회가 아닌 국가들이 상호심의를 진행하는 것이므로, 심의에 앞서 다양한 심의자료 수집이 요구된다.

이에 국가는 물론 국가인권기구, 시민사회단체(NGO, NPO, CSO) 등 다양한 이해관계자들이 보고서를 제출하며, 유엔인권최고대표사무소(OHCHR; Office of the United Nations High Commissioner for Human Rights)에서도 각종 조약기구의 보고서, 유엔특별절차에 따른 보고서, 기타 유엔문서를 바탕으로 보고서를 제출한다. 각 주체들은 종전 심의에서 권고한 내용의 이행상황과 그간 달라진 새로운 인권상황을 보고한다. UPR 결과로는 심의 진행과정을 담은 요약자료와 각국의 권고 등이 포함된 실무그룹 보고서(Report of the Working group)가 채택되며, 심의를 받은 국가가 권고사항에 밝힌 최종입장(Accepted, Noted, Rejected)을 첨부한 최종보고서가 차기 인권이사회 본회의에서 채택된다.

2008년에 처음 시작된 UPR은 제1차(2008년-2011년), 제2차(2012년-2016년), 그리고 올해까지 제3차(2017년-2021년) 회기가 진행된다.[165] 한국은 2008년 5월 7일에 제1차 UPR 심의를 진행했고, 2012년 10월 25일에 제2차 심의, 2017년 11월 9일에 제3차 심의가 있었다.

제1차 UPR에서는 아동학대와 이주아동의 권리보호에 대한 권고 3개만 있었으나,[166] 제2차 UPR은 보다 다양한 권고사항을 포함했다. 아동권리협약 제3선택의정서 비준, 선택의정서 이행, 헤이그 국제아동입양협약 비준, 아동권리협약 유보 철회, 독립적인 아동권리모니터링 기관의 법적 근거 마련, 국가인권위원회 내 아동권리소위원회 설립, 아동권리 보호 및 증진을 위한 국가전략 이행에 우선순위 부여와 충분한 자원 배정, 장애아동 지원과 보편적 출생등록제도 도입, 완전한 체벌 금지와 아동학대를 포함한 모든 형태의 아동폭력 금지, 아동 성매매와 인신매매 금지, 아동친화적인 사법절차 마련 등 아동권리협약 전반을 아우르는 권고가 제시된 것이다.[167] 국제아동인권센터, 세이브더칠드런, 뿌리의 집, 진실과 화해를 위한 해외입양인 모임(Track) 등이 UPR 대응 시민사회 연대보고서와 개별 보고서 작성에 참여하며 아동권리 이슈가 범국가적 의제로 다루어지는 기회가 되었다.[168]

가장 최근의 UPR 3차 심의를 거치며 한국은 최종적으로 121개 권고를 수용(Accepted)하고, 97개 권고는 참조(Noted)한다고 밝혔다. 이전 회기에서 제시된 대부분의 권고가 반복되었으며, 보편적 출생등록제도와 이주아동 구금금지 권고 등에는 사실상 거부와 다름없는 유보적 입장(Noted)을 표명하여, 아동권리협약 이행을 더디게 실행하는 현실을 다시금 확인할 수 있다.[169] 다만, 아동권리협약과 더불어 UPR 심의에서 언급된 권고들은 국제사회의 지향점을 드러내 아동권리 보장에 대한 국가의 책무를 확인하는 근거가 될 수 있다. 타국의 시선을 의식하며, 국제사회에서 위상에 알맞은 변화를 촉구할 수 있기 때문이다. 국가 간 경계가 옅어지는 국제화 시대에 UPR이 갖는 상호 모니터링은 조약기구 권고를 실효적으로 이행하는 든든한 기초자료가 될 수 있다는 점에서 중요하다.

● 아동권리협약 제3선택의정서

개인통보제도에 대한 아동권리협약 제3선택의정서(Optional Protocol to the Convention on the Rights of the Child on Communications Procedures: OPIC, 이하 제3선택의정서)는 국제인권조약이 명시한 아동의 권리와 자유가 국가에 의해 침해되었을 때, 개인 또는 대리인이 조약기구(유엔아동권리위원회)에 권리구제를 도모하는 제도이다. 제3선택의정서는 2011년 12월 19일 유엔총회에서 채택되었으며, 2014년 1월 14일 10개 국가(알바니아, 볼리비아, 가봉, 독일, 몬테네그로, 포르투갈, 슬로바키아, 스페인, 태국, 코스타리카)가 비준하면서 같은 해 4월 14일에 발효되었다.

유엔아동권리위원회가 2003년 일반논평 제5호를 통해 확인했 듯이, 권리가 의미를 지니기 위해서는 위반을 시정할 수 있는 효과 적인 구제조치가 있어야만 한다.[170] 이에 2008년 5월 유엔아동권리 위원회는 개인통보제도의 필요성을 합의했다. 같은 해 10월 제3차 유엔총회 3위원회에 대한 유엔아동권리위원회 위원장 보고사항에 개인통보제도 도입에 관한 내용이 포함되었고, 2009년 6월에는 유 엔 인권이사회 내에 실무그룹이 형성되었다.

2009년 12월 개최된 1차 실무그룹에서는 문안에 대한 협상보다, 개인청원제도의 도입 필요성과 실익, 아동의 청원 주체성과 대리인 선정 문제, 여타 개인청원제도와의 중복문제, 아동권리의 특수성에 대한 고려, 유엔아동권리위원회의 업무량 증가 대비 방안과 전문성 확보 방안이 중점적으로 논의되었다.[171] 이후, 2010년 3월에는 제3 선택의정서 초안 작성이 실무그룹에 요청되었으며,[172] 한국은 2010 년 12월 개최된 2차 실무그룹 협상과정에 참여하여 수정문안을 제 안했다. 선택의정서 전문에 독립적 국가인권기구의 역할이 강조되 어야 한다는 것, 진정에 대한 정부 답변 시한을 180일로 하는 것, 아동권리협약과 두 개의 선택의정서 가입국에게 서명 개방되어야 한다는 취지였다.[173]

법무부는 2차 실무그룹 회의 결과 수정된 초안에 대해서도 의 견을 제출했다. 유엔아동권리위원회가 아동권리협약의 기본원칙 인 아동의 견해 존중과 아동 최상의 이익 원칙에 따라 활동해야 한 다는 규정(제2조), 아동권리위원회가 아동의 발달단계 등을 고려하 여 자체적인 절차 규정을 정하도록 하는 규정(제3조), 진정행위로 인한 불이익금지 규정(제4조)에 찬성하는 한편 진정절차에 관하여 선택적 배제(opt-out)를 할 수 있도록 하는 것은 통보제도 도입의 전체 목적 달성을 해할 수 있으므로 부적절하다는 의견을 표명한 것이다. 진정서가 반드시 서면으로 제출되어야 한다는 요건을 규정할 필요는 없으며, 자유권과 사회권을 구별하여 사회권에 관한 진정에 특별규정을 둘 필요는 없다는 내용도 밝혔다.

또한, 집단청원(Collective Complaints)의 경우 피해자가 특정되지 않고 구체적 인권침해 사실을 확인하기 어려우며, 다수의 피해자가 있을 때는 개인진정을 할 수 있고, 관행적이며 조직적으로 이루어지는 인권침해는 조사절차를 활용할 수 있으며, 위원회의 국가보고서 심의를 통해서도 익명의 피해자에게 행해지는 광범위한 인권침해 상황이 발생할 수 있다는 이유로 찬성하지 않았다.

제3선택의정서는 궁극적으로 아동의 권리주체성 실현에 특별히 중요한 역할을 할 수 있다. 원칙적으로 아동 당사자의 동의를 요건으로 하여 개인의 권리구제를 도모하는 당사자성을 인정하며, 아동이 속한 국가 내에서 모든 구제절차를 이용한 후에 활용하여 아동의 법률행위 능력을 최대한 인정하는 형태로 법 개정을 촉구할 수 있기 때문이다. 아동의 특별한 지위에 따른 대리인과 NGO의 청원 적격도 인정하는데, 모든 청원절차는 아동 최상의 이익에 근거하여 정당성이 판단된다. 만 13세를 기준으로 일부 법령에서만 아동의 의견청취권을 규정하며, 아동의 법률행위능력을 예외적으로만 인정하는 현행 법제에서 아동권리협약 제3선택의정서는 '아동권리의 의미'를 환기하는 계기가 될 수 있다. 유엔아동권리위원회의 제5·6

차 최종견해에서 언급되었듯, 아동권리 증진을 위한 발걸음은 제3
선택의정서 비준 논의와 더불어 가야 한다.

"위원회가 어떤 안건에 대해서 100% 지지를 안 해주면, 이게 절대
안 되거든요. 그래서 그때 우리가 이것(개인통보제도에 대한 아동권리
협약 제3선택의정서 도입 필요성)을 연구해보자. pro and cons, 제3선
택의정서가 필요한지 필요하지 않은 건지, 의정서를 만드는 게 맞는
건지 안 맞는 건지. 그때, 쟝 져마틴(Jean Zermatten) 위원은 원래 제
3선택의정서 지지자가 아니었는데, 그 친구가 설립한 IDE(Institute
international des droits de l'enfan)에 그 연구를 맡겼어요. 그 연구를 보
고받으니, 이게 가야 하는 방향이라는 걸 그때 우리 위원들이 깨달
았어요. 결국 회기 마지막 날 우리(유엔아동권리위원회)가 만장일치
로 합의를 봤어요."_2021년 4월 13일, 이양희 (전) 위원장 인터뷰

4부

협약 이행의 시대

1장
한국의 아동권리협약 이행 보고 네 번째

● **제5·6차 아동권리협약 이행 심의**
(2011년 11월 – 2019년 9월)

위원회는 한국에 대한 제3·4차 최종견해를 통해 차기 보고는 제5·6차 통합 보고서로 2017년 6월 19일까지 제출할 것을 요청했다. 제5·6차 보고서는 요청된 기한보다 늦어진 2017년 12월 17일에 제출되었는데, 네 번째 보고에 이르러 입양허가제에 관한 협약 제21조 가항 유보가 철회되었다.[174] 이후 제5·6차 국가보고서가 제출된 때로부터 약 3개월 뒤에 진행된 사전심의 결과를 바탕으로 2019년 2월 19일 쟁점목록이 채택되었다. 쟁점목록에 대한 국가답변서는 2019년 8월에 제출되었고, 2019년 9월 18일부터 19일까지 진행된 본심의를 바탕으로 2019년 9월 27일 최종견해가 발표되었다.[175]

심의	내용	제출기한	제출/회의일	공표일
CRC 제5·6차 심의	국가보고서	2017.06.19.	2017.12.27.	2018.11.19.
	쟁점목록		2019.02.19.	2019.03.06.
	쟁점목록 답변	2019.05.14.	2019.08.09.	2019.09.15.
	본심의	2019.09.18.−19.		
	최종견해		2019.09.27.	2019.10.24.

제5·6차 국가보고서의 가장 큰 성과는 입양허가제에 대한 유보를 철회한 것이라고 할 수 있다. 입양허가제가 도입되기 전에는 만 15세 미만인 미성년자의 입양을 후견인이 승낙하는 경우 외에는 법원의 허가 없이 사인(私人)간 합의에 의한 입양신고만으로 「민법」상 입양이 성립되었다. 그리고 입양특례법(구 입양촉진 및 절차에 관한 특례법)이 정하는 보호대상아동은 부모나 후견인의 동의만 있으면 입양이 가능했다. 보호대상아동의 국외입양 역시 입양기관의 해외이주허가 신청이 있으면 이루어질 수 있었다. "관계당국의 책임하에 입양을 허가해야 한다"는 협약 조항에 반하여 입양의 적절성을 검토하는 공적 절차가 부재한 현실이었다. 이에 한국은 2011년 8월 「입양특례법」을 전부 개정하여 국내·외 입양 모두 법원의 허가를 받도록 했으며(제11조, 제18조, 제19조), 2012년 2월에는 「민법」에 '미성년자의 입양에 관한 가정법원의 허가' 조항을 신설했다(제867조). 2013년 7월에는 「가사소송법」에 '입양허가의 절차'를 도입하여 가정법원이 입양을 허가하는 심판을 진행할 때 양자가 될 사람이 13세 이상인 경우에는 당사자의 의견을 듣도록 하여(제45조의 9) 입양

절차를 보완했다.

제5·6차 보고는 이외에도 30개의 입법적 개선조치를 열거했는데, 빈곤아동, 입양아동, 한부모가족과 청소년한부모, 다문화가족, 난민아동, 학교 밖 청소년, 성착취 피해아동, 소년 등 특별한 보호가 필요한 아동의 신분을 다각적으로 제시하고 있다. 학교, 유치원과 보육시설 등 아동이 생활하는 환경 전반에서 체벌을 포함한 모든 아동 폭력을 금지하기 위한 근거규범을 보완하고, 성인과 비교하여 상대적으로 열악했던 범죄소년의 기본권 보장을 확보한 것도 변화로 짚을 수 있다.

위원회의 제5·6차 심의는 당사국 보고와 NGO 보고, 쟁점목록 및 국가와 NGO의 추가 의견서[176]를 기초로 진행되었다. 그 결과, 제5·6차 최종견해에서는 「국제연합 초국가적 조직범죄 방지협약을 보충하는 인신매매, 특히 여성과 아동의 인신매매 방지, 억제 및 처벌을 위한 의정서」 비준, 「국제적 아동탈취의 민사적 측면에 관한 헤이그협약」 가입, 그리고 아동학대처벌법, 공교육정상화법, 학교밖 청소년법 제정 등이 주요한 진전사항으로 인정되었다. 위원회는 또한 아동권리보장원 설립, 아동영향평가제도와 온라인 출생신고제도, 아동수당지급제도 도입에도 환영 의사를 표했다. 특히 도입 초기에는 소득·재산조사를 거쳐 하위 90% 가구의 6세 미만 아동에게만 지급되던 아동수당을 2019년부터 6세 미만의 모든 아동에게 지급하고 있으며, 같은 해 9월부터 7세 미만 아동까지 수당지급 연령을 확대한 것은 협약 이행과 같은 맥락에서 이해할 수 있다. 미세먼지와 석면, 가습기 살균제 사태를 다루고, 가정환경의 영역에서 영유아 보육과 일·가정 양립, 육아휴직 문제를 짚으며, 사회 전반에서 특별히 고려해야 할 아동권리의 문제를 상기했다는 점도 의미가 깊다.

그러나 아동정책조정위원회의 권한, 국가인권위원회의 독립성과 전문성, 자원의 할당과 자료수집체계, 국제협력 및 아동권리교육과 홍보 등 일반이행조치 전반에 대한 권고는 여전히 반복되었다. 이는 행정 전반에 아동권리가 필수적으로 고려되지 못한 현실을 여실히 드러낸 부분이다. 「아동복지법」 개정과 아동정책영향평가 시행을 통한 실질적인 아동참여 확보, 보편적 출생등록제도 도입, 가정을 포함한 모든 환경에서 아동에 대한 폭력 금지, 특히 학대와 폭력 피해아동의 회복을 지원하는 체계 구축, 원가정 보호원칙 실천과 시설에 대한 정기적인 모니터링, 장애아동의 통합교육과 사회통합을 지향하는 환경 조성, 이주아동 구금 금지와 아동사법 체계 개선 등 각 클러스터에 따른 권고도 되풀이되었다.

한편, 베이비박스 운영 금지, 탈시설 정책 수립, 대상아동·청소년 규정 삭제, 우범소년 규정 폐지 등에 대한 권고는 한국 사회에 아동권리 기반 관점이란 어떠해야 하는지를 명확하게 보여준다. 아동에 대한 '보호'가 아동권리 침해의 요인이 될 수 없으며, 개별 아동과 아동 집단이 그들의 권리를 실현할 수 있는 안정적인 기반을 마련하는 형태로 법과 정책을 보장해야 한다는 취지 말이다.

이주아동들의 꿈이 자라는 대한민국은 있는가?

"포용국가 아동정책이 대한민국 국적이 없는 이주아동을 배제하고 있는 상황에서, 어떻게 포용할 수 있는 사회가 구축될 수 있다고 보시는지요?"

유엔아동권리위원회가 2019년 9월 진행된 한국의 국가심의에서 던진 질문이다. 위원회는 심의가 있던 해 5월에 발표된 '포용국가 아동정책'이 대한민국 국적이 없는 이주아동을 배제하고 있는 상황에서 어떻게 포용적 사회를 구축해나갈 것인지 되물었다.

유엔아동권리위원회는 제1차·2차 국가보고서가 인종차별에 관한 정보가 없는 점에 우려를 표하며, 아동권리협약 제2조에 따라 인종, 피부색, 성별, 언어 등의 차별 없이 협약이 규정한 모든 아동의 권리를 보장하도록 촉구했다. 유엔아동권리위원회의 제2차 권고는 '불법이주노동자 자녀를 포함한 모든 외국인 아동들이 국민인 아동들과 똑같은 권리를 보장받'아야 함을 명시했으며, 이주아동의 권리 보장에 대한 협약의 이행은 진전이 없어 제3·4차, 제5·6차에도 권고가 반복되었다. 특히 위원회는 부모의 체류자격이나 지위와 관계없이 한국이 이주아동의 교육권, 건강권 등을 보장하고 있지 못함에 대해 깊은 우려를 표했다.

정부는 2008년 「초·중등교육법 시행령」 개정, 2012년 「난민법」 제정, 2014년 「출입국관리법」 개정을 통하여 난민아동 및 이주아동에 대한 특별보호 지원조치를 제공하고 있으나, 협약이 보장하는 모든 아동의 권리를 보장하며 아동의 최선의 이익을 실현하고 있다고 보기 어렵다. 아동은 출입국관리법 제63조 제1항에 따라 외국인보호소 및 외국인 보호실까지 포함하여 여전히 구금되고 있어 한국이 비준하여 법적인 구속력이 있는 아동권리협약을 위배하고 있다. 또한 미등록 상황을 포함한 이주아동은 건강 및 보육서비스, 교육 기회에의 접근에 배제되는 경험을 하고 있다. 이주아동에게는 취학통지서가 발부되지 않거나 미등록 이주아동은 공교육에 진입한 경우에도 교육비 지원 등의 서비스를 받지 못하는 경우도 빈번하다(김현미·강슬기·김사강·박임효·박정형·이상국·백지원, 2020). 2018년 유엔 총회가 채택한 난민 글로벌 컴팩트(Global Compact on Refugee [GCR])는 난민아동을 지원하는 교육시스템의 질과 포용성 확충 등을 강조했으나 한국의 「교육기본법」은 교육권 보장의 주체를 국민으로 한정하고 있다. 2019년 교육부의 다문화 기본계획이 난민학생을 명시적으로 포함하고 있는 점은 그나마 긍정적인 변화라 할 수 있다.

2012년 제18대 대통령 공약 중 하나였던 '미등록 이주아동의 교육권, 건강권, 사회권 등 기본권 보장'은 국회에서 '이주아동 권리보장법(2014.12.18. 이자스민 의원 대표발의)' 발의로 이어졌으나 폐기되었다. 시민사회는 2009년 4월 '이주아동·청소년 권리 보장을 위한 시민행동', 2013년 '이주아동 권리보장 기본법 제정 추진 네트워크'를 통하여 한국에 거주하고 있는 이주아동, 그중 특히 미등록으로 체류하고 있는 이주아동들의 기본적 권리를 보장하고 보호할 수 있는 법 제정을 촉구했다.[177] 법안은 이주아동에 대한 차별금지, 강제퇴거로부터 보호, 치료와 교육이 필요한 경우 이주아동에게 특별체류자격 부여, 의료지원과 보육

받을 권리 보장 등을 포함한다. 한편으로는 2007년부터 차별금지법 제정을 위한 시민사회 운동이 지속되고 있으나 10년이 넘는 기간 동안 번번이 입법기관에서 외면된 역사도 있다. 2021년 6월 14일, 차별금지법 제정에 대한 국민동의 청원 10만 명을 달성한 현재, 국회가 모든 아동에 대한 차별금지를 아우르는 포용국가 조성을 위해 그들의 책무를 다할 것인지 지켜보는 시점이기도 하다.

한편, 2012년에는 서울의 한 고등학교에 다니던 몽골 학생이 추방당하는 사건이 있었다.[178] 미등록 체류 중이라는 사실이 확인된 순간 아동임에도 불구하고 출입국 보호소로 보내지고 부모의 본국으로 추방되었던 사건을 계기로, 학교에 재학 중인 학생은 고등학교를 졸업할 때까지 교육권을 보장한다는 지침이 만들어졌다. 2013년 법무부는 <불법 체류 학생의 학습권 지원 방안>의 적용범위를 고등학교까지 하고 「출입국관리법」 시행령 개정을 통하여 미등록 아동의 학교생활과 관련된 정보에 대한 통보 의무를 면제했다.

그러나 한국에 머무는 이주아동의 삶이 고등학교 졸업 때까지 유예된다는 것이 그들의 권리를 보장한다고 할 수 있을까? 2017년에는 나이지리아인 부모에게서 태어난 페버(1999년 한국 태생)가 특성화고등학교에 재학하며 일하던 중, 미등록 체류 사실이 적발되면서 강제퇴거 명령을 받은 사건이 있었다. 페버는 약 50일 간 외국인보호소에 구금되었고, 구금된 동안 학교교육은 물론 적절한 의료적 조치도 받지 못했다. 언론에 그림자 아이에 대해 보도되면서 1,650명의 시민이 탄원서를 제출하면서 페버에 대한 구금 일시해제 신청이 받아들여졌고, 이후 법원에 강제퇴거명령 취소소송을 제기하여 승소한 직후, 2018년 6월에는 체류자격을 부여 받게 된 사례이다.[179] 그러나 대부분의 미등록 이주아동은 체류자격 없이 그늘 속에 숨어 지내고 있다. 고등학교를 졸업한 이후에도 하고 싶은 일을 할 수 없고, 공부를 할 수 없다는 좌절감과 함께 언제라도 강제퇴거 될 수 있다는 위험은 그들이 미래를 꿈꾸지 못하게 되는 가장 큰 요인이다.[180]

2021년 4월에는 우리나라 중·고교 교육과정을 받았거나 고교를 졸업한 장기체류 외국인 아동에게 한시적으로 조건부 체류자격을 부여하겠다고 발표하는 등 장기거주 이주아동의 지위를 인정하는 정책적 변화를 보이고 있다. 그러나 아동권리협약에 부합하는 이주아동에 대한 특별보호조치의 온전한 보장을 위해서는 모든 난민신청 아동과 난민아동, 그리고 이주아동이 국내아동과 동등한 아동으로서 권리를 누릴 수 있도록 법적·관행적 장벽을 없애는 일이 선결되어야 할 것이다.

"이제 우리는 우리의 친구가 받았던 상처를 치유하고 일상으로 돌아가 편안한 삶을 누리기를 소망합니다. 이란 친구뿐 아니라 그를 돕는 우리 학생들 모두 같은 이유로 잊히기를 원합니다. 다만, 여전히 불안한 삶을 살아가고 있을 많은 사람들이 기억했으면 합니다."

가족과 함께 한국에 들어와 살아온 이란 청소년의 학교 학생들은 2018년 친구의 난민 인정 지위를 환영하며 국가와 사회에 우리가 이들을 기억하고 환대해야 한다고 목소리를 내었다 (은유, 2021). 이제는 어른들이 응답할 차례다.

<특별보호조치 중 이주아동의 권리 보장과 관련한 위원회의 최종견해>

제1차 최종견해(CRC/C/15/Add.51)

(없음)

제2차 최종견해(CRC/C/15/Add.197)

58. 위원회는 교육 및 사회복지 관련 법령 등이 외국아동, 특히 미등록이주노동자 자녀의 복지와 권리 보장을 위한 구체적인 조항을 두고 있지 않은 점을 우려한다.

59. 위원회는 당사국이 아래와 같은 조치를 취하도록 권고한다.

   a) 미등록이주노동자 자녀를 포함한 모든 외국 아동들이 [국민인 아동들과] 똑같은 혜택을 받을 수 있도록 보장하는 구체적인 조항을 포함하도록 특히 교육 및 사회복지 관련 국내법 개정

   b) 이주노동자와 그 가족의 권리에 관한 1990년 협약 비준 고려

제3·4차 최종견해(CRC/C/KOR/CO/3-4)

68. 위원회는 대한민국이 외국인의 사회통합을 촉진하도록 2007년 「재한외국인처우기본법」을 채택하고 미등록이주민의 자녀의 학교 입학과 전학을 허용하도록 2008년 「초·중등교육법시행령」을 개정한 것을 환영한다. 그러나 위원회는 이

주아동의 등교율이 여전히 낮고, 자녀가 초, 중학교를 다니도록 해야 하는 부모의 법적 의무가 대한민국 국민이 아닌 부모에는 적용되지 않는다는 것을 우려한다.

69. 위원회는 미등록이주민 자녀를 포함한 이주아동이 교육에 접근하고 실질적으로 교육을 받을 수 있도록 보장하는 정책과 전략을 개발하고 채택할 것을 권고한다. 또한 위원회는 대한민국이 모든 이주노동자와 그 가족의 권리 보호에 관한 국제 협약을 비준하고 국내법이 협약 조항에 합치되도록 할 것을 독려한다.

제5·6차 최종견해 (CRC/C/KOR/CO/5-6)

43. 위원회는 2012년 「난민법」 제정을 환영한다. 국제이주 맥락에서의 아동인권에 관하여 공동으로 채택한 이주노동자권리위원회의 일반논평 제3호와 제4호(2017)/아동권리위원회의 일반논평 제22호 및 제23호(2017)를 고려하여, 위원회는 당사국에 다음을 촉구한다.

ⓐ 「출입국관리법」 개정 등을 통해 이주아동 구금을 금지할 것; 비구금형 대안을 보장할 것; 난민과 가족 재결합 문제에 있어 아동의 최선의 이익을 최우선으로 고려할 것

ⓑ 난민 및 무국적 아동의 지위를 결정하는 절차를 개발할 것; 장기거주 이주아동의 지위를 규정할 것; 미등록아동을 포함한 난민신청 아동, 난민아동 및 이주아동의 권리

에 관한 교육을 강화할 것

(c) 보호자 미동반 아동 및 장애아동을 포함하여, 모든 난민 신청 아동과 난민아동, 그리고 이주아동이 출생등록, 보육, 교육 및 관련 서비스, 정신적·신체적 보건의료, 건강보험, 경제적 지원과 주거지원, 여가, 학대 받은 경우의 보호 및 지원서비스를 한국 아동과 동등하게 누릴 수 있도록 법적·관행적 장벽을 없앨 것

(d) 보호자 미동반 아동의 보호에 각별한 주의를 기울이며, 아동권리협약에 부합하는 이주아동권리법을 채택하고 이행할 것

(e) 난민신청자 및 난민 중 특히 아동에 대한 혐오발언 근절 캠페인을 전개할 것

(f) 미등록아동을 포함한 이주아동에 대한 자료 수집을 강화할 것

(g) 난민아동, 난민신청 아동 및 이주아동을 위한 예산을 배정할 것

● **3년여에 걸쳐 제5·6차 심의를 준비하다**

제5·6차 국가보고서는 2016년 7월 8일 보건복지부가 관련 부처에 협약 이행 실적 취합을 요청하는 공문을 발송하며 시작되었다. 당시 2014년 보건복지부 아동권리모니터링 사업에서 실시한 제3·4차 권고사항 이행점검 결과를 바탕으로[181] 21개 부처, 113개 부서에서 관련 내용을 취합했으며, 실제 보고서에는 14개 부처와 82개 부서의 이행 내용이 반영되었다.

- 2016년 7월 8일 「유엔아동권리협약 권고사항 이행실적 및 계획 제출 요청」 공문 발송
  - 2016년 7월 21일까지 회신 요청
  - 집필진이 클러스터를 분담하여, 취합된 자료 분석
- 2016년 11월 18일 「유엔아동권리협약 권고사항 이행실적 및 계획 추가 제출 요청」 공문 발송
  - 2016년 11월 29일까지 회신 요청
  - 취합된 내용 바탕으로 전문가토론회 진행
- 2017년 1월 관계부처 회의
  - 심의 예정일까지 업무를 담당할 것으로 추정되는 부처 관계자 참여
- 2017년 3월 7일 국가보고서 공청회
- 2017년 4월 아동정책조정위원회 심의
- 2017년 5월 19일 국가인권위원회 검토의견
- 2017년 7월 차관회의
- 2017년 8월 국무회의 심의
- 2017년 9-11월 번역, 감수 및 보완
- 2017년 12월 27일 외교부 통해 국가보고서 제출

제5 · 6차 국가보고서 집필 일정

"청소년정책연구원이 보건복지부 용역과제로 제5·6차 (국가)보고서를 썼는데, 그 전에 정책연구원이 모니터링 보고서를 쓸 때 참여해 달라고 해서, 일반이행조치 부분은 제가 썼었어요. 그래서 (모니터링

보고서)를 쓴 경험이 있으니까 제5·6차 (국가)보고서 쓸 때도 초고를 맡아달라고 해서, 사실은 초고를 제가 썼어요. 그때 정부가 뭘 했다는 레포트를 받아서 그걸 놓고 쓰는데, 이게 담당자들이 자꾸 바뀌니까 주는 보고자료들도 시원찮고, 그걸 가지고 써 내려가는데 정말 고역이더라고. 저는 이제 서술식으로 썼고, 그걸 정책연구원에서 짧게 다듬고 정리해서 5·6차 국가보고서가 나온 거예요. (……) 집필진 회의를 자주 했죠. 집필진 회의도 하고, 민간단체 사람들, 자문한 사람들하고 같이 회의도 하고." _2021년 4월 1일, 이호균 이사장 인터뷰

보고서 작성은 한국청소년정책연구원이 담당했다. 예컨대 보건복지부가 관련 부처에 공문을 보내더라도 자료 요청의 목적과 의미, 필요한 자료와 내용 등은 한국청소년정책연구원이 직접 설명하고 협조를 구하는 형태로 진행되었다. 국가보고서 집필을 주도했던 한국청소년정책연구원 김영지 선임연구위원의 설명에 의하면, 협약 이행과제별 실적을 제출해야 했던 관련부처 담당자들의 경우 정부가 2012년에 받은 제3·4차 유엔 권고사항에 따라 지난 5년간 협약 이행을 위한 법·제도 및 정책적 노력을 기울여야 했는데, 이때 그 추진성과를 모니터링하는 것이라는 배경 이해가 부족할 수밖에 없어서 자료가 필요한 이유를 묻는 전화도 많았고 단순히 해당 부서가 추진하고 있는 사업이나 중장기계획들 중에 관련성 있는 것들을 그대로 제출하는 경우가 많았다고 한다. 국가보고서 작성지침은 유엔 권고에 대한 정부의 개선노력뿐만 아니라 협약 이행에 어려움이 있을 경우 그 이유와 장애요인을 설명한 후 해결 계획을 기술하고,

이를 위해 추진한 노력이 아동에 미친 영향을 분석한 정보까지 포함하라고 되어 있다. 그러나 일반적인 정책현황 자료만으로는 분석적 정보를 얻기에 충분하지 않은 어려움이 있었다고 했다.

자료의 부족과 취합 일정이 지연된 결과, 심의준비와 국가보고서 내용을 대중에게 알리고, 시민사회의 의견을 수렴하는 것을 목적으로 개최한 공청회에서 발표한 보고서 초안은 '단순히 취합된 내용을 열거하는 수준에 그쳤다'는 아쉬움도 밝혔다. 국가보고서 집필을 위한 예산상의 어려움도 있었는데, 국제문서에 달하는 수준을 갖추기에는 불충분한 예산으로 번역을 진행하다 보니 결국 번역문 초안에 대한 검토와 감수에 오랜 시간이 소요되었다는 점이다. 이는 국가보고서 제출이 늦어지는 결과로 나타났다.

2017년 12월 국가보고서가 제출된 이후로 NGO 보고서와 아동보고서가 제출되기까지 정부의 심의 준비는 특별히 없었던 것으로 보인다. 2018년 11월 NGO 보고서와 아동보고서가 제출되고 사전심의를 준비할 때, 보건복지부의 요청으로 2019년 1월 11일과 2019년 1월 25일 사전심의에 참석할 예정이었던 시민단체와 2차례 개최한 정부 간담회만 공식적인 과정으로 찾아볼 수 있다. 당시 보건복지부는 지난 1년간 달라진 성과와 변화를 공유하고, NGO 보고서를 바탕으로 사전심의에서 논의될 주제를 파악하여 보다 의미 있게 국가심의를 준비하겠다고 밝혔다. 그러나 간담회에 참석한 정부 관계자 대부분이 국가보고서 집필 단계에서 자료를 송부했던 담당자와 달라서 이미 국가보고서에 보고된 내용을 반복하거나, 아동권리 이슈를 잘 모르는 상황에서 실질적인 논의는 진행되지 못한 한계가 있다.

"2018년에 제가 (연구년이어서) 없었는데, 그때는 별다른 진행사항이 없었다고 들었어요. 저는 2019년 1월 초쯤에 복귀했거든요. 돌아와서 물어보니까 NGO와 인권위만 계속 돌아가고 있었던 것 같아요. 보고서를 제출한 것으로 일단 끝났다고 생각했던 게 아닌가 싶어요. 협약 업무가 상시적으로 진행되어야 하는 업무라는 생각도 부족했을 거고, 그러다 보니 다른 업무도 포화상태인 상황에서 협약 업무를 상시 전담하는 인력을 배정할 수도 없었을 거고요. 보고서 제출 이후에도 심의 받을 때까지는 미흡했던 과제를 계속 추진해나가도록 모니터링하고 특히 보고서에 "~할 계획이다"라고 밝힌 과제들은 심의 때까지 그 계획을 이행했는지 계속 점검해야 한다고 말씀드렸는데 복지부도 아마 담당자가 바뀌셨던 것 같고 여력도 없지 않을까 싶어요. (……) 그런데 유엔에서 쟁점목록에 대한 답변을 제출하라는 요청이 2월에 온 거죠. 그래서 복귀하자마자 (쟁점목록을) 분석하고 소관부처별로 쪼개고 집필진을 꾸리고, 부처별로 또 의견을 달라는 공문절차를 3월부터 진행했는데, 그때도 (보건복지부가) 협약 작업 예산을 마련해야 하는 상황이라 일이 먼저 돌아갔던 것 같아요. 공문상으로는 3월 14일부터 3월 27일까지 자료 취합을 요청하고 있기는 하거든요. 이때도 답변이 늦어지는 부처들이 있어서 4월에도 자료를 추가 요청하는 작업이 계속되었던 것 같고 이때는 시간이 없어서 아마 들어온 그대로 그냥 작업했던 것 같아요."_2021년 5월 2일, 김영지 선임연구위원 인터뷰

김영지 선임연구위원의 인터뷰 내용에 비추어보면 쟁점목록에

대한 국가답변서 제출은 약 3개월가량 늦어졌지만, 이때에는 부처에서도 심의를 앞두고 긴장한 채로 준비에 임했던 사정을 엿볼 수 있다. 보고서 최종 문장은 담당 부서의 확인을 받아 확정되었는데, 쟁점목록에 대한 답변서는 정부의 검토가 매우 꼼꼼하게 이루어졌다고 한다. 본심의를 앞두고, 현장에 참여하여 발언할 담당자로서 부정확하거나 오해의 소지가 있는 내용을 검토한 것이다.

> "(쟁점목록 답변서 작성) 마지막은 정말 소홀히 할 수가 없었던 거죠. 부처들이 현장에 가서 부처의 입장을 얘기하는 거고, 그게 어떤 의미가 있는지를 생각하시니까, 부정확하거나 논란이 될 수 있는 민감한 내용은 들어가면 안 된다, 그런 생각을 다들 하시는 것 같더라고요. 그래서 약간의 오해나 좀 과도하게 해석할 수 있는 것들은 다 체크가 되어서 돌아오고. 대부분 부처의견서를 꼼꼼하게 작성해서 보내왔던 것 같아요."_2021년 5월 2일, 김영지 선임연구위원 인터뷰

80여 개가 넘는 부서의 정책들에 대해 정부가 아동인권 증진을 위해 어떠한 노력을 기울였는지 나열하는 데 그치지 않고 그러한 노력이 지난 5년간 아동과 우리 사회에 미친 영향과 성과를 분석하고 평가한 결과를 담아내려면, 유엔에 보고서를 제출하기 직전 한 두 해의 작업만으로는 불가능할 것이다. 김영지 선임연구위원은 이전 유엔 권고 이후부터 다음 심의까지 5년 동안 체계적인 협약 이행 모니터링 계획을 수립하여 지속적으로 성과를 점검, 분석하며 부족한 부분에 대한 개선과제를 도출하고 실행해 나가는 작업이 필

요하다고 말한다.

"그런데 분석적인 내용으로 가려면 정말 매년 세부 이슈별로 정책 추진과 함께 성과분석과 연구가 진행됐어야 한다는 생각이 들었어요. 이런 자료가 축적되지 않은 상태에서 정책의 영향이나 성과를 분석적으로 집필하려고 하니 증거기반 분석이 아닌 어설프게 분석적인 내용을 넣게 되고 마지막 단계에서 불충분한 내용은 뺄 수밖에 없으니 결국은 실적자료들을 모아 나열하는 형태가 될 수밖에 없었던 것 같아요. (……) 유엔 권고사항 모니터링을 위한 5년간의 계획을 세워서 계속 연구를 하면서 흐름을 이어가는 분석을 해야지만 압축적으로 마지막 보고서 작업 때 담을 수가 있는데, 몇 개월 안에 보고서를 써야 하는 상황에서 5년간 했어야 할 작업들이 없이 질 높은 내용을 구성하기에는 일정이 촉박하다는 생각이 많았어요."_2021년 5월 2일, 김영지 선임연구위원 인터뷰

쟁점목록에 대한 추가답변서 제출을 전후로, 정부 단위에서도 심의 준비가 본격적으로 이루어지고 있었다. 보건복지부 아동복지정책과장이 아동권리포럼 행사에서 발표한 이하의 발표자료에서 볼 수 있듯, 2019년 7월부터 9월까지 3차례에 걸쳐 부처 회의와 실무자 회의, 국내 리허설을 진행했으며, 2019년 7월 30일에는 국무회의 보고를, 2019년 8월 22일에는 차관회의를 거쳤다(성창현, 2019).

2021년 현재 아동권리협약 이행은 보건복지부 아동복지정책과에서 업무를 담당하고 있다. 「보건복지부와 그 소속기관 직제 시행

유엔아동권리협약 제5·6차 심의 준비

4. 유엔심의 준비
정부대표단 국내 점검 회의 개최(7-9월)

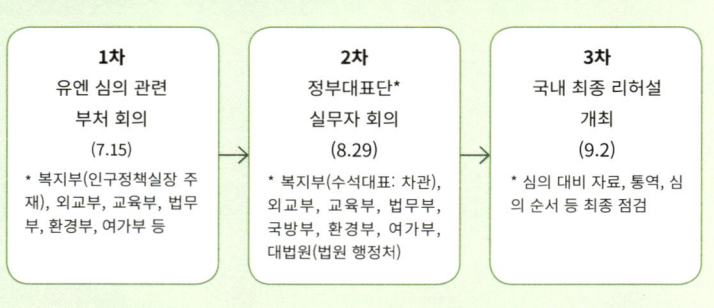

1차	2차	3차
유엔 심의 관련 부처 회의 (7.15)	정부대표단* 실무자 회의 (8.29)	국내 최종 리허설 개최 (9.2)
* 복지부(인구정책실장 주재), 외교부, 교육부, 법무부, 환경부, 여가부 등	* 복지부(수석대표: 차관), 외교부, 교육부, 법무부, 국방부, 환경부, 여가부, 대법원(법원 행정처)	* 심의 대비 자료, 통역, 심의 순서 등 최종 점검

정부의 제5 · 6차 본심의 준비

유엔아동권리협약 제5·6차 심의 준비

4. 유엔심의 준비
국가심의 준비상황 국무·차관회의 보고(7-8월)

국무회의 7.30	차관회의 8.22
추가보고서 작성 경과 및 심의 준비 계획 보고	심의 준비 상황 및 협조사항 보고

정부의 제5·6차 본심의 준비

규칙」에서 아동권리 증진 및 인권보호에 관한 사항, 아동권리 관련 국제협약 및 국제협력에 관한 사항은 '아동권리과'에서 분장하는 것으로 되어 있지만(제8조 제10항),[182] 제5·6차 국가보고서가 제출된 이후로[183] 아동권리협약 이행 업무는 보건복지부 인구정책실 아동복지정책과의 담당으로 조정되었다. 2019년 1월 NGO 간담회를 주재한 부서도 보건복지부 아동복지정책과였고, 정부대표단으로 본심의 현장에 참석한 보건복지부 소속 공무원도 차관, 인구아동정책관 외 아동복지정책과(Division of Child Welfare Policy) 담당자였다.[184] 아동복지와 아동권리의 개념을 분리하는 부서명의 한계도 아쉽지만, 법령상 직제와 조직도는 시민사회가 행정을 모니터링하면서 견제와 협력의 역할을 하기 위한 주요한 정보인데, 심의 준비 과정은 물론 그 이후로도 변경된 업무분장을 공시하기 위한 노력이 전혀 없었다. 아동권리협약 이행에 대한 정부의 낮은 관심도를 보여주는 것 같아 아쉬울 따름이다.

2장

아동권리 이행의 확장,
NGO의 사명과 책무

● **24개의 NGO 보고서와 4개의 아동보고서,**
정부를 긴장시키다

제5·6차 심의에서는 국가인권위원회 보고서, 아동보고서를 포함하여 국내·외 NGO로부터 총 24개의 보고서가 제출되었다. 당시 NGO와 아동, 독립인권기구가 제출하는 대안 보고서(Alternative Report)의 제출기한은 2018년 11월 1일이었으며, 2019년 2월에 진행된 회기 전 실무그룹을 대상으로 사전심의 이전에 제출된 보고서는 총 16개였다. 16개의 보고서에는 NPO연대의 주도로 48개 단체가 참여하여 작성한 포괄적 보고서와 더불어 아동사법, 이주아동, 아동성착취, 아동폭력과 기후위기 등 다양한 주제별 보고서가 포함되었다. 특히 4개의 아동보고서에서 교육제도와 학교의 인권보장 문제를 다루었다.

	보고서 제출 기관 / 단체	주제	비고
1	국가인권위원회	Comprehensive	
2	난민인권네트워크 외 3개	이주아동	
3	민변 외 2개	아동사법	
4	세이브더칠드런	놀 권리	아동보고서
5	십대여성인권센터	아동성착취	
6	아동권리스스로지킴이	교육	아동보고서
7	전국입양가족연대	입양	
8	청소년페미니즘모임	스쿨미투	아동보고서
9	한국아동단체협의회	교육 및 참여	아동보고서
10	UNCRC 한국NPO연대	Comprehensive	
11	ECPAT International / Korea	아동성착취	
12	End All Corporal Punishment of Children	아동폭력	
13	Re-Imaging Cities 외 2개	기후변화	
15	KCOC 아동권리실무그룹	국제개발협력	
16	National Secular Society	아동폭력	

　　NGO 보고서와 아동보고서 제출로 본격적으로 시작된 심의 대응은 쟁점목록을 통해 가시화되었다. 쟁점목록은 위원회와 정부 외 기구의 비공개 대화가 이루어지는 사전심의와 아동회의를 바탕으로, 국가의 보고내용을 재확인하며 누락된 정보를 요구하는 위원회의 요청이기 때문이다. 제5·6차 쟁점목록은 베이비박스, 기후변화 및 환경문제, 가습기살균제 대책 및 스쿨미투 등 국가보고서에서 다루어지지 않은 새로운 이슈를 명시하며, 협약 이행에 대한 의무이행자의 범위를 실질적으로 확장하는 계기가 되었다. 사전심의 이후로도, 국가보고서나 쟁점목록에 대한 추가 답변서를 보완 또는

반박하는 8개의 보고서가 본심의 전까지 추가로 제출되었다. 쟁점목록에 대한 정부 답변이 제출요청 기한(2019년 5월 15일 이전)보다 3개월 가까이 늦어진 8월 9일에 제출되었지만, 그에 대한 NGO 추가의견서를 8월 15일 기한에 맞춰 제출하며, 위원회가 당사국의 객관적인 실태를 파악할 수 있도록 다양한 문서자료를 마련했다. 유례없이 많이 제출된 NGO와 아동의 목소리는 국내 아동권리에 대한 담론의 장을 대폭 확장했다.

무엇보다 아동보고서의 영향은 본심의와 최종견해에서 나온 한국의 교육제도에 관한 위원회의 각별한 관심으로 나타났다. 국제아동인권센터, 유니세프한국위원회, 초록우산어린이재단이 공동으로 조력한 아동권리 스스로 지킴이 아동들은 4년의 아동권리 옹호활동을 바탕으로 '한국의 교육제도'를 주제로 선정했다. 세이브더칠드런, 한국아동단체협의회와 함께 보고서를 작성한 아동들도 과도한 학업경쟁과 참여가 제한되는 교육환경을 보고했다. 스쿨미투를 고발한 보고서도 학교라는 공간에서 발생한 아동학대와 아동성착취 문제를 다루었다.

위원회는 사교육 의존도를 줄일 것, 출신, 주거지, 사회경제적 지위 및 이주 지위 등 관계없이 모든 아동의 의무교육에 대한 권리와 교육접근성을 보장할 것, 장애아동의 통합교육과 합당한 편의를 보장할 것, 학교를 중퇴하는 근본원인을 파악하고, 모든 아동이 주류학교에 머무를 수 있도록 포괄적이고 체계적인 조치를 취할 것, 성적 지향 및 성 정체성을 포괄하여 각 연령에 적합한 성교육을 제공할 것, 아동의 견해가 진로 선택의 기초가 되도록 보장할 것, 학교에서의 차별을 근절하고, 스트레스 완화 및 정서 안정과 관련된 훈련을 제공할 것, 또한 아동발달의 핵심요소로서 휴식, 여가 및 놀이에 대한 관점과 태도를 전환하기 위한 인식제고 프로그램과 대중 캠페인을 실시하고, 이러한 권리를 위한 충분한 시간과 시설을 보장할 것을 최종견해에서 권고했다. 위원회의 제안은 한국의 교육제도가 모든 사람의 인권 실현을 위한 교육의 목적에 부합하지 않는 현실을 지적하고 있다.[185]

저는 이 자리에서 아동이 명문 대학에 들어가는 것만을 중요시하는 사회적 분위기를 지적하고 싶습니다. 현재의 대학입시제도는 학업성적만 고려하고 다른 다양한 능력은 고려하지 않기 때문에 우리가 선택할 수 있는 방법은 한 가지뿐입니다. 공부하는 것이죠. 초등학교 때부터 우리는 시험에서 틀린 개수만큼 부모님께 맞는 아이들의 이야기를 듣습니다. 우리가 어린 시절에만 가질 수 있는 기회들, 자유로이 놀고 미지의 것들을 시도하고 가장 창의적인 아이디어를 제시할 기회는 성적을 잘 받아야 한다는 압박감 속에 제한됩니다. 학생들은 그저 그들의 부모와 선생님들이 그렇게 하라고 가르치기 때문에 종종 우정, 존중, 인권, 그리고 정의보다도 좋은 점수를 받는 것을 우선시합니다. 꿈에서도 마찬가지입니다. 그것(사회적 분위기) 때문에 우리는 꿈을 잃습니다. 우리가 어렸을 때, 우리는 다양한 꿈을 가졌습니다. 저는 패션디자이너가 되기를 꿈꿨습니다. 왜냐하면 저는 그림 그리기를 좋아했기 때문이죠. 제 친구는 우주 비행사가 되는 것을 꿈꿨습니다. 그는 밤하늘을 보는 것을 좋아했기 때문입니다. 하지만, 요즘 제가 친구들을 보고 그들의 꿈을 물어보면, 들을 수 있는 것은 선생님이나 변호사나 의사처럼 안정적인, 많은 공부를 필요로 하는 직업들뿐입니다. 이런 사회는 우리에게 '단지 공부할 것'만을 요구함으로써, 자유시간을 가지는 것을 막을 뿐만 아니라 우리가 다양한 꿈을 꾸고 잘 자라는 것을 방해합니다.

What matters is the social atmosphere that a child's real job is to enter a prestigious university. Since the current college admission system only considers academic performance but no other diverse skills, there is only one way for us to choose. To study. Since elementary school, I could easily find kids who get slapped by their parents by the number of questions they get wrong on the test. Our opportunities, that we should be guaranteed in our childhood, to play freely and to give attempts to the unknown, and to come up with creative ideas, are limited under academic pressure. Students often put having good grades over friendship, respect, human rights, and justice, just because their parents and teachers teach them to do so. Even in our dreams. Growing up means to give up our childhood dreams. When we are young, we dreamed to be a fashion designer because we loved to draw pictures, and dreamed to be an astronaut, cuz we loved to see the starry night sky. However, when I look at my friends and ask for their dreams nowadays, all I can hear is, stable jobs, that require lots of study, like lawyer or doctor. This society forcing us to 'Just Study', not just blocks

us from having free time but it also blocks us from having diverse
dreams and to grow well.

_류조은

"벼랑 끝에 서 있다." 한국의 학교에 다니면서 가장 공감 가는 문장입니다. 저는 매일 새벽 6시에 일어나 온종일 책상에 앉아서 수업을 듣고, 밤 11시에 집에 와서 다시 공부하는 생활을 반복합니다. 어느 날, 저는 공부가 너무나 힘들었고, 성적에 신경 쓰는 일에 지쳐버렸습니다. 아침에 일어나면 다시 학교에 가야 한단 생각에 스트레스를 받았습니다. 가족들과 선생님, 심지어 상담 선생님들도 이 문제를 심각하게 받아들이지 않습니다. 대신 "어서 가서 공부하라"고 말할 뿐입니다. 그래서 저뿐만이 아니라 주변의 많은 아이들은 힘든 일이 있어도 적절한 도움을 받지 못합니다. 한국의 아동들은 열심히 공부해야 한다, 1등을 해야 한다는 압박과 강요를 받습니다. 어른들은 벼랑에서 떨어지면 실패자가 된다고 말합니다. 공부를 잘하지 못하면, 성공해서 좋은 집에서 살지 못한다고요. 건강도 나빠지고 정신적으로 스트레스를 받으면서까지 학생들이 벼랑에 매달리는 이유입니다. 자살은 한국 아동들의 사망 사유 중 1위를 차지하고 있으며, 자살한 청소년 중 26%가 '성적 스트레스' 때문에 목숨을 끊었습니다. 우리는 충분히 쉬고 잘 수 있는 세상, 여가가 보장되는 세상을 원합니다.

"Standing on the Edge of the cliff", I believe that's the best sentence to describe a Korean student's school life. I wake up every 6 a.m, go to school at 6:30, study until 11 p.m., and come home and study again. There were days when, I felt tired of studying and being obsessed with grades. When I woke up every morning, I got so stressed out of the idea of going back to school. My parents and teachers, and the counselors don't take this problem seriously. Instead, they said "go back to studying." When I desperately needed the right help and emotional support from adults, they ignored me and my friends. Korean children are forced to study hard and win the 1st place. Adults tell us, that if you don't get good grades and fall off the cliff, you will live a poor life. That's why students cling on to the edge of the cliff, sacrificing our physical and mental health. This extreme competitiveness even drives children to give up their lives. 'Suicide' is the leading cause of death among teenagers and 26% of those suicides were due to 'academic stress'. We want and need a world where we can get enough rest and sleep, a world where our right to leisure is guaranteed.   _천성은

우리는 성적으로 인한 부당한 차별을 당합니다. 많은 학교에서 성적이 높은 학생들을 따로 묶어 교육적인 특혜를 주고 있다는 것은 공공연한 사실입니다. 냉방이 되는 쾌적한 자습실도 성적우수생들에게만 주어지며, 성적이 낮은 아이들은 거기 들어갈 수조차 없습니다. 성적이 낮은 학생들은 그 자체로 학교에서 무시당하고, 모욕당하며 창피를 당하는 일이 많습니다. 중간고사가 끝난 후, 교실에 들어 온 담임 선생님은 성적이 낮은 친구를 지목하며 "넌 그냥 우리 반 분위기에 민폐다. 너희도 쟤처럼 되고 싶지는 않지?"라고 말했습니다. 그러나 제 친구는 그런 말을 들어 마땅한 사람이 아닙니다. 우리는 학업성적과 상관없이 모두 가치 있는 존재니까요. 우리의 꿈과 잠재력은 결코 성적에 의해 재단되는 것이 아니라는 걸, 어른들은 깨달아야만 합니다. 우리는 사회를 이루는 구성원이지만, 시민적 권리와 자유를 존중 받지 못합니다. 우리 학교 교칙에는 교장에게 허락 받지 않은 집회 참가와 대자보 부착을 지양해야 한다고 나와 있습니다. 선생님들은 교칙에 따라 우리의 용모와 복장을 단속하고, 소지품 검사를 하고, 소지품을 압수해서 돌려주지 않는 일도 많습니다. 개인정보인 시험 성적이 다른 학생들에게 공개되기도 합니다. 이 중 그 무엇도, 우리가 원하거나 동의한 일이 아닙니다.

We are often discriminated by our academic performance. At school, it's an open fact that those with higher grades are given better educational opportunities. Over 30% of Korean children experience discrimination by grades. For example, they get better study rooms when those with lower grades are not even allowed to enter that room. Also, students with poor grades are often ignored and humiliated by teachers. After the mid-term test, my teacher pointed out my friend who got poor grade, and said "You are no more than a disruptive influence in this class!" My friend doesn't deserve such words. All children are valuable human beings regardless of their academic performance. Adults must know that our dream and potential are never determined by mere test scores. Another point that we want to raise is about civil rights and freedom. We children are the members of the society, yet we are not treated as citizens. The rules of my school states that students must refrain from organizing demonstrations or putting up a political poster without principal's permission. According to the school rule, teachers check our personal belongings and forcibly take them away. Our test scores which is our privacy are often disclosed to other students. And none of these are what we want nor what we

agree on.   _김도현

교육기회가 평등하게 주어지지 않는 아동들도 있습니다. 저의 꿈은 컴퓨터 프로그래머입니다. 그러나, 제 진로에 맞는 고등학교에는 장애인을 위한 편의 시설이 아예 없어 입학을 생각해 볼 수조차 없었습니다. 저보다 더 큰 어려움을 겪는 아동들도 있습니다. 자신이 갈 수 있는 학교가 너무 멀어, 통학에만 2시간이

넘게 걸리는 친구도 있습니다. 뿐만 아니라, 이동에 도움을 줄 수 있는 리프트 차량의 대수가 0대입니다. 저는 얼마 전 미등록 이주아동들의 인터뷰 영상을 보게 되었습니다. 그 아이들은 고등학교에 갈 수 있을지 모르겠다고, 쫓겨날 수도 있어 불안하다고 말했습니다. 저는 부모의 사회적 신분과 관계 없이 모든 아이들의 교육권이 지켜지기를 바랍니다. 뿐만 아니라 농어촌 지역의 아동, 장애 아동, 다문화 아동 등 그 누구도 배제되지 않는 학교에 다니고 싶습니다. 우리는 교육으로 인해 고통 받고 있습니다. 이 문제를 더 이상 이 사회가 묵인하지 않기를, 우리의 일상에 가장 큰 영향을 미치는 '교육'이 변화하기를 바랍니다. 질 높은 교육이 모두에게 평등하게 제공되기를 바랍니다. 그리고 교육 정책을 세우는 데 있어서 우리의 목소리가 들리기를 바랍니다. 감사합니다.

There are children who go through discrimination in education. My dream is to become a computer programmer. However, I couldn't think of entering high school that suits my career plan because there were no wheelchair ramps or professional teachers at all. There are children in worse situations than me. One of my friends was rejected from school for having a disability. Another kid; it takes more than two hours for him to come and go to school. Moreover, there are no special vehicles to support our locomotion. I want my school to be inclusive for not only undocumented children but disabled children, multicultural children, children in rural areas and every other kids.

We are suffering from academic pressure. We don't want the adults to overlook this problem anymore. We want the education system to be changed, because it is something that affects our everyday life the most. We want high-quality education to be ensured to every child equally and we want our voice heard in making education policies. Thank you.

_이수종

아동권리 스스로 지킴이 참여아동의 아동회의 기조발언
(오른쪽 QR코드는 아동보고서 집필 및
사전심의 참여 아동의 인터뷰 영상이다.)

 포용국가 아동정책을 발표했습니다. 특히 대한민국 국적이 없는 이주아동을 배제하고 있는 상황에서 어떻게 포용할 수 있는 사회가 구축될 수 있다고 보시는지요?
 – 아말 알도세리(Amal Salman Aldoseri) 유엔아동권리위원회 위원

정부는 사회적 합의를 도출하기 위해서 어떠한 조치를 취하고 있습니까? 한국 정부가 사회적 합의를 도출하여 아동 최상의 이익 달성을 위해 취한 조치가 있다면 말씀해주시기 바랍니다.
 – 르네 윈터(Renate Winter) 유엔아동권리위원회 위원

본심의는 2019년 9월 18-19일에 개최되었으며[186] 보건복지부, 외교부, 법무부, 교육부, 여성가족부, 환경부, 국방부, 법원행정처로 구성된 정부 대표단이 스위스 제네바에서 개최된 아동권리협약 이행

본심의 현장 모니터링에 참여한 NGO들의 회의 모습

아동권리위원들에 대한 비공식 로비활동

제5·6차 국가보고서 심의에 참석했다.[187] 제5·6차 정부 대표단은 보건복지부 차관을 수석대표로, 부처별 과장급 담당자가 참여했으며, 국방부, 환경부, 헌법재판소 등 이전 심의 때보다 참여기관이 확장되어 정부의 높아진 관심도를 알 수 있다.

본심의 모니터링 현장에 참여한 NGO는 12개 단체(국제개발협력민간협의회(KCOC), 국제아동인권센터, 굿네이버스, 민주사회를 위한 변호사모임, 사단법인 두루, 사단법인 오픈넷, 세이브더칠드런 코리아, 유니세프한국위원회, 월드비전, 청소년 성소수자 위기지원센터 띵동, 초록우산어린이재단, 촛불청소년인권법제정연대)로, 개별위원에 대한 사전미팅 및 위원들이 심의현장에서 참고할 수 있도록 요약문서 작성, 이메일과 쪽지를 활용한 현장 모니터링 등 역할을 나누어 심의 대응활동을 진행하며[188] 다양한 이슈를 놓치지 않도록 협력했다. 한국심의 담당 위원(Amal Salman Aldoseri, Benyam Dawit, Cephas Lumina, Renate Winter)뿐만 아니라 여타 위원들의 전문 분야와 관심사를 확인하여, 9월 18일 오후 심의가 시작되기 직전까지 이슈 설명과 정부에 대한 질의를 요청하는 로비활동도 전개했다.

한편, 국내에서는 본심의 현장에 있는 NGO 활동가가 송출한 유튜브 생중계를 통해 대중의 관심과 참여도 촉구했다.[189] 심의는 유엔 웹TV로도 방청할 수 있지만, 유튜브를 활용하여 물리적 거리를 넘어선 쌍방향 소통을 도모했으며, 특히 아동의 의견을 현장의 위원들에게 전달하는 주요한 수단으로 활용했다.

제5·6차 심의는 보고서 작성뿐만 아니라 본심의 현장 모니터링과 최종견해를 이끌어낸 온·오프라인 로비 활동에 이르기까지 한국의 협약 이행 역사상 가장 적극적인 시민사회 연대활동이 이루어졌다. 이로써 아동권리 증진이라는 공동의 목적을 향해 국가와 시민사회가 어떻게 협력하며 견제해야 하는지, 국가인권기구와 시민사회의 역할은 어떻게 다른지, 그리고 다양한 의무이행자가 서로의 역할을 명확히 상호조력하려면 어떻게 해야 하는지에 대한 경험적 기반도 마련할 수 있었다. 분야별/주제별 인권단체와 아동복지단체, 전문가가 폭넓게 연대한 과정은 인권운동사랑방과 NPO연대의 활동을 넘어선 의미 있는 변화라 평가할 수 있다(김희진, 2019).

갈수록 증가하는 아동 온라인 성착취에 대한 대응

여성가족부가 2016년 발표한 조사 결과에 따르면 소셜미디어, 채팅앱 등 온라인 플랫폼을 통하여 아동, 청소년 성착취로 나아가는 비율은 전체 유입 경로 중 무려 74.8%를 차지하고, 이러한 수치는 날이 갈수록 증가하는 디지털 사용률과 문해력을 감안할 때 앞으로 더욱 증가할 것으로 보인다(여성가족부, 2016). 복제와 유통이 손쉬운 디지털 미디어의 속성상 성착취물의 생산, 유통, 소비 간 경계가 모호해지고 가해자를 특정하기도 쉽지 않으며 피해자의 손실 또한 반영구적이고 무제한적으로 확장될 수 있어, 온라인 기반 성착취는 종래 성범죄에 대한 접근법과는 차별화 되는 대응방식과 체계를 요하는 상황이다(김소라, 2018).

한국에서 아동에 대한 성착취가 사회문제로 대두되기 시작한 것은 1990년대 후반으로, 그 당시 언론이 미성년자에 대한 성매매를 '원조교제'라고 칭한 점이 눈에 띈다(이수정, 2019). 1997년 청소년들이 직접 만든 <빨간 마후라> 비디오, 1999년 여고생과의 사디즘, 마조히즘적인 성행위를 묘사한 영화 <거짓말>이 '사회통념' 내지 '도의관념'에 어긋난다는 지적과 함께 논란의 중심에 서자 2000년 2월에는 「청소년의 성보호에 관한 법률」(현행: 「아동·청소년 성보호에 관한 법률」의 전신)이 제정되기에 이르렀는데, 위 법률은 제2조 3호에서 '청소년이용음란물'의 한 형태로서 '컴퓨터 기타 통신매체를 통한 영상 등'을 포함했다.

그 이후 2017년 소라넷 운영자 구속, 2019년 다크웹상 아동·청소년 성착취물 배포, 2020년 딥페이크 촬영물 편집·제작·유포, 2020년 텔레그램 'n번방' 성착취물 제작·유포 등이 사회적으로 문제되면서, 그때마다 관련 범죄행위의 구성요건을 확대하거나 처벌을 강화하는 방향으로 법·제도적 정비가 이뤄졌다. 가령 2020년 「성폭력범죄 처벌 등에 관한 특례법」이 개정되며 딥페이크 제작, 배포 행위를 독자적 범죄행위로 처벌할 수 있게 되었고, 2021년에는 십대여성인권센터를 주축으로 368개 시민단체로 구성된 공동대책위원회가 2019년부터 이어 온 활동의 결실로 「아동·청소년 성보호에 관한 법률」이 개정되어 아동, 청소년을 온라인 대화로 유인해 성적인 행위를 유도하는 등의 '온라인 그루밍' 행위를 다른 범죄행위의 예비적 단계가 아닌 독자적 범죄행위로서 처벌하는 법적 근거가 마련되었다. '아동·청소년 이용음란물'이라는 윤리적이고 가해자 중심인 용어를 피해 아동의 인권 피해를 강조하는 '아동·청소년성착취물'로 변경하고, '대상 아동·청소년'을 '피해 아동·청소년'으로 변경하면서 「소년법」 적용 조항을 삭제한 부분 역시 성착취 사건의 본질을 보다 분명히 드러내고 보호법익 등을 구체화했다는 점에서 성과라 평가할 만하다.

디지털 성착취에 대한 위와 같은 대응은 국내적 인식이 점진적으로 개선됨은 물론 국제적 논의와 협력이 지속적으로 있어 왔기에 가능했다고 봐야 할 것이다. 가령 유엔아동권리위원회는 2019년 발표한 「아동의 매매·성매매 및 아동 음란물에 관한 아동권리협약 선택의정서」 가이드라인을 통해 아동에 대한 성매매와 관련하여 '성착취'라는 용어를 사용할 것을 강력하게 권고했다. 같은 해 10월 유엔아동권리위원회는 한국 정부에 피해 아동·청소년을 가해자로 취급하는 대상아동·청소년 규정을 삭제하고, 온라인 성매매와 그루밍 등에 대해 적절한 조치를 취하며 그 밖에 양형 등에 있어서도 국제기준에 부합하도록 상향할 것을 권고하기도 했다.

한편, 정부는 2020년 4월 23일 디지털 성범죄 근절대책의 4대 분야 중 하나로서 '아동·청소년에 대한 확실한 보호'를 포함했는데, 2차 피해예방을 위한 수사기관의 전문성, 잠입수사의 합법성과 구체적 방식 등 아동의 권리에 대한 이해를 바탕으로 하는 범죄 예방과 피해 근절을 위해 향후에도 개선해야 할 사항들이 적지 않은 것으로 보인다.

<아동 성착취 관련 위원회의 최종견해>

제1차 최종견해(CRC/C/15/Add.51)

(없음)

제2차 최종견해(CRC/C/15/Add.197)

54. 위원회는 아동으로부터의 성매수자를 처벌하도록 한 2000년 청소년 [성] 보호법 입법을 환영한다. 그러나 위원회는 이

법이 효율적으로 집행되고 있지 못하는 점과 아동성착취의 확산에 대한 통계가 제한되어 있는 점을 우려한다. 위원회는 또한 '원조교제'가 널리 퍼져 있다는 보고들을 우려한다.

55. 위원회는 당사국이 아래와 같은 조치를 취하도록 권고한다.

(a) 1996년 1차, 2001년 2차 '아동의 상업적 성착취에 대한 세계회의'에서 합의된 대로 효율적인 통계 수집을 포함하여, 아동의 상업적 성착취에 관한 국가행동계획 개발

(b) (아동 성착취에 관한) 아동에게 친근한 방법의 사건 접수, 감시, 조사, 기소 방법에 대해 경찰 등 법 집행공무원, 사회복지사, 검사들을 훈련

(c) 성학대·성착취의 피해자들에게 적절한 치료, 재통합 프로그램과 서비스보장

(d) 미성년자 성학대 및 성착취에 관한 법률정보, 건강한 생활양식에 관한 학교교육을 포함한 교육프로그램 등 성매매 권유자, 성매매자를 대상으로 하는 예방조치 개발

제3·4차 최종견해(CRC/C/KOR/CO/3-4)

82. 성매매 방지 및 피해자 보호 등에 관한 법률이 16세 이하 아동 피해자와 목격자가 영상물 녹화로 진술을 할 수 있게 함에도 불구하고, 성범죄 피해아동에 대한 심문 및 법적 절차는 다음과 같은 이유로 여전히 부적절하다.

ⓐ 관계자들이 영상물 녹화에 능숙하지 않아 피해자와 목격자가 진술을 반복해야 하는 경우가 많다.

ⓑ 법원이 영상 진술자료의 유효성을 인정하지 않는 경우가 자주 있다.

ⓒ 피해자와 목격자가 이들을 배려하지 않는 환경에서 반대심문을 받는 경우가 많다.

ⓓ 피해자의 동의 없이 가해자와의 합의가 요구된다.

ⓔ 피해자 프라이버시를 위한 보호장치가 불충분하다.

ⓕ 경찰관과 의료진 등 관계자들이 피해자를 심각하게 받아들이지 않는 일이 빈번히 발생한다.

ⓖ 의료진 및 법집행관이 피해자에게 언어폭력을 행사한 사례들이 보고되었다.

83. 위원회는 아동친화적인 절차규정을 더욱 발전시키고 피해아동의 프라이버시와 존엄성이 더 존중 받도록 할 것을 권고하며, 적절한 법 조항과 규정을 통해 모든 피해아동과 범죄목격자 아동, 즉, 학대, 가정폭력, 성적 혹은 경제적 착취, 유괴, 인신매매 등과 같은 범죄의 피해자와 목격자 아동이 협약이 요구하는 보호를 받도록 할 것을 촉구한다. 또한 당사국이 아동범죄 피해자와 증인관련문제에서의 유엔 사법지침(경제사회이사회 결의안 2005/20의 부록)을 충분히 고려할 것을 촉구한다.

28. 위원회는 아동에 대한 성범죄의 범위를 확대하고 처벌을 강화하는 법 개정, 성폭력 방지 및 근절을 위한 정책적 조치, 그리고 재범 감소를 환영한다. 그러나 위원회는 다음의 사항에 대해 심각한 우려를 표한다.

(a) 성폭력 및 학대가 여전히 만연해 있으며, 온라인 아동 성매매 및 교사에 의한 성희롱이 급증했다는 점;

(b) 만 13세 이상인 아동은 동의능력 있다고 간주되어, 성적 착취 및 성적 학대로부터 보호받지 못하는 점;

(c) 성매매를 자발적으로 했다고 고려되는 아동("대상아동")이 범죄자로 취급되며, 법적 조력 및 지원 서비스 대상에서 제외되고 구금과 같은 "보호처분"의 대상이 되어 성적 착취를 당해도 신고를 단념하게 된다는 점;

(d) 아동에 대한 성적 착취 및 성적 학대로 유죄 판결을 받은 성인 범죄자에게 보호관찰을 포함한 관대한 형이 내려지고 있다는 점.

29. 위원회는 당사국에게 강력히 권고한다.

(a) 온라인 성매매와 그루밍, 그리고 교사에 의한 성희롱을 포함한 아동에 대한 모든 형태의 성적 착취(sexual exploitation) 및 학대를 방지하고 대응하기 위해 필요한 모든 적절한 조치를 취할 것;

(b) 온라인 그루밍을 정의하고 형사범죄로 규정할 것;

(c) 미성년자 의제강간 연령을 상향할 것;

(d) 성매매 및 성적학대에 연관된("대상 아동") 모든 아동, 다

시 말해 만 18세 미만의 모든 개인을, 법률상 "피해자"로 명시, "보호처분" 폐지, 지원서비스 및 법적 조력 제공, 보상과 구제를 포함한 사법절차 접근성 보장 등을 포함하여, 범죄자로 취급하지 않고 피해자로 처우할 것;

(e) 학교를 포함하여 인식 개선을 강화하고, 접근성이 높고 비밀이 보장되며 아동친화적이고 효과적인 경로를 통한 성적 착취(sexual exploitation) 및 학대 신고를 독려할 것;

(f) 교사를 포함하여 모든 성범죄자들이 강요의 증거 유무와 상관없이 기소되고, 적절한 제재를 받도록 하며, 성범죄자들에 대한 처벌이 국제기준에 부합하도록 할 것.

한국의 아동권리협약 이행
제 5·6차 심의에 제출된 아동보고서

대한민국아동총회 출신 아동들이 UN아동권리위원회에 보내는 아동보고서

대한민국 아동총회 역대 참여자들은 한국의 아동권리 보장 실태에 대한 다양한 집단의 견해를 유엔아동권리위원회에 전달하기를 희망했고, 한국아동단체협의회가 이에 협력하면서 아동보고서 준비가 시작되었다.

한국아동단체협의회와 대한민국 아동총회 역대 참여자들은 2012년 5월, 유엔아동권리위원회에 대한민국 아동총회 아동보고서 제출을 위한 기획회의를 가졌고, 아동총회 아동들은 보고서 작성을 위한 사전활동으로 보건복지부 위촉 아동권리 옴부즈키즈 활동(2012.05.-2013.05.)을 시작했다.

2013년 1월에는 아동보고서 작성 계획을 논의했고, 매년 아동총회 후속활동을 통해 아동들이 아동권리 옹호활동을 전개했으며, 2015년 4월에는 아동보고서 집필팀 계획안이 수립·확정되었다.

이후, 2015년 5월 온라인 카페를 통해 아동보고서 집필팀 구성을 위한 아동을 모집·선정했고, 같은 해 6월 집필팀 오리엔테이션을 시작으로 매월 1회 오프라인 모임과 회의를 진행했으며, 아동총회 참여아동이 지속적으로 추가 합류했다. 또한, 2017년 3월에는 서울대학교 사회과학연구소가 합류하여 집필활동을 지원했다.

아동총회 참여자들이 작성한 아동보고서는 참여(학칙 제·개정, 아동·청소년 참여기구, 아동의 놀 권리, 선거권 연령 하향)와 교육(사교육, 학교 내 안전현황, 자유학기제, 학교 밖 아동)을 주제로 작성되었으며, 보고서 제출 당시를 기준으로 총 13명의 아동(초등학생 2명, 중학생 1명, 고등학생 8명, 대학생 2명)이 참여했다.

아동보고서는 2018년 말 유엔아동권리위원회에 제출되었고, 2019년 2월 사전심의와 9월 본심의 참석을 통해 심의대응 활동을 전개했다.

— 한국아동단체협의회

아동에 대한 성적착취와 성적학대(#스쿨미투)에 관한 NGO보고서

청소년 페미니즘 모임은 자신의 일상에서 페미니즘을 실천하고 싶은 청소년 당사자들이 주도하여 만든 모임이다. 본 모임은 청소년 페미니즘 캠프 [페미:나], 학생인권X페미니즘 문화제 [이제는 성평등을 배우고 싶다] 등 다양한 청소년 페미니즘 활동을 주도했으며, 2018년 스쿨미투 운동이 시작된 이후에는 고발자들과 함께하는 스쿨미투 집회를 개최하기도 했다. 이 과정에서 청소년 당사자의 목소리를 모으는 일의 유의미함과 필요성을 절감했지만, 동시에 정부의 제대로 된 응답을 받지 못하는 현실에 고민과 어려움을 느끼고 있었다. 그러던 중, 민주사회를위한변호사모임(이하 민변)과 만나 아동권리협약과 이행 보고 절차를 소개받게 되었고, 이를 통해 스쿨미투 고발자의 목소리를 대한민국 정부에 전달하고, 정부의 응답을 받을 수 있겠다는 기대감을 가지게 되었다. 이에 따라, 민변의 조력을 받아 보고서 작성과 사전심의에 참여하게 되었다.

1차 NGO 보고서의 경우, 청소년 페미니즘 모임이 주최한 스쿨미투 집회 <여학생을 위한 학교는 없다>에서 나온 목소리들을 바탕으로 조력자인 민변과 청소년 페미니즘 모임의 활동가 양지혜가 함께 작성했다(2018.11.01.–11.18.). 기사와 집회를 통해 고발된 발언을 인용하고, 온라인 교류를 통한 작성 및 검토를 거쳐 스쿨미투 운동이 드러낸 학내 성폭력의 실상을 고스란히 담았다.

보고서 제출 이후, 사전심의 참석이 확정된 다음에는 UN아동권리위원 및 아동권리 종사자들에게 공유할 브로셔 및 발언문을 준비했으며, 이 과정에는 청소년 페미니즘 모임의 활동가 양지혜와 청소년 당사자 백경하, 민변의 장보람 변호사가 함께 했다. 그 외에도 청소년 페미니즘 모임 차원의 <스쿨미투, UN 에 가다> 프로젝트 기획단이 심의 과정을 조력했다(2018.12.30.- 2019.02.03.).

청소년 페미니즘 모임은 스쿨미투 운동을 통해 형성한 전국 적인 네트워크를 통해 청소년 페미니스트 네트워크 '위티'라는 시민단체로 확장되었고, 이에 본심의 전 추가 보고서는 해당 시 민단체의 집행위원회의 청소년들이 주도하여 작성했다. 해당 보 고서는 스쿨미투 관련 설문조사, 당사자 경험 등을 중심으로 기 술했으며, ▲학내 성폭력 사안 처리 절차, 과정의 투명성 및 피해 자의 참여권 보장, ▲성교육 표준안 폐기 및 '포괄적 성교육' 이 행, ▲학내 성폭력 전수조사, ▲학생인권법 제정, ▲성폭력 관련 상담인력 발굴 등 1차 보고서보다 구체적인 요구안을 제시했다 (2019.07.08.-2019.08.31.).

— 위티 (청소년 페미니즘 모임)

제5·6차 유엔아동권리협약 이행 대한민국 아동보고서
<교육으로 인해 고통받는 아동>

국제아동인권센터, 유니세프한국위원회, 초록우산어린이재 단은 '아동권리 스스로 지킴이' 사업을 진행하며 아동권리 캠 페인, 정책 제안, 인터뷰, 설문조사 등 대한민국의 다양한 아동

활동을 지원했다. 2015년부터 2017년까지 지역별로 10-18세 아동 394명의 의견을 수렴했고, 이 의견은 대한민국 아동보고서 집필진 23명이 '교육으로 고통받는 아동'을 주제로 보고서를 작성하는 데 사용되었다.

아동 집필진은 주제에 대한 아동의 구체적인 의견을 추가로 수집하기 위해 온라인 및 오프라인 설문조사 및 여러 워크숍을 진행했으며, 설문조사를 통해 1,400명의 다양한 배경과 경험을 가진 아동의 의견을 수집했다. 아동 집필진은 보고서 주제 선정에서부터, 활동 계획 수립, 최종 보고서 초안 작성 등 모든 과정을 주도했으며 'My Pocket Guide to CRC Reporting'를 참고하여 한국어로 제작한 워크북을 통해 도움을 받았다.

사전심의(pre-session)에 앞서 23명의 집필진 아동은 15세에서 18세 사이의 아동 4명을 제네바 사절단으로 선정하여 제네바에서 열리는 아동회의(Children's meeting)에 참가했다.

유엔아동권리위원회와 공유할 핵심 메시지를 준비하기 위해 총 4번의 워크숍을 진행했고, 제네바 사절단 4명은 2019년도에 아동회의(Children's meeting)와 사전심의(pre-session)에 참여했다. 그중 휠체어를 탄 대표 아동은 아동회의 이후 사전심의에서도 한국 NGO 참여자로서 모두발언을 통해 장애아동의 상황을 설명했다.

- 국제아동인권센터, 유니세프한국위원회,
초록우산어린이재단

유엔아동권리위원회에 보내는 놀 권리에 관한 대한민국 아동보고서
<2018 아동의 목소리>

　　2015년 한국에서는 <어린이놀이시설 안전관리법>에 따라
전국에 천여 개가 넘는 놀이터가 아이들의 안전을 위해 일시에
폐쇄되었지만, 폐쇄된 놀이터를 고치려는 후속 노력이 없었다.
비용이 많이 들고, 요즘 아이들은 밖에서 놀지 않는다며 약 1년
동안 놀이터는 방치되었다. 세이브더칠드런이 2015년 아동 대상
설문조사를 통해 정부가 투자해야 할 아동권리에 대해 조사했
을 때 설문에 참여한 아동 330명 중 189명(57.3%)은 정부가 가장
투자해야 할 아동권리로 '놀 권리'를 선택했다. 그러나 현실에서
한국의 만 4세 아동의 하루 일과 중 놀이 시간이 1시간 정도밖
에 안 되고(도남희·김정숙·하민경, 2013), 초등학생 절반 정도가 하
루 평균 방과 후 학습 시간 3시간이 넘었다(김영지·김희진·이민희·
김진호, 2017). 2013년 보건복지부의 <아동종합실태조사> 결과
에 따르면 조사 대상 아동의 절반가량은 방과 후 친구들과 놀기
를 원했지만, 실제 노는 아이는 8.6%에 불과했다.
　　세이브더칠드런은 대한민국 아동의 놀 권리 회복을 위해
2015년부터 '놀이터를 지켜라' 캠페인을 진행하면서 아동들이
친구들과 함께, 실컷, 맘껏 놀 수 있도록 도시와 농어촌, 학교의
놀이 환경을 개선하는 한편, 놀이에 대한 아이들의 생생한 이야
기를 듣기 위해 <어린이옹호활동가캠프>를 2015년부터 3년간
개최했다. 전국 5개 지역(서울, 부산, 대구, 충남, 전북)의 438명의 초
등학교 4-6학년 아이들이 캠프에 참여했고, 자신들이 살고 있

는 지역사회와 학교가 놀기 좋은 곳이 되기 위해서는 무엇이 바뀌어야 하는지 생각을 모았다. 이렇게 모인 의견을 정책제안문으로 다듬어 시장과 교육감 등 정책결정권자에게 아이들이 직접 전달했고, 지역의 놀이 정책 변화를 만들어내는 데 일조했다.

이 과정에서 세이브더칠드런의 대학생 아동권리옹호서포터즈 영세이버가 중요한 역할을 담당했다. 3년 동안 194명의 영세이버가 <어린이옹호활동가캠프>를 위해 아동권리 교육과 퍼실리테이터 교육을 받고, 직접 아동과 함께하는 놀이 활동을 기획·진행하며 아동과 우애와 상호 신뢰를 쌓았다. 특히 토의 과정에서 영세이버는 아이들의 이야기를 끌어내고, 충실히 듣고, 꼼꼼히 기록하여 <유엔아동권리위원회에 보내는 놀 권리에 관한 대한민국 아동보고서 <2018 아동의 목소리(이하 "아동의 목소리")> 보고서가 작성되었다. 세이브더칠드런은 유엔아동권리위원회의 제 5·6차 대한민국 정부의 국가보고서에 대한 심의에 앞서, 아동의 목소리를 전하기 위하여 <2018 아동의 목소리>를 2018년 10월 30일 유엔아동권리위원회에 제출했다.

"놀이터에 미끄럼틀이 있었는데 건물을 짓는다고 해서 없앴어요" "놀이터는 왜 아파트에만 있나요?" "놀이터 주변도 스쿨존처럼 만들어주세요. 차가 많아도 안전하게 놀 수 있는 스쿨존으로 만들어야 해요" "졸업하고 나면 학교 화장실이 가장 기억에 남을 것 같아요. 마음 편히 놀 데가 화장실밖에 없었거든요"

아동 보고서에서 아동들은 먼저 어른들에게 놀이에 대한 인정과 지지를 요청했으며, 놀이 기회에 있어서의 격차를 줄이고 지역사회와 학교를 중심으로 놀이 환경을 개선해달라고 말했다. 아이들의 목소리를 종합해보면 결국 놀이를 바라보는 한국 어른들의 인식에서 기인하는 문제가 많았는데, 놀이를 공부에 따른 보상이나 공부를 더 잘하기 위한 쉼 정도로 생각하는 시각이 여전했다. 이렇다 보니 정부의 정책적인 관심이나 투자도 다른 영역에 비해 낮은 것이 현실이었다. 이에 세이브더칠드런과 아동들은 '정부의 놀이에 대한 사회적인 지지 확산과 국가아동놀이정책 수립을 통한 놀이 환경 개선에의 예산 투입'을 촉구했다.

— 세이브더칠드런

거듭 강조하지만, 제5·6차 국가보고서 심의에서 다양한 분야에서 활동하는 단체들이 아동권리협약을 근거로 연대한 것은 손꼽을 만한 성과였다. 참여한 단체의 넓은 스펙트럼에서 짐작할 수 있듯이, 2012년에 공표된 아동권리협약 이행 제3·4차 최종견해 이후 현재까지, 아동권리 옹호를 위한 시민사회의 가장 큰 변화는 "아동권리협약에 근거하여 활동한다, 그리고 함께한다"는 점이 분명히 드러났다는 것이다. 특별히 취약한 상황에 있는 아동의 권리 옹호를 위한 단체들이 활동을 시작했고, 특정 주제와 관련된 아동권리 실현에 목적을 둔 연대모임도 활성화되었다.

구체적으로, 아동학대를 포함한 아동복지서비스와 아동보호전달체계의 범주를 넘어, 다양한 상황과 연령대에 있는 아동·청소년의 삶의 모습이 조명되고 그들의 권리 옹호에 주목하는 단체들을 찾아볼 수 있다. 아동복지실천회 세움(이하 세움)은 수용자 자녀의 권리 옹호에 주력하는 단체이다. 특히 세움은 2015년 설립된 이후 국내 최초로 수용자 자녀 인권상황 실태조사를 추진하여, 아동권리의 사각지대에 비켜나 있던 수용자자녀의 존재를 확인하고, 이들의 특수한 상황적 맥락을 토대로 지자체와 중앙정부의 적극적인 역할을 촉구하였다. 세움의 활동은 전국 교정시설에 아동친화형 가족 접견실 설치 확대, 법무부의 수용자 자녀 인권 보호 전담팀(T/F) 발족으로 이어졌으며, 최근에는 미성년 자녀의 부모 면접교섭권 보장, 18개월까지 모와 함께 교도소에서 생활할 수 있는 유아의 발달권 보장을 위한 캠페인을 진행하고 있다.[190]

2013년부터 활동을 시작한 청소년위기지원센터 땅동은 위기 상황에 놓인 청소년 성소수자를 상담하고 지원한다. 청소년성소수자들이 그들의 이야기를 할 수 있도록, 기꺼이 쉬고, 놀고, 먹고, 잘 수 있도록 공간을 마련하며, 이들이 자아존중감을 바탕으로 자신의 삶을 지켜나갈 수 있도록 조력하는 국내 유일의 단체이다.[191]

청소년, 청년의 목소리와 행동으로 기후 문제 해결을 위해 활동하는 청소년기후행동도 있다. 2018년부터 모임을 시작한 청소년기후행동은 2019년 3월 전 세계 청소년들이 참여한 미래를 위한 금요일(Fridays For Future)에 함께하며 본격적으로 시작되었다. 924 글로벌 기후파업과 '모두의 기후정치' 캠페인, 정부의 불충분한 기후 대응 정책에 대한 헌법소원 청구 등의 활동을 통해 미래의 심화된 기후위기를 오롯이 감당해야 할 당사자로서, 지금의 위기의식과 목소리들을 전달해 정부가 시급성을 인지하고 대응하는 전략을 수립하도록 촉구하고 있다.[192]

아웃리치 활동을 통해 거리 상황에 있는 탈가정 청소년을 지원하는 청소년센터 EXIT,[193] 돌봄을 수행하는 모든 양육자가 존중받는 사회, 그 사회에서 모든 아이가 사람답게 사는 사회를 꿈꾸는 정치하는 엄마들[194]의 활동도 주목할 수 있다.

한편, 촛불청소년인권법제정연대(이하 촛청법)는 전국 각지의 단체와 청소년들의 참여로 2017년 9월 26일 결성된 대표적인 연대모임이다.[195] 출범 당시 214개 단체가 함께하였고, 현재까지 370여 개 시민사회단체가 참여하여, 유예된 시민이나 미래의 시민이 아닌 현재의 시민으로 살아가는 어린이·청소년의 권리를 알리고자 뜻을 모았다. 2016년 겨울, 광장의 동료시민으로 촛불을 들었던 청소년들도 기꺼이 정치에 참여할 수 있도록 청소년 참정권 확대를 요구하였고, 분절된 법체계에서 정책 대상으로만 남겨진 모든 아동의 차별 없고 실효적인 권리보장을 위한 어린이·청소년인권법 제정, 대부분 학령기에 있는 아동의 실질적인 권리 보장에 동참하는 학교문화를 만들 수 있도록 학생인권법 제정 또는 「초·중등교육법」 개정을 주요 목표로 설정하였다. 촛청법은 모든 상황에서 아동의 당사자성을 인정하고, 가급적 그들의 참여를 현실화하기 위한 법제 정비를 목표로, 노동·교육·정치·복지·법률·인권 등 광범위한 분야에서 활동하는 단체와 개인이 협력한 연대체라는 점에서도 특별한 의미가 있으며, 2019년 12월 27일, 15년 만에 선거권 연령을 만 18

세로 낮추는 「공직선거법」 개정이라는 성과도 일구어냈다.

아동·청소년의성보호에관한법률 개정을 위한 공동대책위원회 (이하 아청법 개정 공대위)는 대상아동·청소년 규정 삭제, 이들에 대한 소년법 보호처분 금지, 피해아동·청소년 지원체계 마련을 골자로 한 「아동·청소년의 성보호에 관한 법률」(이하 청소년성보호법) 개정을 목표로 성폭력 방지 범여성단체와 아동·청소년 및 시민단체 364개 단체가 모여 2018년 1월 22일 출범하였다.[196] 십대여성인 권센터가 범연대체 구성에 주도적인 역할을 수행했으며, 이후 수차례 기자회견과 공동 성명서, 릴레이 성명서 발표, 언론활동 등을 이어갔다. 대상아동·청소년을 법률상 피해자로 명시하고, 이들에 대한 보호처분을 폐지하며, 지원서비스와 법적 조력을 제공하도록 명시적으로 권고한 유엔아동권리위원회의 제5·6차 최종견해[197]도 아청법 개정 공대위가 결합한 결과였다. 2년 넘게 법제사법위원회에 계류되었던 청소년성보호법 개정안은 2019년 말 웰컴투비디오 사건과 텔레그램성착취 사건을 계기로 2020년 4월 30일 오전 12시 30분경 극적으로 본회의에서 의결되었는데, 지난 1년여간 한마음으로 달려온 공대위의 누적된 활동이 있었기에 가능했다 할 것이다.

아동·청소년 대중문화예술인의 노동인권 개선을 위한 팝업 (POP-UP, 이하 팝업) 활동도 있었다.[198] 팝업은 아동·청소년 연기자의 노동인권 실태조사를 실시하고, 아동·청소년이 출연하는 방송 프로그램을 모니터링하여 아동·청소년 대중문화예술인의 인권상황을 드러내며, 관련 법·제도 개선방안을 제시하였다.[199] 아동권리 협약은 성인에 비해 취약한 아동의 권리 보장을 위한 국가와 사회의 특별한 노력이 필요하다는 점을 인식하며 채택된 것으로, 대중 문화현장에 있는 소외된 아동·청소년의 기본권을 기억하고 개선하기 위한 팝업 활동은 협약의 태동을 환기하는 움직임이라 평가할 수 있다.

청소년주거권네트워크는 권리로서의 청소년 주거를 고민하며 청소년 현장기관과 관련 단체가 2019년부터 시작한 모임이다(청소년주거권네트워크, 2020). 유엔아동권리위원회가 탈시설에 대한 국가적 의제 설정을 요청한 현재, 청소년주거권네트워크의 활동은 아동의 권리주체성에 대한 사회적 인식을 전환하고, 보다 적극적으로 아동의 당사자성에 초점을 맞춘 주거정책의 필요성을 드러낸다. 집은 인권이며(주거권운동네트워크, 2010), 아동 또한 그들만의 집을 욕구할 권리가 있다는 것이다. 청소년주거권네트워크는 청소년의 목소리를 담은 실태조사와 해외사례 조사를 통해 청소년 주거권에 대한 담론을 형성하고, 보호를 배제하지 않는 독립된 삶의 모습을 지지하고자 머리를 맞대는 노력을 실천하고 있다.

보편적 출생신고 네트워크도 2015년부터 꾸준한 활동을 이어오고 있다.[200] 보편적 출생신고 네트워크는 모든 아동에겐 출생이 신고되어질 권리가 있음을 천명하며 이를 지켜나갈 수 있도록 사례지원, 캠페인 및 제도개선 활동을 펼쳐온 시민사회 연대모임이다. 아동권리로서 출생등록의 의미를 알리고 법 개정에 대한 지지 서명을 모으는 홈페이지 개설과 영상 제작, SNS 홍보 등으로 대중 캠페인을 지속하면서 토론회와 간담회 개최를 통해 출생등록에 대한 정부와 국회의 의무이행을 촉구해왔다. 유엔인권모니터링 과정에서 한국의 출생등록 문제를 짚어 조약기구와 UPR의 반복된 권고를 이끌어냈고,[201] 현재는 익명출산제 저지와 이중아동을 포용하는 보편적 출생등록제 도입을 위해 애쓰고 있다.

2021년 5월에는 입양의 공공성 강화와 진실규명을 위한 연대회의(이하 입양연대회의)도 발족되었다. 2019년 말, 전 국민을 충격에 빠뜨린 양천입양아동학대사망사건을 계기로 국내 입양인, 해외 입양인, 입양부모, 입양을 보낸 친생부모, 미혼모 및 이들과 연대하는 사회단체가 한자리에 모였으며, 입양의 당사자 및 이들과 연대하는 사회단체, 개인의 소통을 통해 입양의 공공성 강화와 진실 규명, 입양 당사자의 권익옹호 및 인식개선을 목적으로 활동을 시작하였다(입양연대회의 창립선언문 참조). 입양연대회의도 익명출산제의 문제를 지적하며, 아동의 정체성에 대한 권리를 지킬 수 있도록 위기임신과 출산·양육 지원, 입양의 공공성 강화에 목소리를 높이고 있다.

2012년 17세 몽골학생 강제추방 대책활동으로부터 시작된 이주인권단체, 공익법단체 활동가들의 모임인 '이주배경 아동청소년 기본권향상을 위한 네트워크',[202] 2018년부터 보육교사 노동조합과 사회복지단체, 아동인권단체들이 함께하며 유치원 3법 개정과 보육환경 개선에 목소리를 높인 보육더하기인권함께하기[203]의 활동도 다양한 사안에서 아동을 중심에 둔 관점의 필요성을 말하는 시민사회의 연대라 할 수 있다.

3장
아동,
정책의 대상에서 삶의 주체로

2015년에는 제1차 아동정책기본계획(2015-2019)이 수립되며, 아동에 대한 최초의 국가행동계획이 채택되었다. 제1차 기본계획은 개별 부처가 담당하는 아동관련사업이 양적으로 증가했을 뿐 만 18세에 이르는 계속적인 아동의 발달주기를 고려한 범정부 차원의 종합적인 정책 개발은 부족하다는 한계를 인식하며, 그리고 이에 따라 아동의 삶에 대한 만족도와 행복지수를 높이고, 정기적인 여가활동 등 아동결핍수준을 보완하는 것을 목표로 했다. 행복한 아동, 존중받는 아동을 비전으로 삼아 아동 행복도를 증진하고, 아동 최우선의 원칙을 실현할 수 있는 기반 조성을 핵심목표로 설정한 제1차 아동정책기본계획은 아동의 현재 삶에 중점을 두며, 나중을 위해 유예될 수 있는 어떤 권리도 상정하지 않는다(관계부처합동, 2015). 아동 당사자의 삶의 충만함이 정책의 주요 목표로 드러났다는 점에서, 제3·4차 최종견해를 이행하며 제5·6차 심의를 준비하던 시기는 보호대상아동에 초점을 두고 있던 국가정책이 모든 아동에 대한 정책으로 전환된 시기라 평가할 수 있다.

또한, 2019년 5월, 한국 정부는 제5·6차 심의를 준비하며 관계부처 합동으로 포용국가 아동정책을 발표했다. 정부는 포용국가 아동정책을 통해 '여전히 아동을 중심으로 한 권리 인식은 부족하고 요보호아동에 대한 국가책임은 미흡'했던 지난 10년의 아동복지 정책의 한계를 확인하며, 아동에 대한 국가책임 확대를 선언했다. 보호가 필요한 아동에 대한 공적책임 강화, 아동권리 보장 및 안전한 돌봄 강화, 생애초기부터 촘촘하게 돌보는 아동건강, 창의성·사회성 계발을 위한 놀이혁신을 목표로 제시하면서 출생통보제, 민법상 징계권 폐지, 아동학대 대응체계 전면 개편, 입양의 공공성 강화, 지역사회 주도의 놀이혁신 확산 등을 주요 추진과제로 발표했다(관계부처합동, 2019).

특히 포용국가 아동정책은 2018년 11월 제출된 아동권리 스스로 지킴이의 아동보고서 본문을 인용하며, 현재를 살아가는 아동의 시민적 권리와 자유, 건강과 휴식, 여가에 대한 사회적 권리 보장 필요성을 확인했다. 정부의 정책평가에 아동의 목소리가 직접 반영된 것이다. 2018년에 제출된 4개의 아동보고서는 경쟁적 교육환경, 여가에 대한 기회 박탈, 그로 인한 건강한 발달과 자유권을 빼앗기며 국적과 인종, 거주 지역, 가정환경과 경제상황 등 아동을 둘러싼 다양한 배경적 특성이 삶의 모습을 다르게 만드는 현실을 한 목소리로 강조했다. 아동보고서에 담긴 이들의 목소리가 국가정책에 주요하게 반영된 결과는 정보습득과 의사 표명을 아우르는 아동의 지

<우리나라 아동이 바라는 세상>

※ 제5·6차 유엔아동권리협약 이행 대한민국 아동보고서* 발췌

  * 대한민국 아동인권의 현주소에 대한 의견을 모으는 "아동권리 스스로 지킴이(만 10-18세 아동으로 구성)" 활동 (국제아동인권센터, 유니세프한국위원회, 초록우산어린이재단 지원) 내용을 바탕으로 작성, 유엔아동권리위원회에 제출(2018.11).

◆ 건강·휴식·여가

놀고 싶을 때 놀고 쉬고 싶을 때 쉴 수 있는 세상
밤 늦게까지 공부하지 않고 가족과 함께 저녁을 먹을 수 있는 세상

① 현재 침해되고 있는 대한민국 아동의 놀 권리 및 쉴 권리 보장을 유도하기 위해 어른들에게 아동의 놀 권리 교육을 실시해주세요.
② 아동의 여가가 보장되는 지역사회를 구축하고 모든 아동이 안전하게 놀 수 있는 법·제도를 마련해주세요.
③ 아동 발달수준에 적합한 여가시설을 만들고 안전하게 유지되도록 관리해주세요.
④ 올바른 정서 함양과 정서 안정을 위한 각종 프로그램 및 교육을 실행해주세요.

◆ 시민적 권리와 자유

아동에게도 시민적 권리가 보장되고 장려되는 세상
성적에 상관없이 참여권을 보장받는 세상
성적을 포함한 아동의 개인정보와 사생활이 보호되는 세상

① 학생인권조례의 법적 근거를 마련하고, 정기적으로 이행여부를 검토해주세요.
② 학교 내에서 학생 참여를 보장해주세요.

2019 포용국가 아동정책

속적 참여와 이를 조력하는 일련의 과정이 어떤 의미인지 보여준다. 이는 긴 호흡으로 이어진 아동참여 활동의 성과로서 제5·6차 최종 견해 이후 제2차 아동정책기본계획(2021-2024)이 아동총회 결의사항을 아동정책조정위원회에 의무적으로 보고하도록 하고, 아동이 온라인에 직접 의견을 청원할 수 있는 창구를 마련하며, 학생의 학

교운영 참여를 제도화하고, 청소년참여위원회 활동을 아동복지심의위원회에 공유하도록 하는 등 개별적, 집단적 아동의 참여활동을 행정의 필수적 절차로 반영했다는 데 의의가 있다. 이러한 발자취는 아동참여의 한 단계 높은 도약을 기대하게 한다(관계부처합동, 2020).

한편, 유니세프아동친화도시(이하 아동친화도시)는 중앙정부뿐만 아니라 지방자치단체의 협약 이행에 대한 책무를 강화하는 계기가 되었다. 전 세계 유니세프 국가사무소 및 국가위원회에서 시행하고 있는 아동친화도시 사업은 '아동이 살기 좋은 도시는 모두에게 살기 좋은 도시'라는 기본정신을 바탕으로 2000년 이탈리아 피렌체에서 처음 시작되었다. 한국에서도 아동이 살아가는 사회가 이들에게 친화적인 환경일 때 아동이 행복한 세상이 될 것이라는 믿음에서 추진되고 있으며, 2013년 서울시 성북구가 첫 번째 아동친화도시 인증을 받으며 본격적으로 전개되었다.

지역사회는 아동이 일상을 영위하는 공간으로서, 아동의 삶에 가장 직접적인 변화를 가져올 수 있는 곳이다. 이에 아동친화도시는 지역사회의 변화를 목적으로 하며, 지방자치단체가 아동친화도시로 나아가기 위해서는 "아동권리 전담부서, 아동친화적인 법체계, 아동의 참여체계, 아동권리 독립적 대변인, 아동권리 홍보 및 교육, 아동예산 확보, 정기적인 아동권리 현황조사, 아동친화도시 추진전략 수립 및 아동영향평가, 아동안전을 위한 조치"의 10가지 구성요소를 갖추어야 한다. 위 각각의 구성요소들은 아동권리협약을 이행하기 위한 내용과 절차 등을 담고 있으며 상호 유기적으로 연계되어 있다.

구체적으로, 아동친화도시를 조성하는 지방자치단체는 협약 이행의 일환으로 아동친화도시 조성 조례, 아동친화예산 수립, 전담부서와 조직을 구성하며 그 밖에 아동의 삶에 관계된 다양한 부서가 협업할 수 있는 아동친화적인 거버넌스를 구축한다. 아동권리를 보호하고 증진할 수 있도록 지역사회 내 홍보와 교육을 적극적으로 진행하고, 지역별 아동정책과 취약계층 아동을 위한 우선전략을 수립하고 시행한다. 또한, 각 지방자치단체는 아동권리옴부즈퍼슨 제도를 운영하며, 아동권리침해사례 조사 등을 선제적으로 수행하게 된다. 무엇보다 아동친화도시는 아동의 목소리가 반드시 정책에 반영될 것을 요구하여, 아동친화도시를 조성하고자 하는 지방자치단체는 행정체계 내에 제도화된 아동참여기구를 만들어야 한다. 지방자치단체는 아동친화도시 조성 사업 전 단계와 아동 관련 정책들에 아동의 의견을 반영하며, 그 밖에 지역사회 내 권리를 보유하는 시민으로서 아동의 참여를 보장해야 한다. 이는 현장에서 법을 집행하는 공무원이 아동과 함께하는 경험을 통해 아동권리를 구체적으로 이해하고, 당사자 참여의 중요성을 인식하는 계기를 마련한다는 점에서 아동친화도시가 낳은 의미 있는 변화라 할 수 있다.

현재 유니세프한국위원회는 국내 아동친화도시 조성을 추진하거나 추진 준비중인 전국의 지방자치단체로 구성된 '유니세프아동친화도시 추진 지방자치단체 협의회'와 협력하며, 각 지방자치단체 우수사례 공유 및 역량 강화를 위한 긴밀한 협조를 도모하고 있다. 2021년 7월 기준 전국의 110개 지방자치단체가 유니세프한국위원회와 함께 아동친화도시 조성을 위해 협력하고 있으며, 이 중 54개의 지자체가 아동친화도시 인증을 받았다. 또한, 유니세프아 동친화도시는 결과가 아닌 과정을 중시하는 모델이기에, 지역사회의 실질적이고 긍정적인 변화를 지속적으로 요청하고자 만들어낼 수 있도록 인증받은 지자체는 4년을 주기로 상위단계인증(Advanced Recognition)을 받기 위해 노력하고 있다. 이러한 지방자치단체의 관심과 확산에 힘입어, 아동친화도시는 제1·2차 아동정책 기본계획의 핵심 원리와 우선 정책과제에 포함되었으며(관계부처합동, 2015; 2018), 매년 어린이날에는 보건복지부가 아동친화우수지자체를 표창하는 등 정부 차원에서도 아동친화도시 확산을 적극 지원하고 있다. 이는 중앙정부와 지방정부가 협력하여 아동의 일상과 밀접한 관계가 있는 지역사회에서 아동권리협약 이행을 이끌어내는 좋은 예라 할 수 있다.

특히, 한국의 아동친화도시는 선순환을 도모하는 국제협력에도 앞장서고 있다. 2017년부터 유니세프는 지방자치단체 관계자들과 함께 스위스, 프랑스 등 유럽의 아동친화도시를 방문해 우수 사례들을 배우고 이를 한국의 지역사회에 적용할 수 있도록 하였고, 아동친화도시를 추진하려는 아시아 지역 유니세프 국가사무소 및 국가위원회에 한국의 정보와 성공적인 경험을 공유하고 있다. 2019년에는 스리랑카의 바티칼로아 시의회 의장을 비롯한 아동 관련 부서 공무원들이 한국을 방문하여 아동친화도시를 경험하였고, 그경험과 노하우를 바탕으로 자국의 아동친화도시 조성에 노력하고 있다. 유니세프 홍콩위원회는 아동참여기구가 활성화되어 있는데,

이들 아동사절단이 아동의 정책 참여가 잘 이루어지는 서울 성북구와 전남 완주군을 방문하기도 하는 등 각 나라의 아동친화도시를 살아가는 아동들이 교류하고 시민으로서 서로의 경험을 공유하는 만남의 장도 마련되었다(유니세프한국위원회, 2020; UNICEF, 2018).

한 아이를 키우는 데는 온 마을이 필요하다는 말이 있듯 아동의 건강한 성장과 아동권리 실현을 위해서는 지방자치단체, 교육 및 사법 시스템, 기업과 의료기관 등이 아동권리를 기반으로 하는 아동친화적 체계를 갖추는 것이 필수적이다. 유니세프한국위원회는 이와 같은 취지에서 아동친화도시뿐만 아니라 아동친화학교, 아기에게 친근한 병원, 아동친화기업 등 아동친화사회 만들기에 힘쓰고 있다.

세이브더칠드런이 2012년부터 지속하고 있는 '한국 아동의 삶의 질 연구'도 주목해야 한다. 아동권리협약 이행의 맥락에서 지금껏 다양한 나라가 아동복지 지표에 따른 관련 데이터를 축적해왔지만, 이는 모두 성인의 관점에서 마련되었다는 한계도 분명하다. 위의 연구는 바로 이 점을 인식하여 현재를 살아가는 아동의 관점에서 적합한 지표를 개발하자는 취지로 시작되었다. 아동이 잘 자라는 것에 중점을 두기보다는 아동 자신의 현재 삶의 질(well-being)을 중시하는 지표체계를 만들자는 것이다.[204] 보다 아동 중심적이고, 아동의 주관적인 삶의 질을 중시하는 시각은 적정한 삶의 질을 보장받을 아동권리를 상기시킨다.

구체적으로 한국 아동의 삶의 질 네 번째 연구(2017-2019)는 아

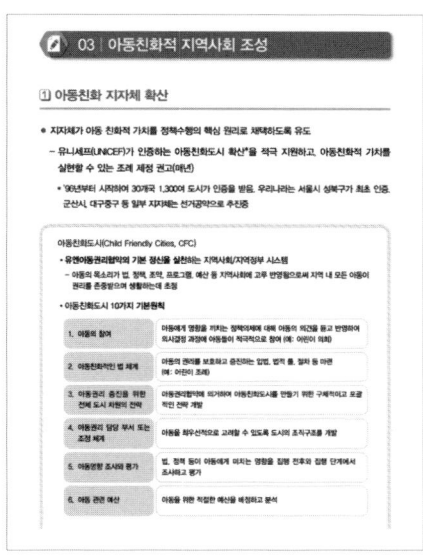

03 | 아동친화적 지역사회 조성

① 아동친화 지자체 확산

- 지자체가 아동 친화적 가치를 정책수행의 핵심 원리로 채택하도록 유도
  - 유니세프(UNICEF)가 인증하는 아동친화도시 확산'을 적극 지원하고, 아동친화적 가치를 실현할 수 있는 조례 제정 권고('14년)
    - '96년부터 시작하여 30개국 1,300여 도시가 인증을 받음. 우리나라는 서울시 성북구가 최초 인증. 군산시, 대구중구 등 일부 지자체는 선거공약으로 추진중

아동친화도시(Child Friendly Cities, CFC)
- 유엔아동권리협약의 기본 정신을 실현하는 지역사회/지역정부 시스템
  - 아동의 목소리가 법, 정책, 프로그램, 예산 등 지역사회에 고루 반영됨으로써 지역 내 모든 아동이 권리를 존중받으며 생활하는데 초점
- 아동친화도시 10가지 기본원칙

1. 아동의 참여	아동에게 영향을 끼치는 정책이슈에 대해 아동의 의견을 듣고 반영하여 의사결정 과정에 아동들이 적극적으로 참여 (예: 어린이 의회)
2. 아동친화적인 법 체계	아동의 권리를 보호하고 증진시키는 입법, 법적 틀, 절차 등 마련 (예: 어린이 조례)
3. 아동권리 증진을 위한 전체 도시 차원의 전략	아동권리협약에 의거하여 아동친화도시를 만들기 위한 구체적이고 포괄적인 전략 개발
4. 아동권리 담당 부서 또는 조정 체계	아동을 최우선적으로 고려할 수 있도록 도시의 조직구조를 개발
5. 아동영향 조사와 평가	법, 정책 등이 아동에 미치는 영향을 집행 전후와 집행 단계에서 조사하고 평가
6. 아동 관련 예산	아동을 위한 적절한 예산을 배정하고 분석

아동친화적 지역사회 조성

7. 정기적인 아동현황보고서	아동과 그들의 권리에 대한 자료 수집과 충분한 모니터링 실시
8. 아동권리 홍보	아동권리에 대한 일반시민과 아동의 인식 제고
9. 아동권리 옹호	아동권리 증진을 위해 일하는 비영리단체를 지원하고 공부주간에서 아동이나 위원회 등 독립적인 기구의 개발을 추진
10. 아동을 위한 안전 조치	아동이 안전하고 보호되지 않은 환경에서 적절한 보호를 받을 수 있도록 정책을 개발하고 집행

② 아동정책 기본계획 이행관리

- (아동지표) 지자체별 아동정책 주요지표(통계표)를 주기적으로 공개하여 지자체의 정책 우선 순위 설정을 지원하고, 아동지표에 대한 지자체별 목표치* 관리방안 검토('17년)
  - (예) 식생활안전생활지수(식약처), 광역지자체 아동 삶의 질 지수('반기) 등

③ 지역격차 해소

- 아동 투자(input), 아동의 삶의 질(outcome) 등 핵심지표의 지역간 불균형에 대한 정기분석 실시 및 지역격차 완화·해소 방안* 마련('16년)
  - 「사회보장급여의 이용·제공 및 수급권자 발굴에 관한 법률」에서 규정한 지역사회보장 및 균형 발전 지원(제45~48조) 활용 포함

제1차 아동정책기본계획에 반영된 유니세프아동친화도시

유니세프아동친화도시 25주년 기념식(2021년 7월 1일)

동 삶의 질 지표로 건강, 사회적 발달, 정서적 발달, 인지적 발달, 바람직한 인성의 5가지 영역을 조사했다. 아동 삶의 질 지수는 건강, 주관적 행복감, 관계, 물질적 상황, 위험과 안전, 교육, 주거환경과 바람직한 인성으로 구성된 8개 영역의 46개 지표를 분석하여 아동의 삶을 다차원적으로 파악하고자 했다. 분석 결과는 국내 17개 광역지방자치단체 현황 비교, 22개국 국제비교 연구를 통해 각 지역 현황에 따른 아동의 행복도 제고를 위한 적절한 개선방안이 모색될 수 있도록 했다. 자신을 둘러싼 환경에 맞춰 저마다 특성을 발현하며 발달하는 아동에게 서로 다른 지역사회 여건은 삶의 모습을 만드는 주요한 요인이기 때문이다. 아동 삶의 질 연구의 시도별 분석은 유니세프아동친화도시와 맥락을 같이한다.

한편, 현재 국가 차원에서 아동·청소년 삶의 질 지표통계를 생산하는 정책적 논의가 진행되는 것은 세이브더칠드런과 방정환재단 등 민간에서 추진한 아동 삶의 질 연구가 가져온 변화라 할 수 있다. 아동의 연령을 기준으로 부처가 분절되고, 정책 대상의 특성보다는 기능을 중심으로 업무가 분화된 현실은 아동·청소년에 대한 체계적이고 종합적인 지원 연계망이 미흡한 결과를 인식하며, 아동을 중심에 둔 삶의 질을 평가할 수 있는 지표체계가 구축될 필요를 인식한 것이다(유민상, 2020; 유성렬, 2019). 즉, '삶의 질'로 표상되는 아동의 존재론적 지위는 삶을 관통하는 아동의 주인의식을 기꺼이 뒷받침한다. 아동은 더는 타자화된 정책의 대상이 아니며, 보호가 강요되는 수동적 대상도 아니다.

5부

앞으로의 길

1장
30년을
돌이켜본다는 것

사람의 30세는 '마음이 확고하게 도덕 위에 서서 움직이지 않는 나이'라는 뜻에서 이립(而立)이라고 한다. 논어는 "공자가 말씀하시기를, 나는 15세가 되어서 학문에 뜻을 두었고(志學), 30세가 되어서 학문의 기초가 확립되었으며(而立), 40세가 되어서는 판단에 혼란을 일으키지 않았고(不惑), 50세가 되어서는 천명을 알았으며(知命), 60세가 되어서는 귀로 들으면 그 뜻을 알았고(耳順), 70세가 되어서는 마음이 하고자 하는 대로 하여도 법도에 벗어나지 않았다 (從心)"고 하였다.[205]

매우 상징적이긴 하지만, 이처럼 '30년'은 도덕과 정의의 원칙을 기꺼이 실천할 수 있는 시기이며, 혼란이나 흔들림 없이 성숙한 판단을 할 수 있도록 준비하는 시기이기도 하다. 1991년 11월 20일 한국이 아동권리협약 이행을 국제사회에 공언한 때로부터 30년이 되는 올해, 한국은 아동권리에 대한 분명한 원칙과 신념을 내재한 채

앞으로 나아가야 할 중대한 시기를 맞이하였다. 30년이라는 기간 동안 우리 사회는 나아감과 뒷걸음질을 반복하면서 아동권리의 의미를 폭넓게 이해할 수 있었다. 이제는 아동권리협약이라는 국제 준거에 따른 아동권리 실현의 방안을 적극적으로 모색할 때이다.

이를 위해 아동권리협약 이행 주무부처의 역할은 필수적이다. 한국이 비준한 7개의 국제인권조약 중 자유권규약과 사회권규약, 고문방지협약은 법무부에서, 여성차별금지협약은 여성가족부에서, 인종차별철폐협약은 외교부에서, 그리고 아동권리협약과 장애인권리협약은 보건복지부가 주무부처로서 업무를 분장하고 있다. 그러나 보건복지부의 아동권리협약 이행 업무는 2019년 아동권리보장원이 도입된 이래 서서히 축소되어, 대부분 보장원 위탁업무로만 이해되는 실정이다. 보건복지부 조직도와 담당업무에서 '아동권리협약 이행 업무'는 사라졌으며, '아동권리보장원 지도 감독' 업무만 남겨져 있을 뿐이다.[206]

인권보호의 최종적인 의무이행이 국가의 책임이라는 점을 상기할 때, 협약과 최종견해에 따른 5년여의 이행을 지속적으로 모니터링하여 연도별 변화를 기록하고, 중장기 계획의 성과를 측정하며, 공백과 모순을 보완하고 실질적 변화를 이끌어가는 일련의 과정은 최소한 동등한 지위의 부처 내에서 이루어지거나 상급기관에서 담당해야 한다. 정책의 분절은 행정의 고질적인 문제 중 하나인데, 독립성도 인정되지 않는 특정 부처의 산하기관이 타 부처의 관할 업무가 적절히 이루어지는지 검토하고 아동권리에 부응하는 방향으로 개선을 촉구하는 것은 사실상 기대할 수 없기 때문이다. 국제인권규약에 따른 정부보고서 및 답변서의 작성, 국제협력에 관한 업무를 법무부와 여성가족부 등에서 직접 담당하는 것처럼, 보건복지부도 30년을 기점으로 아동권리협약 이행에 대한 장기 업무계획과 지속적인 업무 집행이 명확하게 확보되어야 한다. 영유아, 아동과 청소년을 분절적으로 분담하는 행정의 한계를 극복할 수 있도록, 모든 아동을 아우르는 아동기본법, 어린이·청소년인권법 제정도 지속적으로 논의될 필요가 있다.

아동권리협약 모니터링을 통한 진정한 아동권리 증진을 위해서는 민간의 연대도 강화되어야 한다. 한국의 경우, 제1차와 제2차 심의에서도 다양한 인권단체, 복지단체가 결합하여 심의 대응을 전개하였고, 제3·4차 심의와 제5·6차 심의는 NPO 연대를 중심으로 심의 대응이 이루어졌으나, 국가보고서 제출 이후에 활동이 집중된 아쉬움이 있다. 앞서 언급하였듯, 아동권리협약 이행은 최종견해를 중심으로 점진적 발전을 도모하는 과정이다. 따라서 최종견해는 협약의 원칙과 내용을 실현하는 기준이며, 정부는 물론이거니와 시민사회도 최종견해의 이행 현황을 지속적으로 살펴보고 그 역할을 촉구해야 한다. 연대체 설립과 상시적인 사무국 운영 등 민간의 연대를 강화하는 것은 참여단체의 열의와 선의로 지속되던 NPO연대의 한계를 넘어 범국가적 차원에서 아동권리협약 이행 모니터링을 이끌어가는 주요한 기회가 될 것이다.

2장
아동이 모든 삶의
중심이 될 때

협약 이행에서 빼놓을 수 없는 핵심은 아동의 참여이다. 당사국이 협약에 따른 의무를 이행하는 것, 즉 아동의 인권을 실현하는 것은 아동 당사자를 포함한 모든 사회 분야에서 참여할 때 가능하다.[207] 태어남과 동시에 권리의 주체자로 인생을 시작하는 아동이 동등한 사회구성원으로 인식되고 존중되며 함께 호흡하려면 모든 연령대의 아동이 저마다의 목소리를 낼 수 있어야 한다. 그 목소리를 듣고 사회에 반영할 수 있는 훈련된 사람들은 필수적이다.

오늘날 다양한 모습으로 운영되는 아동참여기구는 아동의 참여를 현실에 구현하기 위한 대표적인 수단이다. 대한민국 아동총회, 청소년참여위원회, 청소년특별회의, 각 지자체 어린이·청소년의회 등은 아동참여를 위해 애쓰는 모두의 노력이 투영된 성과이다. 다만, 유엔아동권리위원회가 '아동의 참여가 여전히 선택적이고, 특정 주제에 제한되며, 학업성적을 조건으로 한다는 것, 아동의 견해가 고려되는 경우는 거의 없다는 사실'에 유감을 표했듯,[208] 대다수 아동참여기구가 기회의 제공에 초점을 두고 매년 반복되는 이벤트로 인식되는 상황에 대해서는 아쉬움을 표하고 싶다. 한국아동단체협의회가 보건복지부·아동권리보장원의 위탁을 받아 운영하는 대한민국 아동총회 사업도 연도별 아동 참가자 모집, 워크숍과 결과발표라는 반복된 형태로 운영되고 있는데, 아동의 대표성 확보 방안, 정부에 제출된 의견의 반영 여부를 알기 위한 모니터링 과정은 부재하다. 국가인권위원회가 협약 이행 모니터링을 목적으로 매년 진행하고 있는 아동인권 당사자 모니터링 사업도 대한민국 아동총회와 유사한 모습으로 운영된다. 정부와 국가인권기구 모두 아동의 목소리를 마땅히 들어야 할 것이나, 각 참여기구의 역할이 구분되지도 않으며, 공모사업으로 운영되는 결과 참여기구의 연속성을 확보하기 어렵다는 한계도 있다. 국가 및 지방자치단체는 청소년 관련 정책의 수립과 시행과정에 청소년의 의견을 수렴하기 위하여 청소년참여위원회를 운영하고, 국가는 범정부 차원의 청소년정책과제를 설정·추진 및 점검하기 위하여 청소년특별회의를 개최하며, 청소년특별회의 참석 대상은 성별·연령별·지역별로 각각 전체 청소년을 대표하도록 정하는데, 시·도 단위의 지역회의와 기초 지자체 청소년참여위원회 활동은 사실상 연계되지 않는다.[209] 각각의 청소년참여기구가 분절적으로 운영되는 실정이다. 무엇보다 아동·청소년 참여를 촉진하는 전문인력이 거의 없다. 아동권리와 아동기에 대한 이해를 바탕으로 아동의 참여활동을 조력하는 전문가(facilitator)의 부재는 참여의 단계를 높일 수 없게 한다.

그러나 아동권리협약 제12조는 지속적이고 계속적인 방식을 요구한다. 아동의 참여, 그리고 아동과의 협의는 명목상으로 되어서는 안 되며 대표견해를 확인하기 위한 것이어야 한다.[210] 진정한 아동참여는 아동의 일상이 존중되는 경험, 충분한 정보접근과 상호존중을 통해 참여를 확대하는 경험, 나아가 지역별 균형과 취약한 아동을 배제하지 않는 노력, 대표성 확보 등 아동을 포용하는 민주주의를 실천하는 경험을 통해 성인과 아동이 더불어 변화하는 결과라 할 수 있다. 일회성 아동 모집을 통해 같은 패턴으로 의견을 '말하는 것'에 목표를 둔 참여기구가 아닌, 아동이 삶의 모든 영역에서 주도권을 강화할 수 있도록 참여기구가 어떻게 기능해야 하는지 진지한 고민이 필요한 배경이다. 비정부기구나 인권기구가 매개하는 것이 아닌, 정부가 아동과 직접적인 관계를 개발해 나가는 것이 중요하다고 강조한 유엔아동권리위원회의 권고[211]도 유념해야 한다.

3장
단 한 명의 아동도
남겨두지 않겠다는
연대의 약속

　　최근 유엔인권조약기구는 약식보고 절차를 도입하여 심의의 효율성을 확보하고자 노력하고 있다. 기존의 인권조약 심의는 국가보고서 제출에서 시작되는데, 대부분의 당사국이 예정된 기한에 맞춰 보고서를 제출하지 않아 심의가 늦어지며, 그에 따라 심의 일정도 적체되어 위원회의 업무부담도 가중된다는 문제가 지적된 것이다(Pillay, 2012). 2014년 채택된 유엔총회 결의안 "인권조약기구 제도의 효율적 기능 강화"를 통해 약식보고 절차(Simplified Reporting Procedure)가 제안되었으며(UNGA, 2014), 이러한 약식보고 절차는 조약기구가 정부에 질의를 보내는 보고 전 쟁점목록(List of Issues Prior to Reporting [LOIPR]) 채택에서 보고 절차가 시작된다. 쟁점목록에 대한 당사국의 답변서가 기존의 국가보고서(State party report)로 간주되는 것이다.

　　아동권리위원회도 2018년부터 약식보고 절차를 도입하였고,

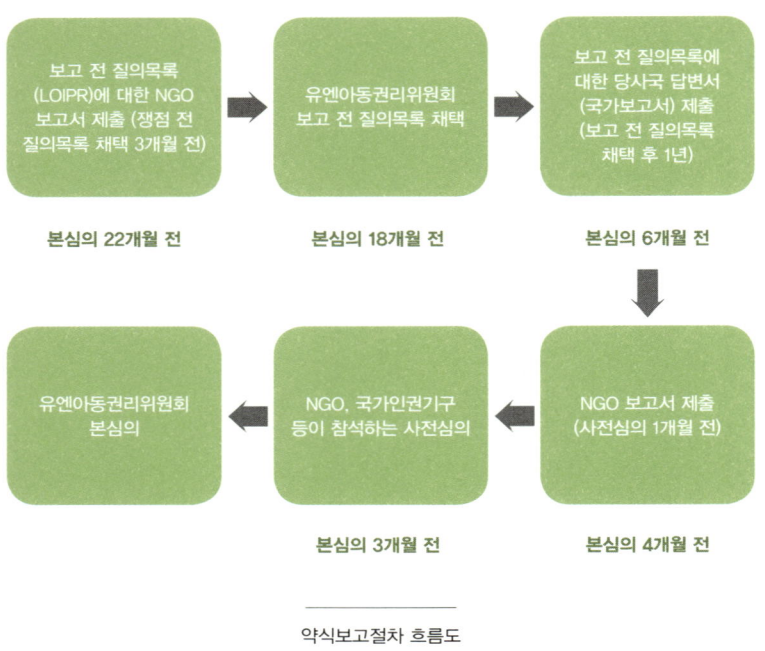

보고 전 질의목록 (LOIPR)에 대한 NGO 보고서 제출 (쟁점 전 질의목록 채택 3개월 전) →	유엔아동권리위원회 보고 전 질의목록 채택 →	보고 전 질의목록에 대한 당사국 답변서 (국가보고서) 제출 (보고 전 질의목록 채택 후 1년)
본심의 22개월 전	본심의 18개월 전	본심의 6개월 전

유엔아동권리위원회 본심의 ←	NGO, 국가인권기구 등이 참석하는 사전심의 ←	NGO 보고서 제출 (사전심의 1개월 전)
	본심의 3개월 전	본심의 4개월 전

약식보고절차 흐름도

2019년 9월 1일 이후로 정기보고서 제출이 예정된 당사국이 약식 보고 절차를 수락한 경우 그에 따른 심의를 진행하고 있다. 약식보고 절차에서 NGO의 참여는 기존의 보고 절차보다 확대되는 특징이 있는데, 사전보고서 제출을 통해 위원회의 보고 전 쟁점목록 채택을 이끌어내며(보고 전 쟁점목록 채택 약 3개월 전), 이후 당사국 답변서에 대한 대안보고서 제출 및 사전심의(본심의 약 3개월 전) 참석을 통해 아동인권 이슈를 주도할 수 있기 때문이다.[212] 약식보고 절차에 따를 때, 협약 이행을 위한 정부와 시민사회의 협력은 더욱 유의미한 변화를 이끌 수 있을 것이다.

즉, 약식보고 절차 수락 여부에 따라 시민사회의 역할은 크게 달라질 수 있다. 아직 한국은 약식보고 절차를 수락하지 않은 것으로 확인되지만, 2024년 예정된 제7차 보고까지 정부의 수락 여부를 모니터링하며, 그에 적합한 대응 활동을 준비할 필요가 있다.

무엇보다 아동권리협약 이행에 있어 유보 철회는 더는 미룰 수 없는 시대적 과제이다. 협약 비준 당시에 유보했던 2개의 조항은 자녀의 면접교섭권을 명시하는 「민법」 개정과 가정법원의 입양허가제를 도입하는 법 개정으로 철회되었고, 이제 상소권 제한에 대한 유보만 남아 있다. 2019년 9월, 국방부 인권과 담당자는 유엔아동권리위원회 심의에서 '유보 철회를 위해서는 「군사법원법」 개정이 필요하므로 구체적으로 언제까지 유보를 철회한다는 기한을 명시하기는 어려운 상황이지만, 국방부는 현재 이를 긍정적으로 검토 중이며, 유보철회를 위한 강한 의지를 가지고 필요한 입법조치 등에 적극적으로 노력하겠다'고 밝혔다. 차기 보고 전까지 유보 철회라는 가시적인 성과를 낳을 수 있도록, 정부의 강한 의지가 이후 정책에 어떻게 반영되었는지 점검하는 것도 중요한 할 일로 남아 있다.

그 밖에 아동권리협약 이행을 위한 변화의 요구는 사회 곳곳에서 발견할 수 있다. 반복된 권고사항과 새롭게 드러나는 아동인권 이슈들은 아동의 현재 삶을 내밀하게 받아들여야만 제대로 볼 수 있다. 다만, 보호대상아동에 대한 제한적 관점을 넘어 모든 아동의 권리 실현을 위한 예방과 지원, 보호와 촉진이 차별 없이 제공받아야 한다는 점을 간과하지 말아야 한다. 즉 누구나 출생 즉시 공적으로 기록되고, 가급적 부모를 알고 부모와 함께 가정에서 자라며, 부득이하게 분리가 필요한 경우에도 부모와 지속적인 만남을 보장

받아야 한다는 것이다. 나아가 이주상황과 장애, 폭력과 성착취, 노동과 소년사법, 거리 청소년 등 특별한 보호가 필요한 상황에서는 아동으로서 권리 실현을 위한 더욱 특별한 조력이 요청된다는 점 또한 잊어서는 안 될 것이다.

누구도 남겨지지 않는 공정한 사회를 위한 출발. 아동권리는 단 한 사람의 아동도 남겨두지 않는 연대의 약속이다. 그렇기에 모든 아동을 아우르는 포용의 발걸음은 어떠한 아동도 배제하지 않는 열린 시각에서 이루어져야 한다. 이립에 이르렀으니, 이제 똑바로 나아갈 길만 남았다.

아동보고서, 10년의 기록★

최초의 아동보고서

● **2009년 12월 어느 날**

눈발이 흩날리던 삼청동 한 브런치 카페에서 시작된 이야기이다. 그날 왜 그 모임이 있었는지 정확히 기억나지 않지만, 이양희 교수, 김인숙 부회장, 오선영 팀장 등 몇몇이 만나 식사하며 이런저런 이야기를 나누었다. 모인 구성원들이 그렇다 보니 자연스레 아동권리에 대한 이야기가 주축을 이루었다.

마침 2009년은 우리나라가 유엔아동권리위원회에 제3·4차 심의를 위한 국가보고서를 제출했고, 김인숙 부회장은 민간보고서를 총괄하는 UNCRC NPO연대 사무국장을 맡고 있으셨기에 심의를 어떻게 준비하는 것이 좋을지 등에 대해 물었다. 유엔아동권리위원회 위원장이었던 이양희 교수는 다른 나라와의 경험 등을 이야기해주었다. 그러던 중 이양희 교수께서 '아동보고서'라는 것을 언급하셨

★ <아동보고서, 10년의 기록>은 제3·4차 아동보고서와 제5·6차 아동보고서 활동 전반을 기획하고 조력자로 참여한 정병수 국제아동인권센터 전 사무국장이 작성하였다.

다. 유엔아동권리위원회(이하 위원회)는 그 무엇보다 당사자인 아동의 목소리에 우선순위를 부여하며 실제로 제네바까지 찾아오는 아동들도 있다는 것이었다.

'아동의 목소리가 유엔으로…'

생각만으로도 두근거리는 매력적인 표현이었다. 그간 아동권리협약의 모니터링 절차 등에 대해서는 자주 들어보았고 제네바에도 몇 차례 다녀와 심의과정을 지켜보았지만, 아동들을 만난 적은 없었다. 그래서 좀 더 자세히 여쭤보았다. 그런데 나만 그런 것은 아니었다. 그 자리에 있던 오선영 팀장도 역시 관심을 보였다. 그렇게 '아동보고서'라는 작당이 시작되었다.

● 2010년 1월

우리는 다른 나라의 사례를 조사해보았다. 지금은 유엔인권최고대표사무소나 Child Rights Connect가 심의와 관련된 문서를 잘 정리하여 게시하고 있지만, 당시에는 일일이 검색하여 자료를 찾을 수밖에 없었다. 게다가 2010년만 하더라도 보고서 인쇄본을 우편으로 발송해야 했기에 참고할 자료를 온라인을 통해 찾는 과정은 쉽지 않았다. 참고로 Child Rights Connect에서 제공하는 아카이빙은 1991년부터 2014년까지 시민사회에서 제출한 보고서를 담고 있는데, 이중 아동보고서는 총 26개이다.

그나마 다행인 것은 유엔아동권리위원회 위원장을 맡고 계신 이양희 교수의 연구실에 보관되어 있던 아동보고서 몇 가지와 인터넷에서 발견한 자료들이 조금 있었다는 점이다. 조금 더 다양한 자료를 검토하기 위해 아동권리현황을 담고 있는 보고서나 책자 등을 찾았다. 아동보고서는 여타의 보고서와는 달리 형식과 분량 등이 자유롭게 구성되어 있기에 자료조사를 하고 대한민국 최초의 아동보고서를 위한 계획서를 수립하는 과정은 쉽지만은 않았다. 또한, 협약이나 협약심의에 대한 인식이 그리 높지 않았기에 관련된 예산을 마련하는 것도 만만치 않았던 과정이었다.

자료를 조사하면서 다른 나라에는 아동권리협약 심의를 위한 아동보고서 외에도 아동의 목소리를 담아낸 보고서나 책자가 여럿 있음을 알게 되었다. 자료를 분석하며 아동의 목소리를 담아내는 보고서를 집필하기 위해 사용한 방법들도 대략 유형화할 수 있었다. 대표적인 방법들은 전반적인 인식이나 실태를 확인하기 위한 온/오프라인 설문조사, 아동의회나 참여기구 등 이미 조직화되어 있는 아동들의 모임이나 기구의 활동과 의견을 기록하는 방식, 보다 취약한 상황에 놓여 있는 경우를 비롯하여 아동들을 직접 만나 인터뷰하는 방식, 워크숍이나 캠프 등의 참여적 교육훈련활동을 통해 도출된 결과물을 정리하는 방식 등이었다.

●   2010년 3월 – 8월

자료조사와 적용가능성에 대한 검토 그리고 실무적인 논의를 위한 수차례의 회의를 진행하고서 2010년 2월 말 '아동참여를 통한 유엔아동권리협약 이행 모니터링 보고서 연구사업'에 착수하게 되었다. 사업 기간은 2010년 3월부터 10월까지로 계획했고, 사업비는 3천만 원이 확보되었다. 아동보고서와 그 제작 과정 및 보고서의 내용을 담은 영상물을 최종결과물로 정하고 본격적인 사업을 시작했다. 진행 과정에서 욕심을 부려 사업 기간은 더 늘어나게 되었지만, 시민사회 보고서의 제출 마감 기한이었던 11월 초 이전에 모든 것을 마치고자 했다.

아동보고서 집필을 위해 다음과 같은 세 가지 방법을 채택했다. 첫째로는 당사자인 아동들의 일반적인 아동권리 인식을 알아보기 위한 온라인 설문조사였다. 설문 문항은 아동권리협약이나 아동권리에 대한 인식 정도, 현재 가장 많이 침해되고 있는 아동의 권리, 아동권리를 존중받기 위해 아동이 할 수 있는 것 등으로 구성했으며, 조사에 참여한 아동들이 간단한 권리교육을 받을 수 있도록 관련 콘텐츠를 포함하여 개발했다. 다행히 포털사이트 네이버가 협조해주어 아동전용서비스인 주니버(주니어네이버) 이벤트 게시판에서 5월 한 달간 진행할 수 있었다.

둘째로는 워크숍이나 캠프 등 참여적 교육훈련 활동을 통한 의견수렴이었다. 아동들에게 자신의 권리를 알게 해주고 권리를 보장하는 방법을 알려주기 위한 활동이었다. 다양한 환경에서 살아가는 아동집단을 수차례 만나 아동권리워크숍과 캠프를 진행했다. 협약이나 아동권리에 대한 개념과 필요성과 권리의 목록 등을 게임, 퀴즈, 토론, 역할극 등 다양한 방법을 활용하여 알고 고민하고 표현할 수 있도록 활동을 개발하거나 기존에 개발된 활동을 집단이나 연령의 특성 등을 고려하여 보완한 후에 활용했다. 짧게는 2달, 길게는 5달 정도 매주 만나는 워크숍을 집단별로 진행했고, 농촌지역 아동은 2박 3일간의 캠프로 진행하기도 했다. 아동집단은 시설거주, 다문화 가정, 탈북가정, 저소득층 가정, 농촌지역 등으로 특성을 설명할 수 있으며 서울 꿈나무마을, 합천꿈꾸는지역아동센터, 인천 하나토요베트남학교, 서울 가양7종합사회복지관, 마포염리청소년 독서실 등의 협조가 있었다. 그리고 아동과의 활동에 있어 가장 중요한 것은 훈련받은 충분한 수의 인력이었기에 가칭 대학생아동권리전문가를 모집하여 함께 진행할 수 있도록 준비했다.

대학생 아동권리 전문가에 대해 부연 설명을 하면, 현재는 영세이버란 이름으로 운영되고 있으며 본 아동보고서 집필을 원활히 하기 위해 그 필요성을 수차례 제기한 끝에 구성되었다. 공식적으로 추진이 시작되고 오선영 팀장은 대학생아동권리전문가를 교육팀, 옹호팀, 모니터링팀으로 규모를 확장했다. 이들은 아동권리, 아동발달 등에 대한 사전교육을 듣고 선발되었으며 이 중 교육팀은 워크숍과 캠프 준비를 위해 별도로 1박 2일의 워크숍과 주 1회 스터디 등을 진행했다.

아동보고서 집필을 위한 마지막 방법은 인터뷰였다. 국내적 맥락에서 아동권리의 사각지대에 놓여있는 아동을 찾아 이들의 환경과 상황을 심층 인터뷰로 조사하고, 그 내용을 분석하여 보고서에 담고자 했다. 이를 위하여 워크숍이나 캠프 등에서 만나게 되는 아동 중 일부와 국내외 문헌조사 등을 통해 가장 취약한 상황에 놓여있지만 그 존재가 부각되지 못하는 아동을 찾아 만나고자 했다. 워크숍 등을 통해 만나는 아동들 외에도 장애아동, 청소년 미혼모, 학생운동선수, 난민아동, HIV/AIDS 감염아동, 연예인 연습생 등이 논의되었다. 이 중 장애아동, 청소년 미혼모, 난민아동, 이주노동자 가정 아동은 심층인터뷰를 진행할 수 있었지만 그 외는 진행이 어려웠다. 진행이 어려운 이유로는 학생운동선수, 연예인 연습생 등은 아동인권 취약 집단이란 인식이 부재한 상황이라는 점과 더불어 관련된 활동을 하는 단체나 전문가를 찾기 어려웠다는 점을 들 수 있다. HIV/AIDS 감염아동은 관련된 활동을 하는 단체가 주로 성인을 대상으로 하기에 아동에 대한 접근성에는 제한이 있었다.

● 2010년 9월 - 10월

봄부터 여름까지 진행된 설문조사와 워크숍, 그리고 인터뷰 내용을 정리하는 작업은 쉽지 않았다. 자료의 유형도 다양했고 분석해야 할 양도 생각보다 많았기 때문이다. 워크숍의 경우 권리의 개념을 내재화하여 권리의 시각으로 현실을 인식하고, 문제를 제기하고 대안을 마련하는 작업은 순탄치 않았기에 워크숍과 캠프 등을 통해 만난 아동들을 위한 후속활동을 기획했다.

후속활동은 일상에서 경험하는 아동권리 침해사례를 발견하고, 해결하기 위한 대안을 제시하는 형식으로 꾸며졌다. '00이의 하루'라는 제목으로 구성된 활동은 그동안 배운 권리들을 생각하며 자신과 주위 다른 아동들의 하루일과를 돌아보며 장소나 시간 등에 따라 침해되고 있는 권리가 무엇인지를 명료화해보는 활동이었다. '권리아줌마에게 편지쓰기'는 참여 아동들이 유엔아동권리위원회 위원장이 한국인 것에 관심을 크게 보였기에 '권리아줌마'라는 별

칭으로 활동을 구성했다. 편지쓰기라는 형식을 통해 자신과 주위 친구들의 권리가 보다 존중되기 위해 보호자나 교사를 비롯한 성인 이나 국가에 원하는 것을 글이나 그림으로 담아내는 활동으로 구 성했다.

후속활동까지 마친 뒤 분석된 내용은 보고서에 실려 있듯이 의 견존중, 놀이와 여가, 차별, 폭력 및 학대, 사생활보호로 정리되었다. 각각의 내용을 살펴보면 의견존중은 아동의 생각이나 의견, 욕구 등을 무시하거나 참여를 권장하는 듯 보이지만, 형식에 그치는 문 제를 지적했고 구체적인 내용은 학교와 가정으로 구분하여 제시되 었다. 놀이와 여가는 시간 부족과 환경부족의 문제로 제기되었다. 시 간 부족은 대부분의 집단에서 유사하게 나타났으며 놀이와 여가 환 경은 특히 거주지역 등에서 큰 편차가 발생하는 것으로 나타났다.

차별 이슈에 대해서는 성차별, 성적차별, 사회적 출신에 의한 차 별, 신체적 특성에 의한 차별, 나이로 인한 차별 등에 대해 문제제기 를 했고, 폭력 및 학대는 성인에 의한 폭력과 또래나 선후배에 의한 폭력으로 구분하여 설명했다. 특히 경제적 취약아동 집단에서 교사 나 선배에 의한 폭력이 다수 보고되었고, 장애아동은 또래 간 폭력 에 심각하게 노출되는 것으로 파악되었다.

마지막으로 사생활 보호는 개인정보, 공간 등으로 구분할 수 있 었다. 아동의 개인정보가 담긴 일기장, 휴대폰 등을 수시로 들여다 보거나 개인 일상에 대한 지나친 관심이 문제라는 지적도 많았으 며 공간의 경우에는 학업 등을 이유로 방문을 없애는 등의 문제도 있었다. 또한, 시설거주 아동의 경우 개인 소지품 등을 소유하는 데 어려움 등을 토로하기도 했다. 보고서에 담기지는 못했지만, 난민아동을 만나며 학교급식의 문제나 청소년 미혼모의 주거권 등의 이슈도 등장했다.

● 2010년 11월 – 12월

앞서 언급된 주요 내용으로 보고서가 작성되고, 번역과 감수를 거쳐 제네바에 보내고 난 뒤, 우리는 또 한 번 계획을 수정했다. 바로 2011년 2월에 있을 사전심의에 아동과 함께 직접 참여하여 대한민국 아동의 목소리를 유엔에 전달하는 것이었다. 이를 위해 1)가장 활발한 참여 집단, 2)기관 및 보호자의 협조가 원활한 집단, 3)보고서 내용을 포괄적으로 표현한 집단이라는 기준으로 보고과정에 참여한 아동들 중 제네바에 직접 갈 아동을 결정하는 과정을 거쳤다.

그리고 농촌지역에 거주하는 아동을 이러한 기준에 부합하는 집단으로 결정했다. 이에 합천 아동들을 서울로 초청하여 제네바 사전심의 과정을 소개하고, 아동대표의 역할과 선정방법을 안내했다. 그리고 아동들 간의 협의를 통해 최종적으로 배병우, 김윤희 두 명의 아동이 선정되었다.

함께 갈 아동들이 결정된 이후 남겨진 숙제가 하나 있었다. 바로 세이브더칠드런 임직원을 대상으로 아동보고서의 내용과 의미, 그리고 향후 과제에 대해 브리핑하는 것이었다. 그날 브리핑의 주요 내용은 다음과 같았다.

아동보고서의 장점 : 국내 최초의 아동보고서이며 인터넷 설문

조사, 인터뷰, 영상, 워크숍, 캠프 등 다양한 방법이 적용되었으며 기존 아동권리 교육활동뿐 아니라 다양한 연령과 특성에 적용 가능한 아동권리교육프로그램이 개발되었다는 것과 이를 통해 아동의 직접 참여를 유도할 수 있었다는 것.

아동보고서의 단점 : 준비 기간이 짧았기에 아동들이 권리에 대한 개념을 내재화하고 권리침해를 인식하고 대안을 찾는 과정 등에 다소 어려움이 있었으며, 유관기관 협조 등이 어려워 보다 다양한 특성을 지닌 아동을 만나지 못함. 그러다 보니 아동이나 아동집단의 대표성에 있어 한계가 있으며, 아동이 보고서 작성과정에 참여하지 못함.

이러한 단점을 보완하기 위해 필요한 과제는 첫째 지속성, 둘째 장기계획, 셋째는 다양한 미디어를 통한 소통과 정보제공이다. 여기서 말하는 지속성은 두 가지 측면에서 고려하여야 하는데, 일차적으로는 보고서 제출로 만족하는 것이 아니라, 심의 이후 최종견해의 내용을 분석하여 아동의 요구가 어느 정도 반영되었는지, 정부가 이를 어떻게 이행하는지를 확인하는 것이다. 두 번째로는 아동권리에 대한 인식조사 등을 정기적으로 실시하여 어떠한 추이로 변화가 생기는지를 장기적으로 분석해야 한다는 점이다. 장기계획은 참여 아동들이 협약이나 권리에 대해 충분히 이해하고 자신의 삶을 정당한 권리의 관점에서 보고 비판적 사고를 할 수 있도록 충분한 시간을 함께해야 함을 의미한다. 실제로 영국의 경우 Get Ready for Geneva란 이름으로 3년을 준비한 아동보고서가 제출되기도 했다. 마지막으로 소통과 정보제공은 협약이나 아동권리에 대한 전반적 인식이 너무 낮고, 일각에서는 부정적으로 바라보기도 하기에 보다 긍정적, 적극적으로 알리고 소통하기 위한 장을 웹사이트나 소셜미디어 등에 구축해야 함을 의미한다.

이러한 준비를 통해 아동보고서를 정기적으로 구성하고, '아동보고서 = 세이브더칠드런'이라는 브랜딩을 갖출 것을 권하기도 했다. 이를 구체적으로 추진하기 위해 권리 기반 교육훈련 프로그램 개발과 강사양성, 지속적으로 관련 활동을 지원할 수 있는 대학생 아동권리전문가 등의 활동 유지를 권했다. 또한, 협력기관 및 산하 시설에서의 관련 활동 추진, 국내외 학회 및 포럼 등을 통해 아동보고서 활동 홍보 및 해외 동향 파악을 제시했다.

● 2011년 1월 - 2월

2011년은 대한민국의 아동권리협약 비준 20주년이 되는 해였지만 국내에서 아동권리협약에 대한 인지도는 그리 높지 않았다. 더욱이 아동권리협약 이행을 위한 보고서 제출과 유엔아동권리위원회의 심의는 전혀 관심거리가 되지 못했다. 몇 년에 한 번 찾아오는 심의를 조금이라도 널리 알리고 아동보고서에 대한 대중의 관심을 촉진할 방안으로 기자회견을 준비하게 되었다.

기자회견은 2011년 1월 25일 프레스센터로 결정되었고, 기자회견을 준비하기 위한 사전미팅은 1월 11일에 진행했다. 기자회견에는 제네바행이 결정된 배병우, 김윤희와 연구진이 함께했으며, 연구진이 아동보고서 작성 취지와 진행과정, 주요내용 등을 설명했고 질의응답 시간을 가졌다. 회견장이 텅 비거나 기사가 보도되지 않으면 어떻게 할지 걱정도 많았지만 우려했던 것만큼은 아니어서 다행이었다. 그러나 처음으로 아동권리협약이나 국가심의에 대한 대중의 관심을 끌어올리기 위한 노력이 필요하다고 생각한 순간이었다. 덧붙여 설명하자면, 전 세계에서 최초로 유엔아동권리위원회의 심의를 생중계한 2011년 9월에도 웹캐스팅 소식을 몇 시간 전에 접한 다른 나라의 조회수가 한국보다 높았다. 우리나라에서 심의를 진행할 때, 사전에 공문과 이메일 등으로 여기저기 알렸던 경험은 협약과 심의에 대한 인지도를 높여야 한다는 나름의 사명으로 자리 잡게 된 계기였다.

유엔아동권리위원회의 심의절차는 사전심의와 본심의로 이루어진다. 사전심의는 국가보고서 제출 이후 대안보고서(Alternative Report)를 제출한 시민사회 관계자 등과 의견을 나누는 비공개 세션이고, 본심의는 사전심의 이후 정부와 위원회 간의 공개 세션이다. 시민사회에서 본심의에 참석할 수 있지만, 발언권을 갖지는 못하기에 사전심의는 가장 중요한 시민사회의 로비 기회이다. 위원회는 협약의 당사자인 아동의 목소리를 중요하게 고려하기 위해 사전심의 시간 중 별도로 보고서를 제출한 아동들과의 비공개 세션을 갖기도 한다.

우리나라의 사전심의는 2월 10일 오후 3시로 예정되었고, 아동들과 위원들의 미팅은 사전심의 직전인 1시 30분으로 계획되었다. 우리에게 주어진 시간은 1시간이었다. 1시간 동안 지난 1년간 만나온 다양한 아동들의 목소리를 효과적으로 전달해야 했다.

OHCHR 사무국과 위원회의 도움으로 아동보고서의 내용을 담아 낸 동영상을 회의장에서 상영했다. 그리고 두 아동의 발표가 있었다. 위원들은 영상의 내용에 깊은 관심과 우려를 표하며 아동들에게 여러 질문을 쏟아내었다. 우리는 위원들의 질문과 병우와 윤희의 대답을 통역하느라 정신이 없었지만, 그날의 대화에서 '도시와 농촌 간의 격차' '높은 교육열로 인하여 받는 스트레스와 놀이와 휴식을 위한 시간을 갖지 못하는 아동들의 현실'만큼은 분명히 각인시켰다는 느낌을 받았다.

그리고 2011년 9월 본심의 이후 채택된 대한민국 제3·4차 심의 최종견해 중 자원할당과 관련하여 "지역당국 및 지리적 위치에 따른 아동 간의 격차를 예방하기 위하여 중앙정부 및 지방자치단체 차원에서 아동권리 관점으로 재원배정을 평가하라"는 내용이, 교육과 놀이여가 클러스터에서는 '협약 제31조에 따라 여가, 문화 및 오락활동에 대한 아동의 권리를 보장하라'는 내용의 권고가 최초로 등장했다.

●   마무리하며

2011년 제출된 아동보고서는 국내에서 최초로 시도된 아동보고서라는 의미가 있다. 그리고 이러한 첫 시도가 있었기에 2019년 진행된 제5·6차 심의에서 다수의 아동보고서가 제출될 수 있었다고 생각된다. 물론 처음이다 보니, 보고서를 준비하는 과정이나 제출 후 심의를 준비하는 절차에서 아쉽고 부족한 부분이 많았다.

첫째로 아동의 목소리를 담은 보고서였지만, 작성과정에서 아동의 역할은 부재했다. 아동의 의견과 견해라는 재료를 활용하여 성인이 보고서를 작성했기에 진정한 아동보고서가 되기 위해서는 아동이 참여자이자 연구자로 함께해야 할 필요성이 있었다. 그리고 이를 위해서 참여 아동이 아동권리를 알고 이를 일상생활에 적용해 볼 수 있는 충분한 시간이 요구된다. 단기간의 워크숍이나 교육을 통한 내용도 충분히 의미 있지만, 일부의 경우에는 인권침해에 대한 경험이 지나치게 개인화하거나 인권의 실현을 욕망이나 욕심을 채우고자 하는 마음으로 분출되기도 했다.

둘째, 심의 전반에 대한 이해와 관심을 통해 이를 중요한 로비 기회로 활용할 필요성이 있었다. 아동들과의 제네바 사전심의 이후 본심의까지 아동보고서의 내용을 위원들에게 지속적으로 상기시키거나 본심의에서 이와 관련한 로비활동을 추진하는 등의 연속적인 활동이 없었다. 감사하게도 이러한 노력 없이도 아동들의 바람을 권고사항에 담아주었지만, 위원들을 대상으로 한 지속적 노력과 로비가 있었다면 보다 구체적이고 다양한 권고사항이 나왔으리라 생각된다. 이를 위하여는 아동보고서 외에도 시민사회보고서를 제출한 다양한 NGO들 간의 협력이 요구된다.

셋째, 함께하는 기관들의 이해도 역시 중요하며, 충분한 소통과 이해를 기반으로 한 협력은 그 과정과 결과에 있어 분명한 차이가 발생한다는 점이다. 본 아동보고서 프로젝트를 진행하며 아동들과의 만남을 주선해준 기관들에 프로젝트의 목표인 보고서와 심의에 대해 일일이 설명하는 것도 쉽지 않았고, 권리교육에 참여한 아동들이 권리를 주장하기 시작하자 난색을 표하는 관계자들도 있었다. 아동보고서는 아동권리협약을 근거로 이미 제시된 보고서 작성 지침과 절차를 준용하는 것이 중요하기에 이에 대한 동일한 이해와 관점을 보유한 파트너들과 함께하는 것은 매우 중요하다.

지난 십 년간 파트너가 많아지고 있었다는 것은 참 감사한 일이다. 앞으로의 십 년은 보고서 작성이 아니라 보고서에 담긴 아동들의 권고가 실현되는 일이 더 많아지길 소망해본다.

아동이 주도하는 진짜 아동보고서

●   차일드 보이스 프로젝트

첫 아동보고서 제출 뒤 가장 아쉬웠던 점은 아동이 단순히 정보제공원이 아닌 보고서 작성의 주체가 되지 못했다는 것이었다. 영국의 CREA가 2008년 제출한 보고서는 3년의 준비 기간을 거쳐 전국에서 모인 13명의 아동이 직접 조사하고 보고서를 집필했다는 것을 알고 있었기에 우리도 아동에 의한 아동보고서를 준비하고 싶다는 마음을 늘 품고 있었다.

몇 년의 시간이 흐른 2014년, 우연히도 유니세프한국위원회와 초록우산 어린이재단에서 직원들을 대상으로 아동권리교육을 진행하게 되었다. 각 기관에서 교육을 기획하고 추진한 담당자였던 황혜영 팀장(유니세프한국위원회)과 이선영 팀장(초록우산어린이재단)은 과거 오선영 팀장이 그러했듯이 '아동에 의한 아동보고서 프로

아동권리 스스로 지킴이 협약식

젝트'에 관심을 보였고, 그렇게 우린 함께 프로젝트를 기획하게 되었다. 여러 차례 논의를 거치고, 2018년으로 예상되는 대한민국 제5·6차 아동권리협약 심의에 제출될 아동보고서를 작성하기 위한 프로젝트가 수면 위로 떠올랐다.

'아동권리 스스로 지킴이', 영문으로 'Child Voice' 프로젝트는 2015년 1월 27일 국제아동인권센터, 유니세프한국위원회, 초록우산 어린이재단 세 기관의 대표가 모여 협약식을 개최하게 되었다.

아동권리 스스로 지킴이는 처음에 전국을 6개 권역(강원, 경상, 수도권, 전라, 제주, 충청)으로 나누고 1년에 2개 권역씩 아동인권워크숍을 포함한 아동원탁토론, 지역활동, 발표회의 형태로 기획되었다. 그러나 첫해 진행 결과, 하루 동안 진행되는 아동인권워크숍과 원탁토론으로는 아동권리협약의 내용을 비롯하여 아동권리에 대한 관점을 내재화하거나 지역활동을 계획하는 데 시간적 제약이 있다고

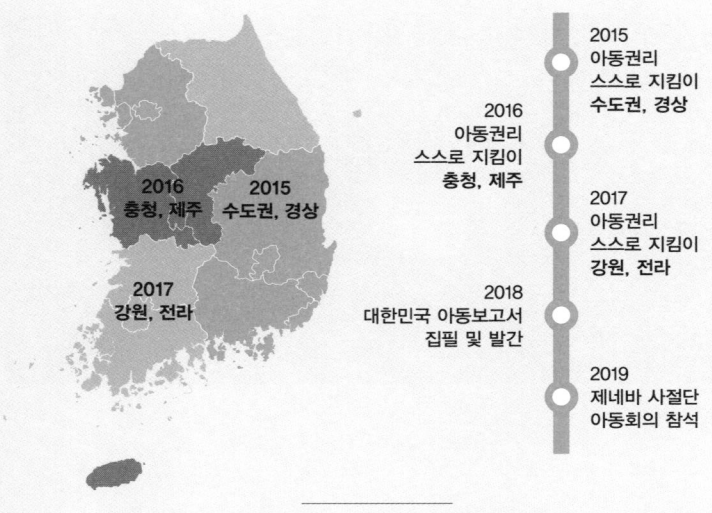

2015
아동권리
스스로 지킴이
수도권, 경상

2016
아동권리
스스로 지킴이
충청, 제주

2017
아동권리
스스로 지킴이
강원, 전라

2018
대한민국 아동보고서
집필 및 발간

2019
제네바 사절단
아동회의 참석

2016
충청, 제주

2015
수도권, 경상

2017
강원, 전라

아동권리 스스로 지킴이, 5년의 여정

판단하여 2차년도부터는 1박 2일의 캠프로 대체하게 되었다.

또한, 3년간의 권역별 사업을 진행하는 동안 먼저 활동을 마친 지역에서 꾸준한 활동을 통해 아동보고서 작성을 위한 기틀을 조성하고자 권역별 활동을 종료한 후, 자발적 참여자들을 중심으로 지속적 활동을 이어갈 수 있도록 조력했다. 이는 널리 알려진 하트(Hart)의 참여사다리 모델[213]을 적용한 것으로 2년 차에는 성인의 조력 없이, 3년 차에는 예산수립과 지출 등의 권한도 모두 아동이 주도할 수 있도록 설계했다. 참고로 하트는 참여사다리 모델을 통해 아동의 주체적 참여와 주도적 의사결정 역량을 강조하며 8단계의 참여 수준 중 가장 높은 7-8단계를 아동이 주도하고 감독하는 것과 아동주도로 성인과 의사결정을 공유하는 것으로 제시하고 있다.

아동권리 스스로 지킴이 사업은 우리나라의 제5·6차 심의 일정이 늦춰지면서 3년에서 4년으로, 제네바 사전심의 참여까지 확대되며 5년으로 사업기간이 늘어나게 되었다. 5년의 여정을 정리해보면 다음과 같다.

첫해인 2015년에는 아동권리 스스로 지킴이 토론회로 권역별 활동을 시작했다. 수도권 106명, 경상권 90명의 아동들이 참여했고, 수도권은 차별 없는 세상, 경상권은 폭력 없는 세상을 주제로 선정하여 지역별 모둠활동을 진행했다. 2차 년도인 2016년에는 충청권 74명이 차별 없는 세상을 주제로, 55명이 제주권에서 놀 수 있는 세상을 위해 활동을 진행했다. 여기에 1차 년도 수도권과 경상권에서 활동한 아동 중 29명이 성인 조력자 없이 아동주도로 지역별 옹호활동을 진행했다. 2017년에는 강원과 전라에서 권역별 활동이 이루어졌다. 강원권은 49명, 전라권은 43명의 아동이 차별 없는 세상을 주제로 활동을 진행했고, 1차 년도부터 활동한 아동 1모둠, 2차 년도 활동을 마친 충청과 제주권 아동 3모둠, 모두 33명의 아동이 활동을 이어갔다.

● **아이들이 직접 아동보고서를 집필하다**

4차 년도인 2018년을 맞이하여 그동안 활동에 참여한 아동 500여 명에게 아동보고서 집필의 의미와 방식 등을 알리고 집필에 참여할 아동을 모집했다. 이중 아동권리협약에 대한 이해나 자발적 참여의지, 지역 및 연령 등의 다양성을 고려하여 최종적으로 23명의 아동이 집필진으로 구성되었다. 아동보고서 집필을 위한 연간 일정은 다음과 같이 진행되었다.

날짜	활동 내용
2018.1.23-26.	제1차 집필진 워크숍
2018.2.25.	설문지 작성 및 검토를 위한 소그룹 워크숍
2018.3-5월	온/오프라인 설문조사 진행
2018.5.12-13.	중간공유회
2018.6.13.	편집팀 워크숍
2018.7.24-27.	제2차 집필진 워크숍
2018.8-10월	아동보고서 발간 및 홍보 준비
2018.10	유엔아동권리위원회 아동보고서 제출
2018.11.21.	아동보고서 발간 기자회견 및 인터뷰
2018.11.24.	아동보고서 발간회
2018.12	아동보고서 배포 및 제네바사절단 선발

집필진은 보고서의 주제선정, 설문문항 개발, 설문실시, 분석, 집 필, 편집, 디자인, 번역 등의 모든 작업을 직접 진행했다. 집필이 일 단락된 이후에는 번역팀, 디자인팀, 홍보팀, 발간회팀으로 나누어 보고서의 완성도를 높이고 대중에게 알리는 역할까지 직접 수행했 다. 전국적으로 흩어져 있는 집필진들은 밀도 있는 논의가 필요한 경우에는 방학을 이용한 합숙워크숍을 진행했지만, 평상시에는 구 글 클래스룸이나 구글 스프레드시트 등을 활용하여 작업을 진행했 다. 성인 조력자들은 다소 전문적 기술이 필요한 설문분석이나 번 역, 책자편집 등의 작업을 지원하는 정도의 역할을 맡았다.

아동보고서는 1,472부의 설문조사와 인터뷰, 과거 아동권리 스 스로 지킴이 활동 결과물 등을 포괄적으로 분석하여 '교육으로 고 통받는 아동'이라는 제목으로 완성되었다. 보고서에서는 과도한 교 육열로 인한 건강과 휴식, 여가의 부족, 시민적 권리와 자유의 제한,

아동권리 스스로 지킴이 아동보고서 집필진 (2018년 11월 21일자 〈경향신문〉)

학업스트레스나 과도한 사교육과 같은 문제를 낳는 공교육 문제, 지역이나 특성에 따라 심화되고 있는 교육격차, 그리고 성적위주로만 평가하는 입시제도의 문제점을 다루었다.

11월 1일 아동보고서를 유엔아동권리위원회에 제출한 뒤, 11월 21일 국회 정론관에서 기자회견, 11월 24일 동대문디자인플라자에서 발간회를 통해 대중에게 보고서 발간 소식뿐 아니라 구체적인 보고서의 내용을 알리기 위해 노력했다. 이후에는 집필진들 중 직접 제네바에 가서 유엔아동권리위원회 위원들을 만나 대한민국 아동인권의 현 상황을 전달할 제네바 사절단을 선정했다.

제네바 사절단은 15세-18세 사이의 아동 총 4명으로 구성되었고, 아동회의(Children's meeting)에서 유엔아동권리위원회에게 공유할 핵심 메시지를 준비하기 위해 총 4번의 워크숍을 진행했다. 워크숍에서는 아동보고서에 기반하여 유엔아동권리위원회에 전달할 주요 쟁점 사항 정리, 유엔아동권리위원회 예상 질문 선정 및 답변 준

아동회의에 참석한 제5·6차 아동보고서 집필진 (제네바 팔레 윌슨)

비, 모의 아동회의 등을 수행했다. 아동회의는 2019년 2월 7일 오전 9시부터 10시까지 진행되었고, '아동권리 스스로 지킴이' 집필진뿐 아니라 아동보고서를 작성한 다른 두 단체의 아동대표들도 함께했다. 4명의 제네바 사절단은 사전에 내용을 직접 작성하고 발언 연습을 해온 핵심메시지를 통해 '대한민국의 아동들이 어떠한 삶을 살고 있는지' '권리를 향유하지 못하는 이유가 무엇인지'를 차분하지만 강한 어조로 유엔아동권리위원에게 전달했다. 핵심 메시지 내용을 들은 위원들은 '교육으로 고통받고 있는 대한민국 아동의 현실'에 깊은 관심을 보였고, 학교 시스템뿐 아니라 사회 전반이 경쟁을 바탕으로 이루어진다는 점, 그 속에서 아동이 쉬고 놀 시간 없이 쳇바퀴 같은 삶을 살고 있다는 점에 큰 충격을 표했다.

아동회의에서 전달된 이러한 아동의 의견은 2019년 9월, 대한민국 정부 본심의의 주요 참고자료로 사용되었고, 보다 많은 사람이 대한민국 정부 본심의에 함께할 수 있도록 유튜브를 통해 생중계되었다. 2019년 9월 본심의 이후 채택된 대한민국 제5·6차 심의 최종견해 중 교육, 여가 및 문화 활동 클러스터에서 "적절한 교육 및 교육목표 달성을 통한 아동권리 보장"이 필요하며, '사교육 의존도를 줄이고, 모든 학교가 공교육 정상화 촉진 및 선행교육 규제에 관한 특별법을 지키는지 감시하기' '학업성적에 따른 차별을 포함한 학교 내 차별을 예방하고 없애기'에 대한 내용의 권고가 등장했다.

5년, 결코 짧지 않은 시간 동안 진행된 지킴이는 어쩌면 무모한 도전이었을지도 모른다. 서울에서 제주까지, 인천에서 강릉까지, 전국에서 현재를 살아가고 있는 아동들의 목소리를 담아내는 것. 아니 담아내는 것이 아니라 스스로의 목소리로 외치는 것을 기다릴 수 있는 것. 주입식, 일방적 교육에 익숙한 우리 모두가 능동적이고 독립적 주체가 되어가는 과정은 어쩌면 그 정도의 시간은 필요했던 것일지도 모른다.

● 아동을 대하는 수준이 그 사회의 수준이다

넬슨 만델라가 자주 인용하던 아프리카 속담이 있다. '빨리 가려면 혼자 가고, 멀리 가려면 함께 가라(If you want to fast, go alone. If you want to far, go together).' 5년의 여정은 함께하는 이들이 없었다면 불가능했을 것이다. 그것도 한 기관이 아닌 세 개의 기관이 오로지 아동권리, 아동참여라고 하는 가치에 매달려 참 비효율적으로 함께했다. 아동보고서 집필에 참여했던 한 아동은 "우리가 쓴 이 보고서는 다른 보고서와 다르다고 생각합니다. 존중받는 게 뭔지 잘 모르던 아이들이 직접 존중을 받아보고 서로 나누고, 그걸 바탕으로 우리가 원하는 사회를 쓴 것이 이 보고서이기 때문입니다"라고 말했다. 이 이야기를 접하며 언뜻 보기에는 비효율적이었던 이 사업은 아마도 가장 효과적인 사업이었다는 생각이 든다.

아동권리 스스로 지킴이 활동은 아동을 위한 활동을 아동과 함께하고자 끊임없이 고민하는 과정이었다. 성인이 구상한 활동에 아동이 참여하는 것에서 시작하여, 점차 아동이 주도적으로 참여하는 비율을 늘려 궁극적으로는 아동과 성인의 동등한 의사결정 과정을 통해 활동이 진행되는 것을 목표로 했다. 그러나 현실은 '연령'에 기반하여 아동과 성인이 공동의 목표를 수행하는 동반자, 동료가 된다는 것이 생각보다 단순한 일이 아님을 느꼈던 과정이었다. 사회적으로 자연스럽게 형성된 연령에 의한 힘의 관계가 작동되지 않기를, '성인의 말이 답이 되지 않기를' 바라며 머리를 맞대고 고민해온 과정은 조금씩 그 힘의 관계를 변화하게 하는 힘이 되었다. 아동권리 스스로 지킴이가 4년간 쌓아온 경험과 노하우를 바탕으로 아동의 권리증진과 보호를 위해 애쓰는 모든 이들과 자신의 일상에 변화를 만들고 싶어 하는 아동을 위해, 아동권리옹호 활동의 모든 과정을 담은 CLAP을 제작했다. 두 손바닥이 마주쳐야 소리가 나듯 CLAP은 아동이 권리주체자로서 다양한 관계자들과 함께 손을 마주치며 아동권리옹호 활동을 펼쳐나가기를 기대하는 마음을 담은 것이다.

이 프로젝트의 공식적 시작을 알렸던 협약식에서 이양희 대표께서 전하신 인사말 중 일부로 이 글을 마무리하려고 한다.

"아동과 함께 일한다는 것은 결코 쉽지 않습니다. 아이들을 서비스 대상자나 수혜자로 생각한다면 결코 아이들과 함께 일할 수 없습니다. 이번 아동권리 스스로 지킴이 사업은 아이들의 직·간접적인 참여증진뿐 아니라 우리 사회가 아동을 바라보는 인식에 있어 큰 변화의 바람을 불러일으킬 것이라 기대됩니다. 또한 우리 스스로에게도 아동과 함께 일한다는 것이 무엇인지에 대해 성찰할 수 있는 좋은 기회가 될 것이라 생각합니다. 아동을 대하는 수준이 그 사회의 수준을 보여준다는 이야기가 있습니다. 이 아동권리 스스로 지킴이는 우리 사회의 수준을 향상시키는 데 기여할 것이라 확신합니다."

5년이 지나고 나니 이 이야기가 정말 현실로 이루어졌다는 생각이 든다. 이제 5년 뒤 제출될 또 다른 아동들의 보고서'들'을 기대하며, 글을 마친다.

인터뷰 참여자 약력

구삼열

(전) 대통령직속 국가브랜드위원회 위원장

(전) 한국 Arirang TV 사장

(전) 유엔본부 진흥섭외국장, UN 50주년행사 총괄국장

(전) 유니세프 의회담당 조정관

(전) 유니세프 주일본 대표(주한대표겸임)

(전) 미국 AP 통신사 뉴욕본부 편집인, 유엔 특파원, 유럽 특파원(로마상주)

김승권

(전) 한국보건사회연구원 사회정책연구본부장

(전) 한국아동권리모니터링센터 소장

(전) 전남복지재단 대표이사(2대)

(전) 숙명여자대학교 대학원 아동복지학과 겸임교수

(전) 한국방송공사(KBS) 객원해설위원

김영지

한국청소년정책연구원 선임연구위원

미래를여는청소년학회 이사

한국청소년복지학회 이사

(전) 국가인권위원회 아동인권전문위원회 위원

(전) 국가인권위원회 인권교육전문위원회 위원

● **김윤희**

(전) 한국 아동권리협약 이행 제3·4차 아동보고서 집필진

● **김인숙**

국제아동인권센터 아동인권교육훈련연구소 소장

(전) 서울시 어린이 · 청소년 인권위원회 부위원장

(전) 유엔아동권리협약 한국 NPO연대 사무국장

(전) 세이브더칠드런코리아 부회장

(전) 수서종합사회복지관 관장

● **김희경**

(전) 여성가족부 차관

(전) 문화체육관광부 차관보

(전) 이주배경청소년지원재단 이사

(전) 세이브더칠드런 사업본부장

(전) 동아일보 기자

● **박동은**

(전) 한국아동단체협의회 회장

(전) 유엔아동권리협약 한국 NPO연대 회장

(전) 유니세프한국위원회 부회장

(전) 유니세프한국위원회 사무총장

(전) 유니세프한국사무소 대외담당관
(전) 대한가족계획협회 홍보부장

● **배병우**

(전) 한국 아동권리협약 이행 제3·4차 아동보고서 집필진

● **송상현**

서울대학교 명예교수

(전) 유니세프한국위원회 회장

(전) 국제형사재판소(ICC) 초대 재판관·재판소장

(전) 서울대학교 법과대학 교수

● **안동현**

한양대학교 명예교수

동심아동연구소 대표

Asia Forum for Children's Right co-chair

(전) 한양대학교 의과대학 교수

(전) 한국아동권리학회 회장 역임

(전) 한국아동학대예방협회 부회장 역임

- **이양희**

  국제아동인권센터 이사장

  성균관대학교 아동청소년학과 교수

  (전) 유엔 미얀마 인권특별보고관

  (전) 유엔 아동권리위원회 위원

- **이호균**

  사회복지법인 굿네이버스 대표이사

  한국아동권리학회 고문

  (전) 국가인권위원회 아동인권전문위원

  (전) 보건복지부 아동정책실무위원

  (전) 한국아동권리모니터링센터장

  (전) 중앙아동보호전문기관장

- **정인섭**

  서울대학교 명예교수

  (전) 서울대학교 법과대학 교수 역임

  (전) 국가인권위원회 위원

  (전) 대한국제법학회 회장

  (전) 인권법학회 회장

유엔아동권리협약

Convention on the Rights of the Child

1989년 11월 20일 유엔총회에서 채택, 1990년 10월 2일부터 국제법으로서 효력 발생

전문

협약의 당사국들은 다음의 전제에 동의해 유엔아동권리협약의 조항에 합의했다.

유엔헌장의 원칙에 따라 세계 평화와 정의, 자유의 성취는 모든 인류의 존엄성 및 평등하고 절대적인 권리를 인정하는 데 달려 있음을 고려한다.

유엔 체제하의 모든 국민들이 인권과 인간의 존엄성에 대한 신념을 유엔헌장에서 재확인하는 한편 충분한 자유를 보장받는 가운데 사회발전과 생활수준 향상을 촉진하기로 결의했음을 유념한다.

유엔이 세계인권선언과 국제인권규약을 통해 모든 사람은 인종, 피부색, 성별, 언어, 종교, 정치적 의견, 민족적·사회적 출신, 재산, 태생, 신분 등의 차별 없이 이 선언과 협약에 규정된 모든 권리와 자유를 누릴 수 있음을 선언하고 동의했음을 인정한다.

아동기에는 특별한 보호와 도움을 받을 권리가 있음을 천명한 유엔 세계인권선언을 상기한다.

가정은 사회의 기본적인 집단이며 특히 아동의 발달과 행복을 위한 천연의 환경이므로 공동체 안에서 가정이 본연의 책임을 다 할 수 있도록 보호와 도움을 받아야 함을 확신한다.

조화로운 인격 발달을 위해 아동은 가족적인 환경과 행복, 사랑과 이해 속에서 성장해야 함을 인정한다.

아동은 사회인으로서 삶을 살아가기 위한 충분한 준비를 해야 하며, 유엔헌장이 선언한 평화·존엄·관용·자유·평등·연대의 정신 속에서 성장해야 함을 고려한다.

아동에 대한 특별한 보호의 필요성은 1924년 아동권리에 관한 제네바선언과 1959년 11월 20일 유엔총회가 채택한 아동권리선언에 명시되어 있으며, 세계인권선언, 시민적·정치적 권리에 관한 국제규약(특히 제23조 및 제24조), 경제적·사회적·문화적 권리에 관한 국제 규약(특히 제10조) 및 아동의 복지와 관련된 전문기구와 국제기구의 규정 및 관련문서에서 인정되었음을 유념한다.

아동권리선언이 명시하는 바와 같이, "아동은 신체적·정신적으로 미성숙하므로 출생 이전부터 아동기를 마칠 때까지 적절한 법적 보호를 비롯해 특별한 보호와 배려가 필요하다"는 점에 유념한다.

국내외 가정위탁과 입양문제를 명시한 '아동의 보호와 복지에 관한 사회적·법적 원칙에 관한 선언'의 제규정, '소년법 운영을 위한 유엔 최소 표준규약(베이징규칙)' 및 '비상시 및 무력 충돌시 여성과 아동의 보호에 관한 선언'을 상기하고, 세계의 모든 국가에는 매우 어려운 상황에서 생활하는 아동들이 있으며, 이 아동들을 특별히 배려해야 함을 인정한다.

아동의 보호와 조화로운 발달을 위해 각 민족의 전통과 문화적 가치의 중요성을 충분히 고려하고, 모든 국가, 특히 개발도상국 아동의 생활여건 향상을 위한 국제협력의 중요성을 인정한다.

8 유엔아동권리협약과 선택의정서

★ 부록으로 소개하는 국문 아동권리협약은 유엔아동권리협약 한국NPO연대가 번역한 자료입니다.

제 1 부

제 1 조
아동의 범위는 특별히 따로 법으로 정하지 않는 한 18세 미만까지로 한다.

제 2 조
1. 협약의 당사국(이후 '당사국'이라 한다)은 아동이나 그 부모, 후견인의 인종, 피부색, 성별, 언어, 종교, 정치적 의견, 민족적·인종적·사회적 출신, 재산, 장애여부, 태생, 신분 등의 차별 없이 이 협약에 규정된 권리를 존중하고, 모든 아동에게 이를 보장해야 한다.
2. 당사국은 아동이 부모나 후견인 또는 다른 가족의 신분과 행동, 의견이나 신념을 이유로 차별이나 처벌을 받지 않도록 모든 적절한 조치를 취해야 한다.

제 3 조
1. 공공·민간 사회복지기관, 법원, 행정당국, 입법기관 등은 아동과 관련된 활동을 함에 있어 아동에게 최상의 이익이 무엇인지 가장 먼저 고려해야 한다.
2. 당사국은 아동의 부모, 후견인 및 기타 아동에 대해 법적 책임이 있는 자의 권리와 의무를 고려해 아동복지에 필요한 보호와 배려를 보장하고, 이를 위해 입법적, 행정적으로 모든 적절한 조치를 취해야 한다.
3. 당사국은 아동 보호의 책임을 지는 기관과 시설이 관계당국이 설정한 기준, 특히 안전과 위생분야, 직원의 수와 자질, 관리와 감독의 기준을 지키도록 보장해야 한다.

제 4 조
당사국은 이 협약이 명시한 권리의 실현을 위해 입법적, 행정적 조치를 비롯해 모든 적절한 조치를 취해야 한다. 경제적·사회적·문화적 권리 보장을 위해 당사국은 최대한 자원을 동원해야 하며 필요한 경우 이를 국제협력의 관점에서 시행해야 한다.

제 5 조
당사국은 아동이 이 협약이 명시한 권리를 행사함에 있어 부모나 현지관습에 의한 확대가족, 공동체 구성원, 후견인 등 법적 보호자들이 아동의 능력과 발달정도에 맞게 지도하고 감독할 책임과 권리가 있음을 존중해야 한다.

제 6 조
1. 당사국은 모든 아동이 생명에 관한 고유의 권리를 가지고 있음을 인정한다.
2. 당사국은 아동의 생존과 발달을 최대한 보장해야 한다.

제 7 조
1. 아동은 출생 후 즉시 등록되어야 하며, 이름과 국적을 가져야 하며, 가능한 한 부모가 누구인지 알고 부모에 의해 양육 받아야 한다.

2. 당사국은 국내법 및 관련 국제문서상의 의무에 따라 아동이 이러한 권리를 누릴 수 있도록 보장해야 하며, 국적 없는 아동의 경우 보다 특별한 보장을 해야 한다.

제 8 조

1. 당사국은 이름과 국적, 가족관계 등 법률에 의해 인정된 신분을 보존할 수 있는 아동의 권리를 존중해야 한다.
2. 아동이 자신의 신분요소 중 일부나 전부를 불법적으로 박탈당한 경우 당사국은 해당 아동의 신분을 신속하게 회복하기 위해 적절한 원조와 보호를 제공해야 한다.

제 9 조

1. 당사국은 법률 및 절차에 따라서 사법당국이 부모와의 분리가 아동에게 최상의 이익이 된다고 결정한 경우 외에는, 아동이 자신의 의사에 반해 부모와 떨어지지 않도록 보장해야 한다. 이러한 결정은 부모에 의한 아동 학대나 유기, 부모의 별거로 인한 아동의 거취 결정 등 특별한 경우에 필요할 수 있다.
2. 이 조 제1항의 규정을 시행하는 절차에 있어 모든 이해당사자는 자신의 의견을 표명할 기회를 가져야 한다.
3. 당사국은 아동의 이익에 반하는 경우 외에는, 부모의 한 쪽이나 양 쪽 모두로부터 떨어진 아동이 정기적으로 부모와 관계를 갖고 만남을 유지할 권리를 존중해야 한다.
4. 부모나 아동의 감금, 투옥, 망명, 강제퇴거 또는 사망(당사국이 억류하고 있는 동안 사망한 경우 포함)등과 같이 당사국이 취한 조치로 인해 아동과 부모가 분리된 경우, 당사국은 아동에게 해롭지 않다고 판단되는 정보 제공 요청이 있을 때 부모나 아동, 다른 가족에게 부재중인 가족의 소재에 관한 필요적인 정보를 제공해야 한다. 또한 당사국은 그러한 요청 의뢰가 관련자에게 불리한 결과를 초래하지 않도록 보장해야 한다.

제 10 조

1. 제9조 제1항에 규정된 의무에 따라 가족의 재결합을 위해 아동이나 그 부모가 당사국에 입국이나 출국 신청을 했을 경우 당사국은 이를 긍정적이며 인도적인 방법으로 신속히 처리해야 한다. 또한 이러한 요청이 신청자와 그 가족에게 불리한 결과를 초래하지 않도록 보장해야 한다.
2. 부모가 다른 나라에 거주하는 아동은 예외적인 상황 외에는 정기적으로 부모와 개인적 관계를 갖고 만남을 유지할 권리를 가진다. 따라서 협약 제9조 제2항에 규정된 당사국의 의무에 따라, 당사국은 아동과 그 부모가 본국을 비롯한 어떠한 국가로부터도 출국할 수 있는 권리를 존중해야 하며, 본국으로 입국할 수 있는 권리 또한 존중해야 한다. 이러한 권리는 법률에 의해 규정되어야 하며 이 권리의 제한은 협약이 인정하는 다른 권리와 부합되는 범위에서 국가안보와 공공질서, 공중보건, 도덕, 타인의 권리와 자유를 보호하기 위한 때에만 가능하다.

제 11 조

1. 당사국은 아동이 불법으로 해외 이송되거나 본국으로 돌아오지 못하게 되는 상황을 막기 위해 적절한 조치를 취해야 한다.
2. 이 목적을 위해 당사국은 양자 또는 다자간 협정을 체결하거나 기존 협정에의 가입을 추진해야 한다.

제 12 조

1. 당사국은 자신의 의견을 형성할 능력을 갖춘 아동에게는 본인에게 영향을 미치는 모든 문제에 대해 자유롭게 의견을 표현할 권리를 보장하고, 아동의 나이와 성숙도에 따라 그 의견에 적절한 비중을 부여해야 한다.
2. 이 목적을 위해 당사국은 아동에게 영향을 미치는 사법적 · 행정적 절차를 시행함에 있어 아동이 직접, 또는 대리인이나 적절한 기관을 통해 의견을 진술할 기회를 국내법 준수의 범위 안에서 갖도록 해야 한다.

제 13 조

1. 아동은 표현할 권리를 가진다. 이 권리는 말이나 글, 예술형태 또는 아동이 선택하는 다양한 매체를 통해 국경과 관계 없이 모든 정보와 사상을 요청하며 주고 받을 수 있는 자유를 포함한다.
2. 이 권리의 행사는 일정한 제한을 받을 수 있다. 다만 이 제한은 오직 법률에 의해 규정되어야 하며 다음 사항을 위해 필요한 것이어야 한다.
   가. 타인의 권리 또는 명성 존중
   나. 국가안보, 공공질서, 공중보건, 도덕의 보호

제 14 조

1. 당사국은 사상 · 양심 · 종교의 자유에 대한 아동의 권리를 존중해야 한다.
2. 당사국은 아동이 이러한 권리를 행사함에 있어 부모나 후견인이 아동의 능력 발달에 맞는 방식으로 아동을 지도할 권리와 의무를 존중해야 한다.
3. 종교와 신념을 표현하는 자유는 법률에 의해 규정되어야 하며 공공의 안전, 질서, 보건이나 도덕 또는 타인의 기본권과 자유를 보호하기 위해 필요한 경우에만 제한될 수 있다.

제 15 조

1. 당사국은 결사의 자유와 평화적 집회의 자유에 대한 아동의 권리를 인정한다.
2. 민주사회의 법체계 안에서 국가안보나 공공의 안전, 공공질서, 공중보건과 도덕의 보호 또는 타인의 권리와 자유의 보호를 위해 필요한 경우 외에는 이 권리의 행사에 어떠한 제한도 가해서는 안 된다.

제 16 조

1. 아동은 사생활과, 가족, 가정, 통신에 대해 자의적이거나 불법적인 간섭을 받지 않으며 또한 명예나 명성에 대해 불법적인 공격을 받지 않는다.
2. 아동은 이러한 간섭이나 공격으로부터 법적인 보호를 받을 권리가 있다.

제 17 조

당사국은 대중매체의 중요한 기능을 인정해 아동이 특히 자신의 사회적 · 정신적 · 도덕적 복지와 신체적 · 정신적 건강의 향상에 도움이 되는 국내외 정보와 자료에 접근할 수 있도록 보장해야 한다.
이 목적을 위해 당사국은,

가. 대중매체가 사회적·문화적으로 유익하고 제29조의 정신에 부합되는 정보와 자료를 아동에게 보급하도
   록 장려해야 한다.
나. 문화적, 국내적, 국제적으로 다양한 정보와 자료를 제작·교류·보급함에 있어 국제협력을 장려해야
   한다.
다. 아동도서의 제작과 보급을 장려해야 한다.
라. 대중매체가 소수집단이나 원주민 아동이 겪는 언어상의 어려움에 특별한 관심을 기울이도록 장려해야
   한다.
마. 제13조와 제18조의 규정을 유념해 아동복지에 유해한 정보와 자료로부터 아동을 보호하기 위해 적절한
   지침을 개발하도록 장려해야 한다.

제 18 조
1. 당사국은 아동의 양육과 발달에 있어 양 쪽 부모가 공동책임을 진다는 원칙이 공인받을 수 있도록 최선의
   노력을 기울여야 한다. 부모 또는 경우에 따라 법정후견인은 아동의 양육과 발달에 일차적 책임을 지며 그
   들은 기본적으로 아동에게 무엇이 최상인가에 관심을 가져야 한다.
2. 이 협약에 규정된 권리의 보장과 증진을 위해 당사국은 아동에 대한 양육 책임을 잘 이행할 수 있도록 부
   모와 법정후견인에게 적절한 지원을 제공해야 하며, 아동 보호를 위한 기관과 시설, 서비스가 발전할 수
   있도록 보장해야 한다.
3. 당사국은 취업부모의 자녀들이 아동보호시설과 서비스의 혜택을 받을 권리를 보장하기 위해 모든 적절한 조
   치를 취해야 한다.

제 19 조
1. 당사국은 아동이 부모나 법정후견인, 다른 보호자로부터 양육되는 동안 모든 형태의 신체적·정신적 폭
   력, 상해나 학대, 유기, 부당한 대우, 성적인 학대를 비롯한 착취로부터 아동을 보호하기 위해 모든 적절한
   입법적·행정적·사회적·교육적 조치를 취해야 한다.
2. 이러한 보호조치 속에는 아동 및 아동의 양육책임자에게 필요한 지원을 제공하기 위한 사회계획의 수립과
   이 조 제1항에 규정된 아동학대사례에 대한 다른 형태의 방지책, 학대사례를 확인·보고·조회·조사·처
   리·추적하고 필요한 경우 사법적 개입이 가능한 효과적인 절차가 포함되어야 한다.

제 20 조
1. 일시적 또는 영구적으로 가정을 박탈 당했거나 아동에게 이롭지 않은 가정환경으로 인해 가정으로부터 분리
   된 아동은 국가로부터 특별한 보호와 원조를 부여받을 권리가 있다.
2. 당사국은 국내법에 따라 이러한 아동을 위한 대안적 보호방안을 확립해야 한다.
3. 이러한 보호는 위탁양육, 회교법의 카팔라(Kafalah, 빈곤아동, 고아 등을 위한 회교국의 위탁양육방법), 입
   양, 필요한 경우 적절한 아동보호시설에서의 양육까지를 포함한다. 양육 방법을 모색할 때는 아동이 지속적
   으로 양육될 수 있는가 하는 점과 아동의 인종적·종교적·문화적·언어적 배경을 중시해야 한다.

제 21 조

입양제도를 인정하는 당사국은 아동의 이익이 가장 먼저 고려되도록 보장해야 하며 또한

가. 아동의 입양은 적용 가능한 법과 절차에 따라 적절하고 신빙성 있는 정보에 기초해 이루어져야 하며 관계당국에 의해서만 허가되도록 보장해야 한다. 관계당국은 부모나 친척, 후견인과 관련된 아동의 신분상 태를 고려해 입양의 허용여부와 필요한 경우 부모나 친척 등 관계자들이 협의해 입양에 대한 분별있는 동의를 했는가 하는 점을 결정한다.

나. 해외입양은 아동이 위탁양육자나 입양가족을 구하지 못했거나 모국에서는 적절한 방법으로 양육될 수 없 는 경우 아동양육의 대체수단으로 고려될 수 있음을 인정해야 한다.

다. 해외입양아가 국내입양아에게 적용되는 보호와 기준을 동등하게 누릴 수 있도록 보장해야 한다.

라. 해외입양의 경우 양육지정이 입양관계자들에게 부당한 금전적 이익을 주는 결과가 되지 않도록 모든 적 절한 조치를 취해야 한다.

마. 적절한 상황이 되면 양자 또는 다자간 약정이나 협정을 체결해 이 조의 목적을 촉진시키며, 그러한 체제 안에서 아동에 대한 해외에서의 양육지정이 관계당국이나 기관에 의해 이루어지도록 노력해야 한다.

제 22 조

1. 당사국은 난민의 지위를 요청하거나 적용가능한 국제법이나 국내법, 다른 절차에 따라 난민으로 규정된 아동이 부모나 다른 보호자의 동반 여부와는 관계없이 이 협약 및 해당국가의 국제인권/인도주의 관련 문 서에 규정된 권리를 누림에 있어 적절한 보호와 인도적 지원을 받도록 관련조치를 취해야 한다.

2. 이 목적을 위해 당사국은 유엔 및 유엔과 협력하는 자격 있는 정부기관이나 비정부기구들이 이러한 아동 을 보호, 원조하고 가족재결합에 필요한 정보 수집을 위해 난민아동의 부모나 가족 추적에 기울이는 노력 에 대해 적절한 협조를 해야 한다. 부모나 다른 가족을 찾을 수 없는 경우, 그 아동은 영구적 또는 일시적 으로 가정환경을 박탈당한 다른 아동과 마찬가지로 이 협약에 규정된 보호를 받아야 한다.

제 23 조

1. 당사국은 정신적·신체적 장애아가 인격을 존중받고 자립과 적극적 사회참여가 장려되는 여건에서 여유롭 고 품위있는 생활을 누려야 함을 인정한다.

2. 당사국은 특별한 보호를 받을 장애아의 권리를 인정하며 활용 가능한 재원의 범위 내에서 아동과 부모, 다 른 아동양육자의 사정에 맞는 지원이 신청에 의해 해당아동과 양육 책임자에게 제공되도록 장려하고 이를 보장해야 한다.

3. 장애아의 특별한 어려움을 인식하고, 이 조 제2항에 따른 지원을 할 경우, 부모 등 아동양육자의 재산을 고려해 가능한 한 무상 지원을 해야 하며, 아동이 교육과 훈련, 의료지원, 재활지원, 취업준비 및 오락의 기회를 실질적으로 이용할 수 있는 지원안을 장애아동의 사회참여와 문화적·정신적 발전 등 개인발전에 기여하는 방법으로 마련해야 한다.

4. 당사국은 국제협력의 정신에 입각해 이러한 분야에서의 능력과 기술을 향상시키고 경험을 확대하기 위해

장애아를 위한 재활, 교육 및 직업에 관한 정보 보급과 이용을 비롯해 예방의학분야, 의학적·심리적·기능적 치료에 관한 적절한 정보 교환을 촉진해야 한다. 또한 이 문제를 다룸에 있어 개발도상국의 필요를 특별히 고려해야 한다.

제 24 조

1. 당사국은 아동이 최상의 건강수준을 유지할 권리와 질병치료 및 건강회복을 위한 시설을 이용할 권리를 인정한다. 이와 관련해 보건의료서비스 이용에 관한 아동의 권리가 침해되지 않도록 노력해야 한다.
2. 당사국은 이 권리의 완전한 이행을 추구해야 하며, 특히 다음과 같은 적절한 조치를 취해야 한다.
    - 가. 영아와 아동사망률을 낮추기 위한 조치
    - 나. 기초건강관리 증진에 중점을 두면서 모든 아동이 필요한 의료지원과 건강관리를 받을 수 있도록 보장하는 조치
    - 다. 기초건강관리 체계 안에서 환경오염의 위험과 피해를 충분히 고려하면서, 쉽게 이용할 수 있는 기술 적용과 충분한 영양식 및 안전한 식수 보급을 통해 질병과 영양실조를 퇴치하기 위한 조치
    - 라. 산모에게 적절한 산전산후 건강관리를 보장하는 조치
    - 마. 부모와 아동을 비롯한 모든 사회구성원이 아동의 건강과 영양, 모유수유의 장점, 위생 및 환경정화, 사고 예방에 관한 기초지식 관련 정보를 제공받고 교육받을 수 있도록 지원하는 조치
    - 바. 예방 중심의 건강관리, 부모교육, 가족계획 교육과 서비스를 발전시키는 조치
3. 당사국은 아동의 건강에 유해한 전통관습을 폐지하기 위해 모든 효과적이고 적절한 조치를 취해야 한다.
4. 당사국은 이 조에서 인정하는 권리의 완전한 실현을 점진적으로 달성하기 위해 국제협력을 증진하고 장려해야 한다. 이 문제에 있어서 개발도상국의 필요를 특별히 고려해야 한다.

제 25 조

당사국은 아동이 보호나 신체적, 정신적 치료의 목적으로 관계당국에 의해 양육 지정된 경우 해당아동은 치료상황을 비롯해 양육 지정과 관련된 모든 상황을 정기적으로 심사받을 권리를 가짐을 인정한다.

제 26 조

1. 당사국은 모든 아동이 사회보험을 포함한 사회보장제도의 혜택을 받을 권리가 있음을 인정하며, 이 권리의 완전한 실현을 위해 자국의 국내법에 따라 필요한 조치를 취해야 한다.
2. 이러한 혜택은 아동 및 아동에 대한 부양책임자의 재산과 상황을 고려함은 물론 아동이 직접, 또는 대리인이 행하는 혜택 신청과 관련된 여러 상황을 고려해 적절한 경우에 부여되어야 한다.

제 27 조

1. 당사국은 모든 아동이 신체적·지적·정신적·도덕적·사회적 발달에 맞는 생활수준을 누릴 권리를 가짐을 인정한다.

2. 부모 또는 아동을 책임지는 보호자는 능력과 재산의 범위 안에서 아동 발달에 필요한 생활여건을 조성할 일차적 책임을 진다.
3. 당사국은 재정 범위 안에서 국내 상황을 고려해 부모나 아동을 책임지는 보호자가 이 권리를 실현할 수 있도록 적절한 조치를 취해야 하며, 필요한 경우에는 특별히 기본적인 의식주에 대해 물질적 지원과 지원프로그램을 제공해야 한다.
4. 당사국은 국내외에 거주하는 부모, 또는 아동의 재정적 책임자로부터 양육비를 확보하기 위해 모든 적절한 조치를 취해야 한다. 특히 아동의 재정적 책임자가 아동과 다른 국가에 거주하는 경우 국제협약 가입이나 체결 등 적절한 조치를 세우도록 추진해야 한다.

제 28 조
1. 당사국은 교육에 대한 아동의 권리를 인정하며, 균등한 기회 제공을 기반으로 이 권리를 점진적으로 달성하기 위해 특별히 다음 조치를 취해야 한다.
    가. 초등교육은 의무적으로 모든 사람에게 무상으로 제공되어야 한다.
    나. 일반 및 직업교육을 포함한 여러 형태의 중등교육 발전을 장려하고, 모든 아동이 중등교육의 혜택을 받을 수 있도록 하며, 무상교육을 도입하거나 및 필요한 경우 재정적 지원을 하는 등 적절한 조치를 취해야 한다.
    다. 모든 사람에게 능력에 따라 고등교육 기회가 개방되도록 모든 적절한 조치를 취해야 한다.
    라. 모든 아동이 교육 및 직업관련 정보와 지침을 이용할 수 있도록 조치를 취해야 한다.
    마. 학교 출석률과 중퇴율 감소를 촉진하는 조치를 취해야 한다.
2. 당사국은 학교 규율이 아동의 인격을 존중하고 이 협약을 준수하는 방향으로 운영되도록 보장하기 위해 모든 적절한 조치를 취해야 한다.
3. 당사국은 특히 전세계의 무지와 문맹 퇴치에 이바지하고, 과학기술지식 및 현대적인 교육체계에의 접근성을 높이기 위해 교육부문의 국제협력을 증진하고 장려해야 한다. 이 문제에 있어서 특별히 개발도상국의 필요를 고려해야 한다.

제 29 조
1. 당사국은 아동교육이 다음의 목표를 지향해야 한다는 데 동의한다.
    가. 아동의 인격, 재능 및 정신적·신체적 잠재력의 최대 계발
    나. 인권과 기본적 자유, 유엔헌장에 규정된 원칙 존중
    다. 자신의 부모와 문화적 주체성, 언어 및 가치, 현거주국과 출신국의 국가적 가치 및 이질적인 문명에 대한 존중
    라. 아동이 인종적·민족적·종교적 집단 및 원주민 등 모든 사람과의 관계에 있어서 이해, 평화, 관용, 성(性) 평등 및 우정의 정신에 입각해 자유사회에서 책임있는 삶을 영위하도록 하는 준비
    마. 자연환경에 대한 존중
2. 이 조 제1항에 대한 준수와 교육기관의 교육이 국가가 설정한 최소기준에 맞아야 한다는 조건 하에, 이 조 또는 제28조의 어떤 조항도 개인 및 단체의 교육기관 설립·운영의 자유를 침해하는 것으로 해석되어서는 안 된다.

제 30 조

인종적·종교적·언어적 소수자나 원주민 아동은 본인이 속한 공동체의 구성원들과 함께 고유의 문화를 향유하고, 고유의 종교를 믿고 실천하며, 고유의 언어를 쓸 권리를 보호받아야 한다.

제 31 조

1. 당사국은 휴식과 여가를 즐기고, 자신의 나이에 맞는 놀이와 오락활동에 참여하며, 문화생활과 예술활동에 자유롭게 참여할 수 있는 아동의 권리를 인정한다.
2. 당사국은 문화적·예술적 활동에 마음껏 참여할 수 있는 아동의 권리를 존중하고 증진하며, 문화, 예술, 오락 및 여가활동을 위해 적절하고 균등한 기회 제공을 촉진해야 한다.

제 32 조

1. 당사국은 경제적인 착취를 비롯해 위험하거나, 교육을 방해하거나, 건강이나 신체적·지적·정신적·도덕적·사회적 발전에 유해한 모든 노동으로부터 보호받을 아동의 권리를 인정한다.
2. 당사국은 이 조의 이행 보장을 위해 입법적·행정적·사회적·교육적 조치를 강구해야 한다. 이 목적을 위해, 그리고 여러 국제문서의 관련규정을 고려해 당사국은 특히 다음의 규정들을 확립해야 한다.
   가. 단일 또는 복수의 최저 고용연령 규정
   나. 고용시간 및 고용조건에 관한 적절한 규정
   다. 이 조의 효과적인 실시를 위한 적절한 처벌 규정

제 33 조

당사국은 관련 국제조약에서 규정하고 있는 마약과 향정신성 물질의 불법적 사용으로부터 아동을 보호하고 이러한 물질의 불법적 생산과 거래에 아동이 이용되는 것을 방지하기 위해 입법적·행정적·사회적·교육적 조치를 비롯한 모든 적절한 조치를 취해야 한다.

제 34 조

당사국은 모든 형태의 성착취와 성학대로부터 아동을 보호할 의무를 진다. 이 목적을 달성하기 위해 당사국은 특히 다음의 사항을 방지하기 위해 적절한 국내적·양국간·다국간 조치를 모두 취해야 한다.
   가. 아동을 위법한 성적 활동에 종사하도록 유인하거나 강요하는 행위
   나. 아동을 매춘이나 기타 위법한 성적 활동에 착취적으로 이용하는 행위
   다. 아동을 외설스러운 공연 및 자료에 착취적으로 이용하는 행위

제 35 조

당사국은 모든 목적과 형태의 아동유괴나 매매 또는 거래를 방지하기 위해 적절한 국내적·양국간·다국간 조치를 모두 취해야 한다.

제 36 조

당사국은 아동복지를 침해하는 모든 형태의 착취로부터 아동을 보호해야 한다.

제 37 조

당사국은 다음의 사항을 보장해야 한다.

가. 어떤 아동도 고문을 당하거나 잔혹하고 비인간적이거나 굴욕적인 대우나 처벌을 받아서는 안 된다. 18세 미만의 아동이 범한 범죄에 대해서는 사형 또는 석방의 가능성이 없는 종신형 처벌을 내려서는 안 된다.

나. 어떤 아동도 위법적 또는 자의적으로 자유를 박탈당해서는 안 된다. 아동의 체포, 억류, 구금은 법에 의해 오직 최후의 수단으로서 꼭 필요한 최단기간 동안만 행해져야 한다.

다. 자유를 박탈당한 모든 아동은 인도주의와 인간 존엄성에 대한 존중에 입각해 아동의 나이에 맞는 처우를 받아야 한다. 특히 자유를 박탈당한 모든 아동은 성인과 함께 수용되는 것이 아동에게 최선이라고 판단되는 경우를 제외하고는 성인으로부터 격리되어야 하며, 예외적인 경우를 제외하고는 서신과 방문을 통해 가족과 연락할 권리를 가진다.

라. 자유를 박탈당한 모든 아동은 법률적 지원 및 다른 필요한 지원을 신속하게 받을 권리를 가짐은 물론 법원이나 기타 권한있고 독립적이며 공정한 당국에서 자유박탈의 합법성에 이의를 제기하고 이러한 소송에 대해 신속한 판결을 받을 권리를 가진다.

제 38 조

1. 당사국은 아동과 관련 있는 무력분쟁에 있어 당사국에 적용가능한 국제적인 인도주의법의 규칙을 존중하고 이행할 의무를 진다.

2. 당사국은 15세 미만 아동이 적대행위에 직접 참여하지 않도록 보장하기 위해 실행가능한 모든 조치를 취해야 한다.

3. 당사국은 15세 미만 아동의 징집을 삼가야 한다. 15세 이상 18세 미만 아동을 징집하는 경우 최연장자부터 하도록 노력해야 한다.

4. 무력분쟁 하의 민간인 보호를 위한 국제적인 인도주의법의 의무에 따라 당사국은 무력분쟁의 영향을 받는 아동을 보호하기 위해 실행가능한 모든 조치를 취해야 한다.

제 39 조

당사국은 모든 형태의 유기, 착취, 학대, 고문, 기타 모든 형태의 잔혹하거나 비인간적이거나 굴욕적인 대우나 처벌, 또는 무력분쟁으로 인해 희생된 아동의 신체적·심리적 회복 및 사회복귀를 위해 모든 적절한 조치를 취해야 한다.

제 40 조

1. 당사국은 형사피의자나 형사피고인, 유죄로 인정받은 모든 아동이 타인의 인권과 자유에 대한 아동의 존중심을 강화하고, 아동의 나이에 대한 고려와 함께 사회복귀 및 사회에서 맡게 될 건설적 역할의 가치를 고려하는 등 인간존엄성과 가치에 대한 의식을 높일 수 있는 방식으로 처우받을 권리가 있음을 인정한다.

2. 이 목적을 위해 국제문서의 관련규정을 고려해 당사국은 특히 다음 사항을 보장해야 한다.

　가. 모든 아동은 국내법이나 국제법에 위배되지 않는 행위를 이유로 형사피의자가 되거나 형사기소되거나
　　유죄로 인정받지 않는다.

　나. 형사피의자나 형사피고인이 된 모든 아동은 최소한 다음 사항을 보장받는다.

　　(1) 법률에 따라 유죄가 입증될 때까지 무죄로 추정받는다.

　　(2) 피의사실에 대한 변론 준비와 제출에 있어 직접, 또는 부모나 후견인을 통해 신속하게 법률적 지원
　　　을 비롯한 적절한 지원을 받는다.

　　(3) 권한있고 독립적이며 공평한 기관이나 사법기관에 의해 법률적 지원 및 다른 적절한 지원 하에 법에
　　　따른 공정한 심리를 통해 지체 없이 판결을 받아야 하며, 아동에게 최상의 이익이 아니라는 판단이
　　　없는 한 특별히 아동의 나이나 상황, 부모나 후견인 등을 고려해야 한다.

　　(4) 증언이나 유죄의 자백을 강요당하지 않으며, 자신에게 불리한 증인을 심문하거나 심문받는 것과 대
　　　등한 조건으로 자신을 대변할 증인의 출석과 심문을 확보할 수 있어야 한다.

　　(5) 형법위반으로 간주되는 경우, 판결 및 그에 따른 모든 조치는 법률에 따라 권한있고 독립적이며 공
　　　정한 상급당국이나 사법기관에 의해 심사되어야 한다.

　　(6) 아동이 사법절차에서 사용되는 언어를 이해하지 못하거나 말하지 못하는 경우, 무료로 통역원의 지
　　　원을 받아야 한다.

　　(7) 사법절차의 모든 단계에서 아동의 사생활은 충분히 존중되어야 한다.

3. 당사국은 형사피의자, 형사피고인, 유죄로 인정받은 아동에게 특별히 적용할 수 있는 법률과 절차, 기관
　및 기구의 설립을 추진하도록 노력하며, 특히 다음 사항에 대해 노력해야 한다.

　가. 형법위반능력이 없다고 추정되는 최저 연령의 설정

　나. 적절하고 바람직한 경우, 인권과 법적 보호가 충분히 존중된다는 조건 하에 이러한 아동을 사법절차에
　　의하지 않고 다루는 조치

4. 아동복지측면에서 적절하고, 아동이 처한 상황 및 위법행위에 맞는 처우를 아동에게 보장하기 위해 제도
　적으로 아동을 보호하는 지도 및 감독명령, 상담, 보호관찰, 보호양육, 교육, 직업훈련계획, 기타 대체방안
　등 다양한 처분이 가능해야 한다.

제 41 조

이 협약의 규정은 아동권리 실현에 보다 크게 공헌할 수 있는 다음 법률의 규정에 영향을 미치지 않는다.

　가. 당사국의 법

　나. 당사국에서 효력을 가지는 국제법

제 2 부

제 42 조

당사국은 이 협약의 원칙과 규정을 적절하고 적극적인 수단으로 성인과 아동 모두에게 널리 알릴 의무를 가진다.

제 43 조

1. 이 협약의 의무 이행에 관해 당사국이 달성한 진전 상황을 심사하기 위해 이하에 규정된 기능을 수행하는 아동권리위원회를 설립한다.

2. 위원회는 이 협약이 다루고 있는 분야에서 명망 높고 능력을 인정받는 10명의 전문가로 구성된다. 위원회의 위원은 균형 있는 지역적 배분과 주요 법체계를 고려해 당사국 국민 중에서 선출되며, 개인적 자격으로 임무를 수행한다.

3. 위원회의 위원은 당사국이 지명한 후보 중에서 비밀투표로 선출된다. 각 당사국은 자국민 중 1인을 위원 후보로 지명할 수 있다.

4. 위원회의 최초 선거는 이 협약의 발효일로부터 6개월 이내에 실시되며, 그 이후는 매 2년마다 실시된다. 각 선거일의 최소 4개월 이전에 유엔사무총장은 2개월 내에 후보자를 지명해 제출하라는 서한을 당사국에 발송해야 한다. 그 후 사무총장은 후보를 지명한 당사국 표시와 함께 후보들의 명단을 알파벳 순으로 작성해 협약당사국들에게 제시해야 한다.

5. 선거는 유엔본부에서 사무총장이 소집한 당사국 회의에서 실시된다. 이 회의는 당사국의 3분의 2를 의결정족수로 하고, 회의에 출석해 투표한 당사국 대표들의 최대다수표 및 절대다수표를 얻는 자가 위원으로 선출된다.

6. 위원회 위원의 임기는 4년이며 재지명된 경우에는 재선될 수 있다. 단, 최초 선거에서 선출된 위원 중 5인의 임기는 2년 후 종료된다. 이들 5인 위원의 명단은 최초 선거 직후 동 회의의 의장에 의해 추첨으로 선정된다.

7. 위원회 위원이 사망, 사퇴 또는 본인이 특정 이유로 인해 위원회의 임무를 더 이상 수행할 수 없다고 선언하는 경우, 그 위원을 지명한 당사국은 위원회의 승인을 조건으로 자국민 중에서 잔여 임기를 수행할 다른 전문가를 임명한다.

8. 위원회는 자체의 절차규정을 제정한다.

9. 위원회는 2년 임기의 임원을 선출한다.

10. 위원회 회의는 통상적으로 유엔본부나 위원회가 결정하는 그 밖의 적절한 장소에서 매년 개최된다. 회의 기간은 필요한 경우 총회의 승인을 조건으로 협약 당사국 회의에서 결정되고 검토된다.

11. 유엔사무총장은 이 협약에 의해 설립된 위원회가 효과적으로의 효과적인 기능을 수행할 수 있도록 필요한 직원과 편의를 제공한다.

12. 이 협약에 의해 설립된 위원회 위원은 유엔총회의 승인을 얻고 총회가 결정하는 기간과 조건에 따라 유엔으로부터 보수를 받는다.

제 44 조

1. 당사국은 이 협약이 규정하는 권리 실행을 위해 채택한 조치와 동 권리의 보장과 관련해 이루어진 진전상황 보고서를 유엔사무총장을 통하여 다음과 같이 위원회에 제출한다.

   가. 당사국에서 협약이 발효된 후 2년 이내

   나. 그 후 5년마다

2. 이 조에 따라 제출되는 보고서는 이 협약의 의무 이행 단계에 영향을 주는 요소와 어려움이 있을 경우 이를 명시해야 한다. 또한 보고서는 당사국의 협약 이행에 관한 포괄적 이해를 위원회에 제공하기 위해 충분한 정보를 포함해야 한다.

3. 위원회에 포괄적인 최초 보고서를 제출한 당사국은, 제1항 나호에 의해 제출하는 후속보고서에 이미 제출된 기초적 정보를 반복할 필요가 없다.

4. 위원회는 당사국에게 이 협약의 이행과 관련된 추가정보를 요청할 수 있다.

5. 위원회는 위원회의 활동에 관한 보고서를 2년마다 경제사회이사회를 통해 총회에 제출한다.

6. 당사국은 자국의 활동에 관한 보고서를 자국 내 시민사회에서 널리 활용될 수 있도록 해야 한다.

제 45 조

이 협약의 효과적인 이행을 촉진하고 협약이 다루는 분야에서 국제협력을 장려하기 위해

   가. 전문기구, 유니세프(유엔아동기금)를 비롯한 유엔기구들은 이 협약 중 그들의 권한에 속하는 규정 이행과 관련된 논의에 대표를 파견할 권리를 가진다. 위원회는 전문기구, 유니세프 및 위원회가 적절하다고 판단하는 그 밖의 권한있는 기구에 대해 각 기구의 권한에 속하는 분야에 있어 협약 이행에 관한 전문적인 자문 제공을 요청할 수 있다. 위원회는 전문기구, 유니세프 및 다른 유엔기구들에게 그들의 활동 분야에 한해 협약 이행에 관한 보고서 제출을 요청할 수 있다.

   나. 위원회는 적절하다고 판단되는 경우 당사국이 기술적 자문 지원 요청, 또는 그 필요성을 명시한 보고서에 대해 위원회가 그러한 요청이나 지적에 대한 의견이나 제안을 하는 경우 위원회의 해당 의견이나 제안과 함께 해당보고서를 전문기구, 유니세프 및 그 외의 권한 있는 기구에 전달해야 한다.

   다. 위원회는 사무총장이 위원회를 대신해 아동권리와 관련된 특정문제에 대해 조사를 요청할 것을 총회에 권고할 수 있다.

   라. 위원회는 이 협약 제44조 및 제45조에 의해 접수한 정보에 기초해 제안과 일반적 권고를 할 수 있다. 이러한 제안과 일반적 권고는 당사국의 논평이 있으면 그 논평과 함께 모든 관계 당사국에 전달되고 총회에 보고되어야 한다.

제 3 부

제 46 조
이 협약은 모든 국가가 서명하도록 개방된다.

제 47 조
이 협약은 비준되어야 유효하며 비준서는 유엔사무총장에게 기탁된다.

제 48 조
이 협약은 모든 국가가 가입할 수 있도록 개방되며 가입서는 유엔사무총장에게 기탁된다.

제 49 조
1. 이 협약은 20번째 비준서나 가입서가 유엔사무총장에게 기탁되는 날부터 30일째 되는 날 발효한다.
2. 20번째 비준서 또는 가입서의 기탁 이후 이 협약을 비준하거나 가입하는 각 국가에 대해 해당국가의 비준서 또는 가입서 기탁 후 30일째 되는 날 발효한다.

제 50 조
1. 모든 당사국은 개정안을 제안하고 이를 유엔사무총장에게 제출할 수 있다. 사무총장은 제안된 개정안을 당사 국들에게 통보하는 한편 이를 심의하고 표결하기 위한 당사국 회의 개최에 대한 찬성 여부를 물어야 한다. 이 러한 통보일로부터 4개월 이내에 당사국 중 최소 3분의 1이 회의 개최에 찬성하는 경우 사무총장은 유엔 후 원으로 동 회의를 소집해야 한다. 개정안은 동 회의에 출석해 표결한 당사국 과반수의 찬성에 의해 채택되며 승인절차를 위해 유엔총회에 제출된다.
2. 제1항에 따라서 채택된 개정안은 유엔총회에 의해 승인되고, 당사국 3분의 2이상이 찬성할 때 효력이 발생한다.
3. 발효된 개정안은 이를 수락한 당사국에 대해 구속력을 가지며 다른 당사국은 계속해서 이 협약의 규정 및 당 사국이 받아들인 그 이전의 모든 개정안에 대해서만 구속된다.

제 51 조
1. 유엔사무총장은 비준이나 가입시 각 당사국이 유보한 조항의 문서를 접수하고 이를 모든 국가에 배포해야 한다.
2. 이 협약의 목표 및 목적과 부합되지 않는 유보는 허용되지 않는다.
3. 유보는 유엔사무총장에게 통지문을 제출함으로써 언제든지 철회될 수 있으며, 사무총장은 이를 모든 국가에 게 통보해야 한다. 유보조항 철회 통지는 사무총장이 이를 접수한 날부터 유효하다.

제 52 조
당사국은 유엔사무총장에 대한 서면통지를 통해 이 협약을 폐기할 수 있다. 협약폐기는 사무총장이 통지문을 접수한 날부터 1년 후 발효된다.

제 53 조

유엔사무총장은 이 협약을 보관하는 수탁자로 지명된다.

제 54 조

아랍어 · 중국어 · 영어 · 불어 · 러시아어 · 스페인어 정본으로 동등하게 만들어진 이 협약의 원본은 유엔사무총장에게 기탁된다.

이상의 증거로 아래의 서명 전권대표들은 각국 정부로부터 정당하게 권한을 위임받아 이 협약에 서명했다.

쉬운 말로 바꾼
어린이·청소년 권리 조약 ★

어린이·청소년의 권리 연대회의
우리의 권리를 알자!

우리에게 권리가 있다는 것을 알고 있나요? 어린이/청소년 권리 조약이라는 법이 있다는 것을 알고 있나요?

우리의 권리란 우리가 할 수 있는 것이 무엇인지를 알려 주지요. 또 우리가 행복하고 건강하고 안전하게 살 수 있도록 우리를 책임지는 어른들이 무엇을 해야 하는지를 알려 주지요. 물론 우리 자신에게도 다른 어린이와 어른들도 똑같은 권리를 가질 수 있도록 도와줄 책임이 있어요.

조약이란 같은 법을 지키자는 나라와 나라 사이의 약속이에요. 한 나라의 정부가 조약을 '비준한다'는 말은 그 조약에 쓰여진 법을

★ "쉬운 말로 바꾼 어린이·청소년 권리 조약"은 어린이·청소년 권리연대회의가 심의 대응 활동을 토대로 발간한 『아이들의 인권, 세계의 약속』(내일을여는책)에 수록된 협약 번역본으로, 국내 최초의 아동친화버전 아동권리협약입니다. 세대를 거쳐온 노력이 있었기에 오늘날 아동권리협약이 모두에게 익숙한 규범이 되었다는 의미를 함께 공감하고 싶어 부록으로 소개합니다.

지키겠다는 뜻이랍니다.

우리 나라는 1991년 11월 20일에 어린이 청소년 권리 조약을 비준했어요. 이 말은 우리의 정부가 이 조약에 적혀 있는 권리를 모든 어린이가 누릴 수 있도록 노력해야 한다는 뜻이지요.

이 조약의 각 조항들은 우리의 권리를 하나씩 설명하고 있어요. 어린이·청소년 권리 조약은 법률가들을 대상으로 쓰여졌기 때문에, 어른들도 이해하기가 쉽지 않아요. 그래서 이제부터 가장 중요하다고 생각되는 조항들을 골라서 쉬운 말로 설명해 볼게요. 우리에게는 우리의 권리가 무엇인지 알 권리가 있어요. 조항 제42조에 그렇게 쓰여 있어요!

[쉬운 말로 바꾼 어린이/청소년 권리 조약]

조항 1. 18세가 되지 않은 모든 어린이와 청소년이 이 조약에 적혀 있는 모든 권리의 주인이에요.

조항 2. 우리가 누구이든지, 우리의 부모님이 누구이든지, 그리고 백인이건 흑인이건 간에, 남자이든 여자이든 간에, 영어를 쓰든지 한국어를 쓰든지 서울말을 쓰든지 사투리를 쓰든지, 무슨 종교를 믿는지, 또한 장애인이건 아니건, 부유하건 가난하건 간에 상관없이 우리 어린이 모두는 이 조약에 적혀 있는 권리들을 가지고 있어요.

조항 3. 어른이 우리에게 해 주어야 하는 것이 있을 때, 그 어른은 최선의 것을 주어야 해요.

조항 6. 모든 사람은 우리 어린이 모두가 생명을 누리고 건강하게 살아갈 권리가 있다는 것을 알아야만 해요.

조항 7. 우리는 이름을 가질 권리가 있어요. 그래서 우리가 태어날 때 우리의 이름, 부모님의 이름, 태어난 날이 기록되어야만 해요. 우리는 우리 나라의 국민이 될 권리가 있어요. 날 낳아 준 부모님이 누구인지 알 수 있는 권리와 부모님에게 보살핌을 받을 권리가 있어요.

조항 9. 우리는 우리 자신을 위해서가 아니라면 부모님과 헤어지는 일이 있어서는 안 돼요. 우리 자신을 위한 경우란, 예를 들어 부모님이 우리를 해치거나 우리를 보살펴 주지 않을 때이겠지요. 또한, 부모님이 서로 따로 살기로 한다면 우리는 어느 한 분과 함께 살아야 하지만 두 분 모두를 만나볼 수 있는 권리가 있어요.

조항 10. 우리가 부모님과 다른 나라에서 살고 있으면, 우리는 부모님에게 돌아가 같은 나라에서 살 권리가 있어요.

조항 11. 우리는 유괴당하지 않아야 하고, 만약 유괴당한다면 정부는 우리를 되찾기 위해 최선을 다해야만 해요.

조항 12. 어른이 우리에게 어떤 방식으로든 영향을 주는 결정을 내릴 때 우리에겐 우리의 의견을 말할 수 있는 권리가 있어요. 그리고 어른은 우리의 의견을 진지하게 받아들여야만 해요.

조항 13. 우리는 말과 글과 예술 등을 통해 여러 가지 것을 알고 우리 생각을 말할 권리가 있어요. 하지만 다른 사람의 권리를 해치지는 않는지 잘 생각해서 해야만 해요.

조항 14. 우리는 우리가 원하는 대로 생각할 권리가 있고, 우리 자신의 종교를 정할 권리가 있어요. 우리의 부모님은 우리가 무엇이 옳고 그른지 배울 수 있도록 도와주셔야 해요.

조항 15. 우리는 다른 사람들을 만나서 사귀고 모임을 만들 권리가 있어요. 물론 다른 사람에게 해를 끼치기 위한 모임은 안 되지요.

조항 16. 우리는 사적인 삶을 누릴 권리가 있어요. 예를 들어, 자신의 일기를 다른 사람들이 보지 못하게 할 수 있어요.

조항 17. 우리는 라디오, 신문, 텔레비전, 책 등을 통해 세계 곳곳의 정보를 모을 권리가 있어요. 어른들은 우리가 이해할 수 있는 정보를 얻을 수 있게 도와주어야 해요.

조항 18. 우리의 부모님은 우리를 기르는 노력을 두 분이 함께 해야 하고, 우리에게 최선의 것을 해 주어야 해요.

조항 19. 아무도, 어떤 식으로든 우리를 해쳐서는 안 돼요. 어른들은 우리가 매맞거나 무관심 속에 내버려지게끔 놔두지 말고 우리를 보호해 줘야 해요. 우리의 부모님에게도 우리들을 해칠 권리가 없어요.

조항 20. 부모님이 안 계실 경우, 또는 부모님과 같이 사는 것이 안전하지 않을 경우에 우리는 특별한 보호와 도움을 받을 권리가 있어요.

조항 21. 우리가 입양되어야 할 경우, 어른들은 모든 일을 우리를 위해 가장 좋은 방향으로 해야만 해요.

조항 22. 우리가 망명자(자기 나라에서 사는 것이 안전하지 않기 때문에 자기 나라를 떠나야 한다는 뜻)인 경우, 우리는 특별한 보호와 도움을 받을 권리가 있어요.

조항 23. 우리가 정신적으로나 신체적으로 장애인인 경우, 다른 아이들처럼 자라날 수 있도록 특별한 보살핌과 교육을 받을 권리가 있어요.

조항 24. 우리는 건강할 권리가 있어요. 이것은 우리가 아플 때 전문적인 치료와 보살핌을 받을 수 있어야 한다는 뜻이에요. 어른들은 우선적으로 우리가 아프지 않도록 먹이고 보살피는 데 최선을 다해야 해요.

조항 27. 우리는 적절한 '생활 수준'을 유지할 권리가 있어요. 무슨 말이냐 하면 부모님은 우리에게 먹을 것, 입을 것, 살 곳 등을 주어야 해요. 만일 부모님이 어렵고 힘들 경우에는 나라에서 부모님을 도와주어야 해요.

조항 28. 우리는 교육받을 권리가 있어요. 초등교육은 무료이어야 하고 우리는 모두 초등학교에 가야 해요. 우리는 또한 중학교에도 갈 수 있어야 해요.

조항 29. 우리가 교육을 받는 것은 우리가 가진 사람됨, 재능, 정신적?신체적 능력을 맘껏 개발하기 위해서예요. 또한 교육을 통해 우리는 자유로운 사회에서 다른 사람들의 권리를 이해하고, 깨끗한 환경을 생각하며, 책임질 줄 알고 평화롭게 살아가는 법을 배워야 해요.

조항 30. 소수 집단(예를 들어 미국의 인디언이나 우리나라의 외국인 노동자)의 어린이에게도 그들만의 문화를 즐기고, 자신들의 종교를 믿으며, 자신들의 언어를 사용할 권리가 있어요.

조항 31. 우리에겐 쉬고 놀 수 있는 권리가 있어요.

조항 32. 우리가 일을 해서 돈을 벌 때는 건강에 안 좋거나 학교에 가지 못할 상황에서 일하지 않도록 보호받아야 해요. 우리가 일을 해서 누군가가 돈을 번다면, 우리는 우리가 일한 대가를 받아야만 해요.

조항 33. 우리는 법을 어기는 마약을 만들고 파는 일을 하지 않도록 보호받아야 해요.

조항 34. 우리는 성적 학대로부터 보호될 권리가 있어요. 아무도 우리 몸에 우리 자신이 원하지 않는 것을 할 수 없다는 뜻이지요. 곧 누군가가 함부로 우리 몸을 만지거나 사진을 찍거나 말하고 싶지 않은 것을 말하게 할 수는 없어요.

조항 35. 아무도 우리를 유괴하거나 팔 수 없어요.

조항 37. 우리도 큰 잘못을 저지를 수가 있지요. 잘못을 하면 벌을 받아야 하지만 그렇다고 우리에게 심한 창피를 주거나 상처를 주는 벌을 내릴 수는 없어요. 최후의 방법인 경우를 빼고는 우리를 감옥에 들어가게 해서는 안 돼요. 만일 감옥에 들어갔을 경우 우리는 감옥에서 특별한 보호를 받을 권리와 정기적으로 가족을 만날 수 있는 권리가 있어요.

조항 38. 우리는 전쟁이 일어났을 때 보호받을 권리가 있어요. 15살까지는 우리는 절대로 군대에 들어가거나 전쟁에 참여해서는 안돼요.

조항 39. 전쟁이나 홍수, 지진 때문에 우리가 다치거나 보살핌을 받지 못하고 있을 경우, 우리는 특별한 보호와 치료를 받을 권리가 있어요.

조항 40. 우리가 범죄를 저질렀다는 혐의를 받을 경우, 우리 자신을 보호할 권리가 있어요. 경찰과 변호사와 법관은 우리를 존중하여야 하고 모든 일을 우리가 이해할 수 있게 해 주어야 해요.

조항 42. 모든 어른들과 모든 어린이들은 이 조약에 관해 알아야 해요. 우리는 우리의 권리에 대해 배울 권리가 있고 어른들도 역시 이 권리들에 대해 배워야 해요.

어린이/청소년 권리 조약에는 모두 52개의 조항이 있는데, 나머지 조항들은 모든 어린이들이 자신의 권리를 가질 수 있으려면 어른들과 정부가 어떻게 협력해야 하는지에 대해 얘기하고 있어요. 어린이/청소년 권리 조약을 직접 읽어 보는 것도 좋을 거예요. 친구들, 부모님, 선생님과 조약에 관해 이야기를 나누어 보세요. 다른 사람들에게 어린이의 권리에 대해 이야기하는 것은 곧 다른 어린이들을 돕는 일이 되지요. 어린이가 권리를 가지고 있다는 것을 더 많은 사람들이 알게 될수록, 사람들은 모든 어린이가 건강하고 안전하고 자유롭게 자라나기 위해 해야 할 일들을 도와주려고 할 테니까요.

1 에글렌타인 젭의 이 발언은 1990년 9월 세계아동정상회의에서 채택된 선언문에 인용되었다. 선언문은 https://undocs.org/en/A/45/625에서 확인할 수 있다.

2 국제연맹은 제1차 세계대전 중 영국과 프랑스에 의해 설립이 구상되었고, 1918년 당시 미국 대통령이었던 토마스 우드로 윌슨(Thomas Woodrow Wilson)이 전후 평화 정착을 위한 '14개 조항(Fourteen Points)'을 제창하면서 표면화되었다. 이후 베르사유 조약(Treaty of Versailles) 제1장에 따라 국제연맹규약이 결정됨으로써 1920년 설립되었다.

3 제네바 선언에는 다음의 도입부가 추가되었다. "By the present Declaration of the Rights of the Child, commonly known as the Declaration of Geneva, men and women of all nations, recognizing that mankind owe to the child the best that it has to give, declare and accept it as their duty that, beyond and above all considerations of race, nationality or creed:" 당시 추가된 도입부는 국가의 의무를 별도로 명시하지 않았으며, 아동을 권리주체자로 보기보다는 보호의 대상자로 바라보았다.

4 제네바 선언은 전 스위스 연맹의 수장인 주세페 모타(Giuseppe Motta)의 주재 아래 칠레의 밸디즈 맨더빌(Valdez Mandeville)의 제안으로 국제연맹 제5차 총회에서 승인되었으며, 당시에는 세계아동복지헌장(World Child Welfare Charter)으로 승인되었다(Buck, 2014; Freeman, 1961).

5 다만, 제네바 선언이 채택되기 전 1919년에 국제노동기구(ILO)는 유해한 환경에서의 아동노동금지에 대한 협약에 서명했는데, 이는 아동노동의 맥락에서 법적 구속력 있는 최초의 협약에 해당한다(Fass, 2011).

6 UN Library&Archives Geneva 트위터 계정 (https://twitter.com/unoglibrary/status/1067004324776239106).

7 1946년 4월 18일 개최된 국제연맹 총회에서 국제연맹 해체가 결의되었다.

8 제2차 세계대전 중 연합국에 대항하여 전쟁한 세력을 통칭하는 용어로 독일, 이탈리아, 일본이 삼국 동맹협정을 맺으며 시작되었고, 이후 헝가리, 루마니아, 슬로바키아, 그리고 불가리아가 순차적으로 합류했다.

9 국제연합이라는 명칭은 제2차 세계대전 중 미국의 프랭클린 루즈벨트 대통령과 영국의 윈스턴 처칠 총리가 처음 제안한 것으로, 1942년 아르카디아 회담(Arcadia Conference) 중 연합국 공동선언(Declaration by United Nations)에서 공식적으로 사용되기 시작했

다.

10 유엔헌장은 1945년 6월 26일 미국 샌프란시스코에서 열린 국제기구에 관한 유엔회의(United Nations Conference on International Organization)에서 51개 회원국 가운데 50개국이 서명했고(당시 폴란드가 서명하지 않았지만, 2개월 후에 서명함), 상임이사국과 서명국 일부가 비준함으로써 같은 해 10월 24일에 발효되었다.

11 현재 인권이사회(Human Rights Council)의 전신이다.

12 1948년 12월 10일 유엔총회에서 채택된 원문(217(III)A)은 https://undocs.org/en/a/810 71쪽에서 확인할 수 있다.

13 세계인권선언은 총 30개 조항으로 이루어졌으며, 제16조 제3항(가정의 보호), 제25조 제2항(어머니와 아동을 대상으로 특별한 보호와 지원 제공), 제26조 제1항(교육받을 권리와 무상교육 제공) 등에 아동과 관련한 내용이 포함되어 있다.

14 국제노동기구(International Labour Organization, ILO)가 조직한 최고 기관이다(https://www.ilo.org/global/about-the-ilo/how-the-ilo-works/international-labourconference/lang—en/index.htm).

15 1946년 12월 11일 유엔 국제 아동 긴급 기금(United Nations International Children's Emergency Fund, 현재의 유엔 아동 기금의 원래 이름이다) 설립에 대한 유엔총회 결의안은 https://www.unicef.org/media/85596/file/UN-resolutions-UNICEF-1940s.pdf에서 확인할 수 있다.

16 사회 위원회(Social Commission)는 1946년 ECOSOC 결의 제10(II)호(E/RES/10(II))에 근거하여 설치되었으며, 1966년 사회개발위원회(Commission for Social Development,CSocD)로 개칭되었다(https://www.un.org/development/desa/dspd/unitednations-commission-for-social-development-csocd-social-policy-and-developmentdivision.html).

17 해당 결의안(E/779)에 반대하는 국가는 없었으며, 12개 국가가 찬성하고 2개 국가가 기권했다.

18 논의된 내용은 E/CN.5/111, E/CN.5/111/ Add.1, E/CN.5/111/Add.2, E/CN.5/111/Add.2/Corr.1, and E/CN.5/126에서 확인할 수 있다고 문서(E/CN.5/221)에 언급되어 있다.

19 당시 최종 채택된 초안에 대하여 13개 국가가 찬성했고 반대하는 국가는 없었으며 3개 국가가 기권했다. 기권한 국가 중 캐나다는 무상교육과 무상의료서비스가 해당 주제와 무관하다고 판단되어 기권했다고 밝혔다.

20 해당 결의안은 https://digitallibrary.un.org/record/195865에서 확인할 수 있다.

21 회원국들에 대한 1차 의견수렴은 1957년 12월 1일까지였으며, 이후 결의안(E/RES/651(XXIV))을 통해 1958년 12월 1일까지 의견수렴 기간을 한 차례 연장했다. 그 결과, 총 21개국의 의견이 수렴되었다: Australia, Cambodia, Ceylon, Denmark,

Dominican Republic, Greece, Hungary, Israel, Jordan, Laos, Luxembourg, Nepal, New Zealand, Norway, Pakistan, Philippines, Poland, Portugal, Sudan, the United Kingdom of Great Britain, Northern Ireland, the United States of America (E/CN.4/780); Finland, France, Japan, the Union of Soviet Socialist, Republics and Yugoslavia (E/CN.4/780/Add.1); India, Netherlands and Turkey (E/CN.4/780/Add.2).

22 원문(A/RES/1386(XIV))은 https://undocs.org/en/A/RES/1386(XIV)에서 확인할 수 있다.

23 두 국제규약은 1966년 12월 16일 유엔총회에서 채택되었으며, 국내에서는 각각 B규약(자유권규약), A규약(사회권규약)으로 불리기도 한다. 두 규약은 세계인권선언과 함께 일반적으로 국제인권장전(International Bill of Rights)으로 분류된다(https://www.mofa.go.kr/www/wpge/m_3996/contents.do).

24 해당 결의안은 141개국이 동의했고, 91개국이 결의안 이행을 위해 자국 내 위원회를 설립했다(Economic and Social Council resolution, E/1978/78).

25 해당 서신은 현재의 협약명과 동일하게 the Convention on the Rights of the Child 라고 명시하고 있다.

26 현재 유엔 인권이사회(Human Rights Council)의 전신이다.

27 폴란드가 작성한 아동권리협약의 초안(E/CN.4/L.1366)은 이후 오스트리아, 불가리아, 콜롬비아,요르단, 세네갈, 시리안 아랍 공화국(시리아), 폴란드의 이름으로 다시 제출되었으며, 총 18개 조항으로 구성된다(E/CN.4/L.1366/Rev.l). 이후 페루가 추가된 총 8개국의 이름으로 한 개의 조항을 추가했고, 총 19개 조항으로 개정된 초안이 최종적으로 제출되었다. 이때 추가된 조항은 비준과 가입에 관한 것이다(E/CN.4/L.1366/Rev.2).

28 1978년 10월 31일까지 의견을 수렴하고, 1979년 제35차 인권위원회에서 논의할 것을 정했다.

29 유엔총회는 1988년 12월 8일 제75차 회의에서 아동권리협약을 의제로 책정하여 (Question of a Convention on the Rights of the Child), ① 인권위원회가 아동권리협약 초안을 최우선 순위로 삼아 1989년 회기 중에는 초안 마련을 완료하고, 그 초안을 유엔 총회 제44회기에 제출하도록 모든 노력을 다할 것을 요청했고, ② 모든 유엔 회원국은 아동권리선언 30주년이며 세계 아동의 해 10주년을 맞이하는 1989년에 아동권리협약 초안을 완성할 수 있도록 적극 지원할 것, ③ 유엔총회 제44회기 안건으로 "아동권리협약 채택"이라는 제목을 포함할 것을 의결했다. 해당 유엔총희 결의문(A/RES/43/112)은 https://undocs.org/en/A/RES/43/112에서 확인할 수 있다.

30 아동권리협약 제49조에 따라, 협약은 20번째 비준서 또는 가입서가 유엔 사무총장에게 기탁되는 날로부터 30일째 되는 날 발효한다.

31 1914년 육당 최남선이 <청춘>의 창간호에 <어린이의 꿈>을 게재하면서 '어린이'라는

용어가 처음 사용되기 시작한 것으로 알려져 있다.

32 1926년 5월 1일 조선일보에서 어린이날을 기념하여 실린 기사에서도 확인할 수 있다. "어린아이 어린녀석 어린년하고 경시 또 무시하는 것은 매우 야미한 또 천박한 짓이다. 동양인이 어린이를 억압하는 풍이 만커니와 조선에서는 더욱 그러하다. 이러한 폐습을 타파하기 위하야 어린이날은 마련된 것이다."

33 1921년 천도교는 소년부를 만들고, 같은 해 5월 소년부를 천도교소년회로 독립시켰다. 소년회 창립 1주년이 되는 1922년 5월 1일, 소년회는 한국 최초로 '어린이날'을 정하고 이를 기념하기 위해 다양한 기념행사를 주최했다.

34 정확한 기록은 남아있지 않지만, 이 선전문은 천도교소년회에서 활동하던 김기전이 작성한 것으로 추정되며, 그 당시 소년회에서 함께 활동하던 방정환의 생각이 반영된 것으로 보인다는 견해가 지배적이다(한국방정환재단 https://children365.or.kr/domestic-announcement).

35 동아일보. (1922.05.02.) "가로(街路)로 취지선전(趣旨宣傳)"(https://newslibrary.naver.com/viewer/view.nhn?editNo=1&printCount=&publishDate=1922-05-02&officeId=00020&pageNo=3&printNo=612&publishType=00020&articleId=&serviceStartYear=1920 &serviceEndYear=1999에서 2021년 1월 24일 검색).

36 어린이날은 1922년 천도교소년회의 주도로 선포되었으나, 특정 종교나 이념에 국한하지 않고 전국 단위에서 소년운동을 펼치는 것을 목표로 1923년 4월 17일 방정환, 조철호 등 소년단체 대표들과 각 신문사의 기자들은 천도교소년회에 모여 소년운동협회(少年運動協會)를 조직했다(출처: 동아일보 1923.4.20. "少年運動(소년운동)의 新旗幟(신기치)".

37 어린이공약 3장으로 불리는 경우가 많으나 그 당시 신문기사에 실린 이름은 '소년운동의 기초조항'이다(https://newslibrary.naver.com/viewer/index.nhn?publishDate=1923-05-01&officeId=00023&pageNo=1에서 2021년 1월 24일 검색).

38 동아일보. (1959.10.21.) "유엔채택 어린이권리선언"(네이버 뉴스라이브러리에서 2020년 10월 5일 검색).

39 매일경제. (1979.01.01.) "79년은 「세계아동의해」 유엔서 제정"; 동아일보. (1979.01.05.) "「세계 아동의 해」를 뜻있게"; 경향신문. (1979.01.06.) "「세계 아동의 해」의 참뜻"(네이버 뉴스라이브러리에서 2020년 10월 5일 검색).

40 어린이헌장은 1957년 아동복리법안을 기초하면서 시작되었고 당시 보건사회부가 한국동화작가협회에 초안을 의뢰하여 색동회의 마혜송 씨와 동화작가 강소천 씨를 포함해 7명의 기초위원이 작성하고 심의를 거쳐 완성되었다. 소파 방정환 선생님의 '어른에게 드리는 글', '어린동무에게 주는 글', '어린이날의 약속', '어린이날 노래'는 물론 색동회의 구호 '씩씩하고 참된 어린이가 됩시다. 그리고 서로 사랑하고 도와 갑시다'를 바탕으로 작성되었다(세이브더칠드런 소식지: 어린이 헌장 30주년에 부쳐). 이 어린이헌장은 1957년

4월 24일 국무회의에서 통과 33회 어린이날 기념식에서 선포되었으며, 이를 기점으로 어린이날이 국가적 공식행사가 되었다.

41 국무회의상정안에서 상정이유 및 어린이헌장 초안을 확인할 수 있다(출처: 국가기록원 http://theme.archives.go.kr/viewer/common/archWebViewer.do?singleData=Y&archiveEventId=0028645138).

42 당시 개정된 어린이 헌장의 초안과 이후 수정과정을 확인할 수 있다(출처 국가기록원: http://theme.archives.go.kr/viewer/common/archWebViewer.do?singleData=Y&archiveEventId=0028780112).

43 한편, 어린이 헌장과는 별도로 1990년 5월 12일 청소년헌장이 선포되었다. 청소년헌장은 청소년의 권리와 의무, 가정의 기능, 학교의 사명, 청소년의 건전육성을 위한 국가와 사회의 역할 및 책임을 포함하여 5개 항의 본문으로 구성되어 있다.

44 세계아동의해기념사업추진위원회규정 [시행 1978. 7. 15.] [대통령령 제9091호, 1978. 7. 15., 제정].

45 경향신문. (1979.01.29.) "올해는 세계 아동의 해" (네이버 뉴스 라이브러리에서 2020년 2020년 10월 5일 검색).

46 "아동, 인구, 개발을 위한 한국 국회의원연맹"은 현재 "한국아동인구환경의원연맹(CPE)"으로 운영되고 있다. 한국아동·인구·환경의원연맹은 1994년 1월 국회 소관 사단법인으로 승인되었으며, 아동, 인구, 환경 이슈와 관련하여 의회 차원의 협력, 지원을 위한 국내외적 연대활동에 주력하고 있다(참조: https://www.assembly.go.kr/ZZZNZUSn/assm/memact/memjob/recr/recrView.do?bbs_cd_n=6&bbs_seq_n=39978&no=45).

47 경향신문. (1989.05.30.) "유엔 제2「 어린이권리선언」" (네이버 뉴스 라이브러리에서 2020 년 10월 5일 검색).

48 CRC/C/GC/5, para. 1.

49 세계아동정상회의는 다양한 문헌에서 어린이를 위한 세계정상회의, 어린이를 위한 세계정상회담, 세계아동정상회담, 유엔 아동정상회의 등으로 번역되고 있는데, 여기서는 일괄하여 "세계아동정상회의"로 표기했다.

50 1989년 말리의 무사 트라오레(Moussa Traoré) 대통령, 멕시코의 카를로스 살리나스 데 고르타리(Carlos Salinas de Gortari) 대통령, 스웨덴의 앙바르 칼손(Ingvar Carlsson) 총리, 이집트의 호스니 무바라크(Hosni Mubarak) 대통령, 캐나다의 브라이언 멀로니(Brian Mulroney) 총리, 그리고 파키스탄의 베나지르 부토(Benazir Bhutto) 총리가 모여 제안하고, 당시 하비에르 페레스 데 케야르 유엔 사무총장이 수락했다. 관련 내용은 1989년 11월 14일 유니세프가 유엔 사무총장에게 발신한 "Decision to call a World Summit for Children(https://www.unicef.org/spanish/about/history/files/wsc_decision_memo_jgrant.pdf)에서 확인할 수 있다.

51 유니세프 소식. (1990.9.25.) "어린이를 위한 세계정상회담(World Summit for Children)".

52 당시 국가행동계획에 대한 유엔총회 결의안 또는 관련 문서와 연구자료를 살펴보면, NAP(National Action Plan 또는 National Action Programme)와 NPA(National Plan of Action)가 혼용하여 사용된 것으로 확인된다. 다만, 최근에는 대부분 문서에서 국가행동계획(National Action Plan, NAP)으로 사용되고 있어, NAP로 약칭하였다.

53 https://www.unicef.org/media/85571/file/WSC-declaration-first-call-for-children.pdf. 원문(A/45/625)은 https://undocs.org/en/A/45/625에서 확인할 수 있다.

54 외교부. (2008.05.26.) UN 관련자료: 역대 유엔개최 정상회의 현황(http://www.mofa.go.kr/www/brd/m_3874/view.do?seq=313127&srchFr=&srchTo=&srchWord=&srchTp=&multi_itm_seq=0&itm_seq_1=0&itm_seq_2=0&company_cd=&company_nm=&page=30에서 2021년 1월 20일 검색).

55 "아동의 권리에 관한 협약 서명" 1990년 9월 7일 대통령 내부결재 문서(출처: 대통령 기록관).

56 1990년 9월 한국이 협약 서명을 검토하던 당시, 협약은 105개국이 서명했으며, 31개국(가나, 과테말라, 기니, 기니비사우, 모리셔스, 몽고, 방글라데시, 바티칸, 베트남, 베냉, 벨리즈, 볼리비아, 부탄, 세네갈, 세인트키츠 네비스, (구)소련, 수단, 스웨덴, 시에라리온, 에콰도르, 엘살바도르, 온두라스, 우간다, 이집트, 잠비아, 프랑스, 필리핀, 칠레, 케냐, 코스타리카, 토고)이 비준 및 가입하고 있었다. 이러한 아동권리협약 서명은 국무회의 심의를 거치지 않고 대통령 재가로 결정되었는데, 당시 외무부가 대통령에 결재를 요청한 문서를 보면 "비준 시 광범위한 유보를 허용하고 있어, 서명을 하는 행위가 협약에 대한 기속적 동의를 표시하는 것은 아니며 조약안이 한국에 확정적으로 적용되는 것도 아니므로, 서명 시 국내절차를 완료할 필요는 없는 것으로 판단된다"는 이유로 안건을 제시했고, 그에 대한 대통령 재가가 있었다.

57 유니세프소식. (1991년 8월호) 「10개년 계획의 지침 마련을 위해 유니세프가 하고 있는 일들」.

58 유니세프한국위원회 내부자료. (1990.9.30.) 「9월의 어느 날 –어린이를 위한 세계정상회담」.

59 유니세프. (1992. 3. 1.) 「어린이를 도와주는 유니세프」 p.33; 시사저널 1647호. (1990.09.06.) "아동 위한 회담 촛불축제도 준비"(시사저널에서 2020년 12월 28일 검색).

60 ① 조약의 내용이 법적 권리·의무 관계를 명확하게 표현하고 있는가? ② 조약 내용이 국내법이나 다른 조약과 상충하지 않는가? ③ 조약 내용에 중대한 재정적 부담이나 입법사항 등 국회의 동의를 요하는 사항을 포함하고 있는가? ④ 조약이 조약의 형식을 모두 갖추고 있는가? ⑤ 조약의 국문본(또는 국문번역문)을 포함한 각 언어본이 충실하게 준비되

없는가?(출처: 외교통상부 조약국 조약과(2006), 알기쉬운 조약업무, "조약체결을 위해서는 국내적으로 어떤 절차가 필요한가" 참조).

61 구 정부조직법(1990년 12월 27일 일부개정 및 시행된 법률 제4268호) 제27조 제1항.

62 당시의 기록을 찾기 위해 우선 외교부에 국민신문고 질의(민원)를 신청했고, 외교부는 법제처의 검토의견 회신 공문을 바탕으로 '국회 동의 불요'와 관련된 정보를 제공했다. 이에 국민신문고와 정보공개청구를 활용하여 법제처의 검토의견 회의록 또는 법제처가 1991년 외교부에 발신한 공문 열람을 청구했으나, 법제처 내부문서 목록에서 찾아볼 수 없었으며, 외교부에 해당 사본을 요청하여 같은 내용을 확인할 수 있었다는 담당자의 답변을 받았다(2020년 2월 1일 법제처 담당 행정사무관 유선통화). 이에 다시금 외교부에 해당 공문 사본에 대한 정보공개청구를 신청하여(2020년 2월 24일 청구, 접수번호 6481258), 외교부의 정보공개결정을 통해 [그림 1]에 삽입한 공문 사본을 찾을 수 있었다.

63 외교부의 「조약업무처리지침」에 따르면, '입법사항에 관한 조약'이란 ① 조약이 기존의 국내법률과 충돌하는 내용을 포함하거나 ② 이행을 위한 새로운 법률 제정이 필요한 조약을 말한다. 관련하여, 법제처 담당자에게 유선으로 문의한 결과에 따르면, '입법사항에 관한 조약'이란 ① 조약 비준을 위해 특별법 제정이 필요한 경우와 ② 조약 비준을 위해 반드시 국내법 개정이 필요한 경우를 의미한다고 한다. 조약 이행을 위해 국내법을 개정하는 것만으로는 입법사항에 관한 조약으로 해석하지 않으며, 당시 법제처 회신은 위와 같은 맥락에서 제시된 것으로 보인다는 답변을 받았다.

64 유보란 국가가 협약을 비준할 때, 특정 조항의 법적 효과를 배제하거나 달리 받아들인다는 취지를 밝히는 일방적인 선언이다. 협약의 전반적인 내용은 동의하더라도 일부 조항에 이견이 있어 비준하지 않으려는 국가가 있을 수 있는데, 이때 해당 조항을 배제하는 조건으로 협약의 당사국이 되는 방법을 말한다. 유보는 협약을 서명, 비준, 수락, 승인 또는 가입할 때 첨부할 수 있고, 비준 이후에는 추가할 수 없다(정인섭, 2013).

65 "「아동의 권리에 관한 협약」 비준 (의안번호 제644호)" 1991년 9월 30일 국무회의 안건 상정 문서(출처: 국가기록원).

66 협약을 비준하던 당시에 유보했던 3개 조항 중 2개 조항(면접교섭권, 입양허가제)은 유보를 철회했으며, 현재 아동의 상소권 관련 조항만 유보한 상태로 남아 있다.

67 유니세프한국위원회 내부자료. (1990.07.20.) The Review committee organized by UNICEF Korea.

68 매일경제. (1990.02.12.) "유니세프 개소(開所) 40주 우표발행등 사업 다양" (네이버 뉴스라이브러리에서 2020년 12월 28일 검색).

69 유니세프 보도자료 아카이브. (1988-1990) "어린이를 위한 모의정상회담".

70 세계아동정상회의는 유엔 회원국들이 1990년대 국가행동계획(National Action Programme of Action, 1990년대 NAP)을 마련하여 시행하도록 요청했는데, 당시 유니세프를 비롯한 유엔기구들은 국제협력의 관점에서 이를 지원할 것을 결의했다.

71 유니세프소식. (1991년 8월호) 「10개년 계획의 지침 마련을 위해 유니세프가 하고 있는 일들」.

72 아동권리협약에 관한 동남아시아 회의(Southeast Asia meeting on the Convention on the Rights of the Child)를 말한다(출처: 유니세프한국사무소, 1990 Annual Report).

73 1990년 2월 5일 가나가 처음으로 아동권리협약에 비준했으며, 1990년 8월 3일 방글라데시(Bangladesh), 베냉(Benin), 수단(Sudan)이 비준하면서 총 22개 국가가 비준하게 되었다(출처: https://indicators.ohchr.org/).

74 구 외무부직제(1988년 8월 11일 일부개정 및 시행된 대통령령 12733호) 제14조 참조.

75 스위스 국적의 에드워드 스페샤(Eduard Spescha)는 유니세프한국사무소의 마지막 대표였다(1992-1993년). 정인섭 교수가 언급한 1990년도 세미나가 열렸던 때에는 랄프 디아즈(Ralph Diaz)가 유니세프한국사무소 대표로 있었으나(1987-1992년) 당시 직위와 상관없이 동행했던 사람을 설명한 것으로 보인다.

76 한국지역사회복리회 1990년 소식지. "국제아동복리연맹 아시아지역 워크샵 태국에서 개최돼".

77 당사국이 제출하는 협약 이행에 따른 보고서는 당사국 보고서(State party's report), 정기보고서(Periodic report), 이행보고서(Report on the implementation of the Convention), 정부보고서(Government's report) 등으로 지칭된다. 본 원고는 아동권리협약 이행에 대한 당사국 보고서를 실질적으로 작성하는 행정부는 물론 입법부, 사법부를 아우르는 국가의 포괄적인 책무를 강조하는 측면에서 국가보고서, 이행보고서로 쓰되, 필요한 경우 국가가 정기적으로 제출해야 하는 이행보고서라는 점을 드러낼 수 있도록 최초보고서(Initial Report) 또는 정기보고서라 제시하기도 했다.

78 아동권리협약 채택과 한국의 비준, 이행 과정을 정확하게 기록하기 위해 유엔인권최고 대표사무소에 관련 문서를 확인하는 과정을 거쳤다. 특히 이 책을 쓰기 시작한 2020년 중반까지 유엔인권최고대표사무소 웹사이트에 한국의 제1차 국가보고서와 제2차 국가보고서에 대한 쟁점목록은 게재되어 있지 않았고, 정부도 10년 전 문서는 보관의무가 없다고 답변하였을 뿐이다. 이에 유엔인권최고대표사무소에 당시 문서를 확인할 방법이 없을지 질의하였고, 유엔아동권리위원회 사무국이 심의 현장에 문서로 제출되었던 사본을 확인하여 파일을 공유해주었다(사무국이 답변한 메일 내용 참조: This document was not filed as the State party's official reply to the list of issues because the State party shared its reply to the list of issues during its dialogue with the Committee, and did not submit it prior to the dialogue.). 그리고 2021년 7월 현재, 유엔인권최고 대표사무소 웹사이트에는 제1차 심의와 제2차 심의에서 위원회가 채택한 쟁점목록 파일이 공식적으로 게시되어 있다. 다만, 정부에 추가로 확인한 결과에 따르면, 심의 현장에서 제출되었기 때문에 국문 답변서는 달리 없다고 하였다.

79 최초보고서 제출 및 심의 일정은 유엔인권최고대표사무소 웹사이트(https://

tbinternet.ohchr. org /_layouts/15/TreatyBodyExternal/Countries.aspx? CountryCode=KOR&Lang=EN)에서 확인할 수 있으며, 웹사이트에 제시된 날짜와 문서에 표기된 날짜가 다른 경우에는 문서 날짜를 기준으로 정리했다.

80 "1990년대 아동의 생존, 보호 및 발달을 위한 세계선언과 행동계획"은 자국 아동을 위한 1990년대 행동 프로그램의 작성 및 시행을 요청하고 있는데, 한국은 1991년 6월에 1990년대 세계선언과 행동계획에 서명했다.

81 종전의 「아동복리법」은 보호자로부터 유실, 유기 또는 이탈된 경우, 보호자가 아동을 양육하기에 부적당하거나 양육할 수 없는 경우 또는 아동의 건전한 출생을 기할 수 없는 등 보호가 필요한 아동에 대한 구호적 성격의 복지제공에 중점을 두었었다. 구 아동복리법 (1981. 4. 13. 법률 제3438호 아동복지법으로 전부 개정되기 전의 것). 아동복지법 전부개정의 이유는 일반아동을 포함한 모든 아동의 복지 보장 및 특히 유아기 아동의 기본적 인격 형성과 능력개발을 지원하는 여건 조성으로 밝히고 있다.

82 요보호아동이 발생하는 것을 예방하기 위한 상담사업, 소년소녀가장세대의 보호, 국내 입양사업, 가정위탁사업, 아동복지시설의 운영 지원 및 감독, 불우아동을 위한 결연사업, 아동복지시설에서 성장하여 퇴소하는 연장아동에 대한 자립지원서비스(취업 알선과 숙소 제공), 영유아 보육사업의 확충 등이 포함된다(CRC/C/8/Add.21, para. 19).

83 유니세프한국위원회는 협약 홍보의 일환으로 1994년 5월 31에는 한국프레스센터에서 「변화하는 사회와 어린이의 권리」라는 주제로 세미나를 개최했고, 같은 해 6월 16일 광주에서 유니세프한국위원회 출범보고회를 하면서 「어린이 권리에 관한 세미나」를 열었다.

84 동아일보. (1995.06.15.) "한국청소년들 외국어능력 크게 미흡".

85 제2차 국가보고서 제출 및 심의 일정은 유엔인권최고대표사무소 웹사이트(https:// tbinternet.ohchr.org/_layouts/15/TreatyBodyExternal/Countries.aspx? CountryCode=KOR&Lang=EN)에서 확인할 수 있으며, 웹사이트에 제시된 날짜와 문서에 표기된 날짜가 다른 경우에는 문서 날짜를 기준으로 정리했다. 제2차 국가보고서 제출 및 심의 일정은 유엔인권최고대표사무소 웹사이트(https://tbinternet.ohchr.org/_layouts/15/TreatyBodyExternal/Countries.aspx?CountryCode=KOR&Lang=EN)에서 확인할 수 있으며, 웹사이트에 제시된 날짜와 문서에 표기된 날짜가 다른 경우에는 문서 날짜를 기준으로 정리했다.

86 다만, 위원회의 제2차 최종견해는 "특히 아동학대에 대한 조사와 보고를 규정한 1997년 가정폭력 범죄의 처벌 등에 관한 특례법 제정을 환영한다"고 되어 있는데(CRC/C/70/Add.14, 제3항), 해당 내용은 2000년 전부개정된 아동복지법에 대한 언급으로 보이며, 위원회의 제2차 쟁점목록에 대해 한국 정부가 "가정폭력범죄의 처벌 등에 관한 특례법 (the Special Act for Punishment of Domestic Violence)과 가정폭력방지 및 피해자보호 등에 관한 법률(the Act on the Prevention of Domestic Violence and Protection of

Victims)에 더하여 최근에 개정된 아동복지법에 따라, 아동학대 사례를 보고할 수 있는 24시간 긴급전화 설치, 학대피해아동에게 보호서비스를 제공하는 아동보호전문기관 설치 등 아동학대에 대응할 수 있는 법체계가 마련되었다"고 보고한 쟁점목록 답변서에 근거한 결과로 추측된다.

87 구 아동학대예방센터는 2006년 4월 아동보호전문기관으로 명칭이 변경되었다.

88 아동복지법(2000.1.12. 전부개정되고, 2000.7.13. 시행된 법률 제6151호) 법제처 제정·개정 이유에서 확인할 수 있다.

89 제주도아동보호전문기관은 2000년 10월 초록우산어린이재단이 민간위탁으로 운영을 시작했고, 2020년 (사)제주상담센터로 운영법인이 변경되었다.

90 중앙아동보호전문기관(구 중앙아동학대예방센터)은 2020년 1월 아동권리보장원으로 통합되었다.

91 보건복지부와 그 소속기관 직제 [대통령령 제17597호, 2002. 5. 6. 일부개정 및 시행]. 보건복지부와 그 소속기관 직제 시행규칙 [보건복지부령 제217호, 2002. 5. 13. 일부개정 및 시행].

92 보건복지부, 외교통상부, 교육부, 법무부 등의 정부부처와 학계, 민간단체 등으로 아동권리조정위원회를 구성하고 여기서 국가보고서의 검토 및 조정을 거쳐 국가보고서를 최종적으로 제출할 것이다. 아울러 제2차 국가보고서 제출 후에는 국가보고서 내용의 충실을 기하고 민간과의 협력을 강화하기 위하여 아동권리 조정위원회를 정기적으로 개최하고 여기서 보고서 내용의 검토 및 조정을 통해 제3차 국가보고서를 작성해나갈 계획이다(제2차 국가보고서 제31항 참조).

93 이양희 (전) 의원은 2003년 2월 10일 유엔아동권리위원회 위원으로 선출되어 2013년 2월까지 활동했으며, 위원장을 두 차례 역임(2007-2011)했다.

94 2004년 1월 29일「아동복지법」이 일부개정(2003년 12월 12일 국회 본회의 의결)을 통해 아동정책조정위원회 근거규정이 마련되었으며, 정부는 국무총리 소속으로 아동정책조정위원회를 설치하여 "다수 부처에서 추진하고 있는 아동정책에 대한 조정 등을 통하여 아동복지사업의 활성화가 기대되고, 관계 부처 장관 외에 아동관련 민간전문가가 참여함으로써 아동정책의 수립에서 평가에 이르기까지 민주성과 전문성을 제고할 수 있게 되었으며, 아동 관련 국제조약의 이행상황에 대한 상시적인 모니터링을 전문 기관 또는 단체에 위탁할 수 있게 되어 국내 아동정책이 국제적인 흐름과 함께할 수 있을 것으로 기대된다"고 밝혔다(보건복지부 보도자료(2003.12.24.). ("아동정책조정위원회 설치, 아동복지법중개정법률안 국회통과" 참조).

95 카리브해, 남아시아, 서부 및 중앙 아프리카, 라틴 아메리카, 북미, 동아시아 및 태평양, 중동 및 북아프리카, 유럽 및 중앙 아시아, 동부 및 남부 아프리카가 해당된다(A/61/299).

96 세이브더칠드런, 보건복지부, 유엔아동권리협약NPO연대(2006). 유엔아동권리협약 비준 15주년 기념 주간. 유엔 아동폭력 보고서 발표 및 폭력 없는 지구촌 만들기 캠페인.

No Violence Justifiable, All Violence Preventable.

97 본 장의 내용과 사진 자료는 인권연구소 창이 운영하는 인권아카이브에 기록된 문서들을 토대로 정리했다(http://hrarchive.or.kr/).

98 1994년 6월 15일 유니세프한국위원회는 국가보고서 제출 시한을 앞두고 정부관계부처, 아동관련 단체장 및 전문가를 초빙하여 국가보고서에 관한 의견을 수렴하는 공청회를 열었다. 당시 기사에 따르면, 한국보건사회연구원이 국가보고서를 작성한 것으로 언급되어 있다(출처: 중앙일보 '유니세프 국가보고서 제출시한 임박' https://news.joins.com/article/2896215). 다만, 제1차 국가보고서가 제출된 시점인 1994년 11월 17일 전후 약한 달간 5개 언론사(경향신문, 동아신문, 매일경제, 조선일보, 한겨레) 포털사이트를 검색했을 때 아동권리협약이나 국가보고서 제출에 대한 보도자료는 찾아볼 수 없었다.

99 한겨레. (1996.7.28.) "소년소녀 가장에게 내실 있는 지원책을"(출처: https://newslibrary.naver.com/viewer/index.nhn?articleId=1996072800289111001&editNo=6&printCount=1&publishDate=1996-07-28&officeId=00028&pageNo=11&printNo=2628&publishType=00010).

100 1983년 아동권리협약 초안 작성을 위해 Ad Hoc NGO Group for the drafting of the UN Convention on the Rights of the Child (CRC)이라는 이름으로 설립된 협의체이다. 협약이 채택된 이후 협약 이행 모니터를 전담하는 단체가 필요하다는 공감대가 형성되어 자연스럽게 활동이 유지되었다. 스위스 제네바에 본부가 있으며, 2013년 Child Rights Connect로 이름을 변경했다(https://www.childrightsconnect.org/organisation/#our-history).

101 1993년 비엔나에서 개최되었던 세계인권대회(World Conference on Human Rights)를 위해 <유엔세계인권대회를 위한 한국 민간단체 공동대책위원회>가 결성되었고, 이 과정에서 공대위가 유엔아동권리협약을 위한 NGO Group과 교류하게 되었다. 당시 세계인권대회에서 채택된 비엔나 인권선언 및 행동계획(Vienna Declaration and Programme of Action) 12절은 1995년까지 전 세계적으로 아동권리협약을 비준할 것과 당사국들이 협약을 효과적으로 이행할 것을 명시했다. 유엔세계인권대회를 위한 한국 공대위는 이듬해 4월 15일 인권단체들 사이의 연대와 협력 증진을 목적으로 해산하면서 <한국인권단체협의회> 발족을 결의했다.

102 비정부기구(Nongovernment Organization, NGO), 시민사회단체(Civil Society Organization, CSO) 또는 독립인권기구(National Human Rights Institutions) 등 정부 외 기관이 제출하는 보고서를 지칭하는 정식 명칭은 없으나, 일반적으로 NGO 보고서, 민간보고서, 시민사회보고서 및 국가보고서를 보완한다는 의미에서 대안보고서(Alternative Report, Supplementary Report, Complementary Report) 등으로 불린다. 본서에서는 NGO 보고서를 주되게 사용하되, 맥락에 따라 다양하게 기술했다.

103 공동대책위원회의 참가단체는 주관단체(시민사회보고서 제출단체로 연명, 심의에 대표 파

견, 대외발표행사 주최, 원고 집필, 실무회의 참석, 분담금), 동의서명단체(시민사회보고서 지지단체로 연명, 해당 영역에 원고 제출 가능, 대외발표행사 주최, 실무회의 참관, 분담금), 개인(시민사회보고서 한글본에 이름 연명, 집필·조사·재정·실무회의 참석 등으로 기여 가능)으로 나누어 운영되었다.

104 공대위 첫 모임에는 ACRP 서울평화교육센터, 안창도(교육민회), 어린이 도서 연구회, 이기범(숙명여대 교육학과), 이용교(청소년개발원), 인권운동사랑방, 옥영경(열린글 나눔삶터), 장호순(크리스챤 아카데미 사회교육원), 전국교직원노동조합, 참교육학부모회, 현병호(공동육아연구회), 호용수(또 하나의 문화 교육 소모임)가 참여했다. 민주사회를위한변호사모임, 민주주의 법학 연구회, 그리고 장애우권익문제연구소는 참여하고자 하는 의사를 밝혔으나 첫 모임에는 참석하지 않았다. 모임 결과, 공대위는 가능한 많은 단체가 참여하는 것이 좋겠다는 취지에 동의하면서 관련 단체에 참여를 독려했다; 참관단체로는 또 하나의 문화(교육소모임), 여성단체연합, 참교육을 위한 전국 학부모회, 성폭력상담소, 장애우권익문제연구소가 포함된다.

105 연속기사를 마치면서 유엔아동권리위원회에 민간보고서를 제출할 예정이라는 소식과 함께 보고서에 담긴 주요 내용을 다루었다(1995년 5월 19일 중앙일보 "<우리아이들어떻게자라나> UN아동총 제출예정 민간보고서"https://news.joins.com/article/3067262).

106 연대회의가 주도하여 1997년 출판한 「<아이들의 인권, 세계의 약속」 책 부록에서도 함께 읽는 어린이·청소년 권리조약을 확인할 수 있다.

107 공대위가 유엔아동권리위원회에 제출한 시민사회보고서는 1992년 시민적·정치적 권리에 관한 국제규약, 그리고 1995년 경제적·사회적 및 문화적 권리에 관한 국제규약에 대해 한국의 민간단체가 제출한 보고서에 이어 유엔에 세 번째로 제출된 시민사회보고서이다.

108 보도자료에는 유엔아동권리위원회 회기 전 실무분과회의에 관한 설명과 함께 대표단, 활동계획, 연대회의 구성, 시민사회보고서 구성 소개 등이 포함되어 있다. 보도자료 사본은 인권아카이브에 공개된 자료에서 발췌한 것이다. 다만, 당시에 보도된 중앙일보 기사를 보면 시민사회가 유엔아동권리위원회에 권고(Recommendations)로 포함하는 것을 요청한 사항들이 위원회가 한국에 권고한 것처럼 기술되기는 했다(1995년 12월 4일 중앙일보 "유엔아동권리총 회의 27개 항목 한국에 권고"https://news.joins.com/article/3172720).

109 출처: 인권운동사랑방, "유엔아동권리위원회 한국정부보고서 제1차 심의회의 사진", 인권 아카이브(http://www.hrarchive.or.kr/theme/basic/list.php?search_content=%EC%95%84%EB%8F%99%EA%B6%8C%EB%A6%AC%ED%98%91%EC%95%BD&make_where=&make_start_date=&make_end_date=&category=&shape=&detail_url=board_list&no=15351&page=3&develop_mode=).

110 연대회의는 최종견해가 나온 이후 유엔아동권리위원회 사무국에 서신을 발송(1996년 2

월 16일)하여 아동권리위원들에게 정정한 정보를 알려줄 것을 요청했다. 이 내용은 1996년 7월 26일 국회에서 열린 여성특별위원회 제2차 위원회에서 김홍신 의원이 공개적으로 언급되기도 했다(1996년 7월 27일 한겨레 "아동위원회 설립 않고도 유엔에 '있는 듯' 거짓 보고 김홍신 의원 따져" https://newslibrary.naver.com/viewer/index.nhn?articleId=1996072700289103006&editNo=6&printCount=1&publishDate=1996-07-27&officeId=00028&pageNo=3&printNo=2627&publishType=00010). 관련하여, 정부 대표는 제2차 국가보고서 심의 때 어린이·청소년의 권리에 관한 국가위원회는 1차 보고서를 만들기 위한 특별위원회라고 해명했다.

111 아동권리협약 채택 이후 장애인의 권리에 관한 협약(2006. 12. 31. 채택)이 제38조 가항을 통해 "기타 권한 있는 기구(other competent bodies)"를 규정하고 있다.

112 관련 내용은 https://www.ohchr.org/EN/HRBodies/CRC/Pages/InfoPartners.aspx에서 확인할 수 있다.

113 제2차 민간보고서는 구로건강복지센터, 대한변호사협회, (사)부스러기사랑나눔회, 어린이도서연구회, 인권과 교육개혁을 위한 전국중고등학생연합, 인권운동사랑방, 장애우권익문제연구소, 전국교직원노동조합, 진보네트워크센터, 참교육을위한전국학부모회, 평등노조이주노동자지부, 한국수양부모협회, 한국여성민우회가 참여했고, 원혜욱(소년사법), 전가일(보육) 등의 개인이 함께했다(출처: 인권운동사랑방 인권교육실, 2003. 5. 5. 유엔 아동권리협약 이행에 관한 한국정부 2차 보고서 관련 자료집).

114 외교통상부, 보건복지부, 유니세프한국위원회, 한국보건사회연구원 등이 주도하고 다수의 NGO와 학계가 참가하는 아동권리협약보고서 작성과정 자체가 대한민국 정부가 시행한 아동관련 각종 조치를 되돌아보고 평가하는 좋은 기회가 되었다(제2차 국가보고서 제31항 참조).

115 세계아동복리연맹(International Save the Children Alliance)의 회원으로서 비영리·비정부민간기관인 한국지역사회복리회(Save the Children, Korea)가 아동의 권리에 관한 비디오프로그램 제작 등을 통하여 민간인을 대상으로 아동권리에 대한 홍보 및 교육 활동을 전개하고 있고, 그 외 인권사랑방, 대한변호사회와 같은 NGO가 아동권리에 관한 세미나 등을 개최하여 아동관련업무에 종사하는 사람을 위하여 협약 관련 훈련기회를 마련한 바 있다(출처 : 제2차 국가보고서 제239항).

116 한국아동단체협의회는 1992년 6월 어린이와 청소년의 발달을 위한 전국협의회 발기인 총회를 거쳐, 1994년 6월 한국아동단체협의회로 개칭했으며, 1998년 2월 보건복지부 소관 사단법인으로 인가 받았다.

117 한국아동권리학회 홈페이지 "학회소개" 참조.

118 ISPCAN은 International Society for the Prevention of Child Abuse and Neglect의 약자이다. 아동학대와 방임, 착취를 예방하고 중재하기 위해 1977년 설립된 학제 간 국제학술단체이다.

119 아동권리협약 제43조 제6항에 따라, 유엔아동권리위원회 위원의 임기는 4년이지만, 최초 선거에서 선출된 위원 중 5인의 임기는 2년 후 종료되며, 이들 5인의 명단은 최초 선거 직후 회의 의장에 주재하는 추첨으로 선정된다. 이는 지역별, 국가별 다양한 위원이 선출될 기회를 보장하면서, 경험이 있는 절반의 위원이 업무를 계속 수행하도록 하여 위원회의 전문성과 연속성을 확보하기 위한 것이다.

120 1989년 3월 24일 오후 4시 국립의료원 스칸디나비아 클럽에서 홍강의, 박명윤, 김석산, 이배근, 성민선, 이영희, 손종세, 이재연, 임종운, 차원재, 윤종구, 임광진, 김재현, 변화순 등 14명이 참석한 가운데 한국어린이재단 차윤근 회장의 개회사, 보건복지부 변회남 가정복지국장 및 유니세프 랄프 디아즈 대표의 격려사로 창립총회가 개최되었다. 이배근의 준비과정에 대한 경과보고에 이어 임시의장 홍강의를 포함한 박명윤, 김석산, 이배근, 이재연, 이양희, 성민선 등 7명이 발기인으로 등록하고 통과된 정관에 따라 초대 회장에 홍강의, 부회장에 박명윤, 사무국장에 이배근이 선임되었다(이배근, 2019).

121 한국아동학대예방협회는 1996년 10월 8일 보건복지부 소관 사단법인 설립허가를 받았으며, 사단법인 등록 당시 임원은 회장 성민선, 부회장 김석산, 이배근, 이영희, 이재연, 이사 이양희, 노혜련, 김인숙, 안동현, 윤혜미, 이일하, 김수정, 감사 손종세, 변화순 등이었다(이배근, 2019).

122 사회복지법인 세이브더칠드런. (2008) 세이브더칠드런 55년사 (1953-2008).

123 굿네이버스는 1991년에 창립된 직후 1992년 방글라데시 구호개발사업, 1993년 소말리아 난민지원 긴급구호, 1994년 르완다 난민 긴급구호 의료봉사단 파견 등 국제개발활동을 추진했으며, 1996년 8월에는 한국 NGO 최초로 유엔 경제사회 이사회로부터 포괄적 협의지위(General Consultative Status)를 취득했다(출처: 굿네이버스 홈페이지 –연혁).

124 세이브더칠드런, 유니세프한국위원회, 월드비전, 은평천사원 공동주최

125 제1회 아동권리주간 기념 국제아동청소년포럼 결과보고서(2003)의 발간사에서 확인할 수 있다.

126 CRC/C/15/Add,197, para. 7(c); CRC/C/15/Add.51, para. 26.

127 CRC/C/KOR/3-4, para. 128.

128 CRC/C/KOR/Q/3-4/Add.1, para. 8.

129 영문명에 따라 외교부가 제시하는 국문 조약명은 「아동 매매·아동 성매매 및 아동 음란물에 관한 아동권리에 관한 협약 선택의정서」이다. 그러나 2019년 9월, 유엔아동권리위원회는 「아동 매매·아동 성매매 및 아동 음란물에 관한 아동권리에 관한 아동권리협약 선택의정서 이행 지침」을 통해, 성매매 아동(Child prostitute or child sex worker)" 이라는 용어는 "성매매 대상이 된 아동(children who are prostituted)" 또는 "성매매로 착취된 아동(children exploited in prostitution)"으로 대체하여 표현하고, "아동 음란물(child pornography)"이라는 용어도 "음란한 행위 및 표현물에 아동을 사용하는 것(use of children in pornographic performances and materials)", "아동 성학대물(child

sexual abuse material)" 또는 "아동 성착취물("child sexual exploitation material)" 과 같은 다른 용어를 사용할 것을 권고했다(CRC/C/156, paras. 55, 60). 기존의 용어는 아동이 그 행위에 동의했다고 오인하게 하거나 암시하며, 범죄의 중대함을 축소시키거나 아동에게 비난의 책임을 돌릴 수 있다는 취지였다. 관련하여, "아동 매매·아동 성 매매 및 아동 음란물에 관한 특별보고관(Special Rapporteur on the sale of children, child prostitution and child pornography)"도 최근에는 "아동 매매 및 아동에 대한 성매매와 아동 음란물, 기타 아동 성학대물을 포함한 아동 성착취에 관한 특별보고관 (Special Rapporteur on the sale and sexual exploitation of children, including child prostitution, child pornography and any other child sexual abuse material)"으로 명칭을 변경하며, 아동을 성적 대상화하는 모든 행위를 성착취 범죄임을 분명히 하고 있다. 이에 따라, 본 원고에서도 OPSC를 「아동 매매 및 아동 성착취에 관한 아동권리에 관한 협약 선택의정서」로 번역했음을 밝힌다.

130 외교부, 다자조약 상세보기: 아동의 무력충돌 참여에 관한 아동권리협약 선택의정서 (http://treatyweb.mofa.go.kr/JobGuide.do#2014102100005875).

131 헤이그국제아동입양협약은 1993년 5월 29일 헤이그국제사법회의에서 채택되었으며, 1995년 5월 1일 발효되었다. 한국은 2013년 5월 24일 헤이그국제아동입양협약에 서명 했으나, 2021년 7월 현재까지 가입하지 않고 있다.

132 외교부, 다자조약 상세보기: 아동 매매·아동 성매매 및 아동 음란물에 관한 아동권리에 관한 협약 선택의정서(http://treatyweb.mofa.go.kr/JobGuide. do#2014102100005877).

133 한국의 OPAC과 OPSC 최초보고서 제출에 따른 심의 일정은 유엔인권최고대표사무소 웹사이트(https://tbinternet.ohchr.org/_layouts/15/TreatyBodyExternal/Countries. aspx?CountryCode=KOR&Lang=EN)에 게시된 한국의 아동권리협약 이행 현황 (Reporting status for Republic of Korea)을 바탕으로 작성했으나, 웹사이트에 제시된 날짜와 문서에 표기된 날짜가 다른 경우에는 문서 날짜를 기준으로 정리했다.

134 당시 한국대표단은 김두현(보건복지가족부, 아동청소년활동정책관)을 단장으로, 주 제 네바 대한민국 대표부 외 고영숙(보건복지가족부, 아동청소년성보호과 사무관), 최승남 (보건복지가족부, 아동청소년권리과 사무관), 홍관표(법무부, 인권정책과 서기관), 김민 아(여성부, 창의혁신담당관실 사무관), 김자영(여성부, 운영지원과 인턴), 곽배숙(동시통 역사) 등으로 구성되었다(출처: OHCHR. (2008). List of delegation/participants. https://tbinternet.ohchr.org/_layouts/15/treatybodyexternal/Download. aspx?symbolno=INT%2fCRC-OP-SC%2fLOP%2fKOR%2f48%2f10924&Lang=en 에서 2021년 2월 22일 인출; 한국보건사회연구원. (2008). 유엔 아동권리협약 선택의정 서 제1차 심의에 관한 출장보고서.).

135 CRC/C/OPSC/KOR/CO/1, paras. 30-31.

136 자국 위원들은 당사국 심의에 참여할 수 없다.

137 Save the Children Korea·The Asia Center for Human Rights. (2007). Alternative Report(Revised Version) Following the Initial Report from the Republic of Korea on the Implementation of the Optional Protocol to the Convention on the Rights of the Child on the Sale of Children, Child Prostitution and Child Pornography. https://www.childrightsconnect.org/index.php?gf-download= 2018%2F08%2FSTCKACHR_KR48.pdf&form-id=57&field-id=7&hash=1ef9e3 2a1ec3615d6933c85769ec55a611634261806711110b1bebe1f038c188&TB_ iframe=true.

138 제3·4차 국가보고서 제출 및 심의 일정은 유엔인권최고대표사무소 웹사이트 (https:// tbinternet.ohchr.org/_layouts/15/TreatyBodyExternal/Countries.aspx? CountryCode=KOR&Lang=EN)에서 확인할 수 있으며, 웹사이트에 제시된 날짜와 문서 에 표기된 날짜가 다른 경우에는 문서 날짜를 기준으로 정리했다.

139 구 청소년의 성보호에 관한 법률(2000년 2월 3일 제정되고, 2000년 7월 1일 시행된 법률 제 6261호), 법제처 제정 이유: 청소년의 성을 사는 행위, 성매매를 조장하는 온갖 형태의 중 간매개행위 및 청소년에 대한 성폭력행위를 하는 자들을 강력하게 처벌하고, 성매매와 성폭력행위의 대상이 된 청소년을 보호·구제하는 장치를 마련함으로써 청소년의 인권을 보장하고 건전한 사회구성원으로 복귀할 수 있도록 하는 한편, 청소년을 대상으로 하는 성매매 및 성폭력 행위자의 신상을 공개함으로써 범죄예방효과를 극대화하려는 것임.

140 2008년 10월에 철회했다.

141 형사피의자 또는 형사피고인인 모든 아동이 권한 있고 독립적이며 공정한 상급당국이나 사법기관의 법에 따라 판결 재검토를 요청할 수 있는 권리를 의미한다.

142 구 보건복지부와 그 소속기관 직제(2007.5.16. 일부개정 및 시행된 대통령령 제20057호) 제15조 제3항 제20호 다목 '아동의 권익증진 및 아동권리협약 모니터링에 관한 사항'에 해당한다.

143 CRC/C/GC/24, para. 3.

144 대한민국 정책브리핑(2003.11.19.) "아동권리주간 기념행사 선포식 축사"(출처: https:// www.korea.kr/archive/speechView.do?newsId=132011139).

145 CRC/C/GC/5, paras. 71-73.

146 일례로 현재까지 법제처 국가법령정보센터에 게시된 아동권리협약의 외교부 공식 국문 은 제2조 '장애(disability)'를 '무능력'으로 번역하고 있다.

147 아동권리협약 제3선택의정서에 대한 국내 논문, 학술자료는 UNCRC 한국NPO연대가 자료집을 발간한 2014년 이후부터 찾아볼 수 있다.

148 세이브더칠드런코리아 아동보고서 프로젝트 연구팀은 황소영, 정병수, 오선영, 유동현, 전영현으로 구성되었으며, 이들 연구진(정병수 사무국장, 황소영 팀장, 전영현 팀장)은 후에

국제아동인권센터를 설립한 구성원이 되었다.

149 현재 제출된 아동보고서는 OHCHR 웹사이트에 게시되어 있지 않지만, NGO 보고서와 아동보고서를 제출하는 경로인 국제 NGO인 Child Rights Connect가 구축한 "Alternative Report Archive"에서 찾아볼 수 있다. 다만, 위 아카이브에 게시된 아동보고서는 기한에 맞춰 먼저 제출된 것으로 최종 편집되기 이전의 파일이다. 참여아동 인원과 세부 내용은 최종 인쇄된 보고서를 기준으로 작성했다.

150 Save the Children Korea. (2002). Children's Voices to the UN Committee on the Rights of the Child by Children of republic of Korea(아동권리협약 이행 제3·4차 아동보고서는 국제아동인권센터 자료실에서 국/영문으로 확인할 수 있다. http://incrc.org/rok_archive/?category2=%EC%95%84%EB%8F%99%EB%B3%B4%EA%B3%A0%EC%84%9C&mod=document&pageid=1&uid=18).

151 아동보고서 작성은 물론 아동회의 참여 시점까지 만 18세 미만이어야 한다.

152 자세한 내용은 4부에 제시했다.

153 인종차별철폐협약(1965년), 시민적·정치적 권리에 관한 국제규약(1966년), 경제적·사회적 및 문화적 권리에 관한 국제규약(1966년), 여성차별철폐협약(1978년), 고문방지협약(1984년), 아동권리협약(1989년), 이주노동자권리협약(1990년).

154 2002년 당시 한국도 7개 인권조약 중 이주노동자권리협약을 제외한 6개 인권조약을 비준하고 있었다.

155 국가 또는 조약별 비준 현황(View the ratification status by country or by treaty)은 https://tbinternet.ohchr.org/_layouts/15/TreatyBodyExternal/Treaty.aspx에서 볼 수 있다.

156 유엔총회는 아동권리위원회의 업무량 증대에 따라 위원 수도 증원도 결의했다. 아동권리협약 채택 초기에는 아동권리위원회 위원 수를 10명으로 정하고 있었으나, 1995년 12월 21일 유엔총회 결의안 50/155에 따라 제43조 제2항을 수정하여 18명으로 개정되었으며, 수정된 조항은 당사국의 2/3 이상이 동의함으로써 2002년 11월 18일 발효되었다. 관련 사항은 유엔인권최고대표사무소 웹사이트에 게시된 아동권리협약 원문의 각주 (https://www.ohchr.org/EN/ProfessionalInterest/Pages/CRC.aspx)에서 확인할 수 있다.

157 Strengthening the United Nations: An Agenda for Further Change(A/57/387).

158 Guidelines for the common core document can be found in Compilation of Guidelines on the form and content of reports to be submitted by State parties to the international human rights treaties(HRI/GEN/2/Rev.6).

159 Child Rights Connect. (2014). Guide for NGOs & NHRIs Reporting to the Committee. https://www.childrightsconnect.org/publications/#98bbde9f37827443d.

160 공통핵심문서 제출현황은 https://tbinternet.ohchr.org/_layouts/15/treatybody

external/TBSearch.aspx?Lang=en에서 찾아볼 수 있다.

161 매년 48개국이 검토대상이 된다(A/HRC/5/21, para. 14).

162 Human Rights Council (HRC). Universal periodic review. https://www.ohchr.org/en/hrbodies/upr/pages/uprmain.aspx에서 2021년 5월 8일 확인.

163 유엔인권이사회의 이사국은 유엔총회에서 비밀투표를 통해 회원국의 과반수 이상이 찬성할 경우 선출되며 지역적 형평성(아프리카국가그룹; 라틴아메리카 및 카리브해국가그룹; 아시아국가그룹; 서유럽 및 기타 국가그룹; 동유럽국가그룹)을 고려하여 배분한다. 임기는 3년이다.

164 UPR 심의는 인권이사국 중 3개국을 추첨으로 선출해 간사국(Troika)을 구성하며, 간사국은 각 UPR 회의 보고서 준비, UPR 심의 전 사전 질의서 접수 등을 담당한다.

165 UPR 회기는 유엔인권최고대표사무소 홈페이지(http://www.ohchr.org/EN/HRBodies/UPR/Pages/CyclesUPR.aspx)에서 확인할 수 있다.

166 A/HRC/8/40/Add.1, Recommendations No. 6, 14, 15.

167 UPR of the Republic of Korea(2nd Cycle-14 Session) (http://lib.ohchr.org/HRBodies/UPR/Documents/session14/KR/UPR14_Republic_of_Korea_Thematic_list_recommendations_E.docx).

168 A/HRC/WG.6/14/KOR/3

169 Human Rights Council (HRC) (2018). Report of the Working Group on the Universal Periodic Review: Republic of Korea. https://documents-dds-ny.un.org/doc/UNDOC/GEN/G18/052/75/PDF/G1805275.pdf?OpenElement에서 2021년 5월 9일 확인.

170 CRC/C/GC/5, para. 24.

171 A/HRC/13/43

172 A/HRC/11/1

173 A/HRC/17/36

174 아동의 권리에 관한 협약(Convention on the Rights of the Child), 1989.11.20. 채택, 1990.9.2. 발효, 2008.10.16. 국내발효, 조약 제1913호, 제9조 제3항 유보철회.

175 2019년 9월 27일 발표된 최종견해는 초안으로, 2019년 10월 24일 보완된 문서가 공표되었다. 제5·6차 국가보고서 제출 및 전반적인 심의 일정은 유엔인권최고대표사무소 웹사이트(https://tbinternet.ohchr.org/_layouts/15/TreatyBodyExternal/Countries.aspx?CountryCode=KOR&Lang=EN)에서 확인할 수 있으며, 웹사이트에 제시된 날짜와 문서에 표기된 날짜가 다른 경우에는 문서 날짜를 기준으로 정리했다.

176 한국의 제5·6차 심의는 2019년 9월 회기로 예정되어 있었고, 그에 따른 NGO 추가의견서 제출기한은 2019년 8월 18일이었다. 비록 쟁점목록에 대한 국가 답변서가 2019년 8월 15일 제출되었지만, NGO 연대에서도 국가인권위원회와 아동권리보장원의 기능, 체

벌 문제, 성소수자 아동과 이주아동의 인권 침해, 소년 구금실태 등 필수적인 내용을 짚어 추가의견서를 제출했다.

177 이주아동권리보장기본법 제정 추진 네트워크(2015). 이주아동 인권보장을 위한 정책 브리프.

178 한겨레. (2013.01.11.) "친구싸움 말리던 그 순간, 한국생활 10년이 끝났다"(출처: https://www.hani.co.kr/arti/society/society_general/569322.html#csidx96e6942a6a71be2bc646e226f5dba42l).

179 동아일보. (2018.05.18.) "'그림자 아이' 페버, 한국서 살게 됐다"(출처: https://www.donga. com/news/Society/article/all/20180517/90136259/1).

180 은유. (2021). 있지만 없는 아이들. 서울: 창비.

181 보건복지부·국제아동인권센터 (2014). 2014 아동인권증진사업 아동권리모니터링 사업 결과보고서.

182 보건복지부와 그 소속기관 직제 시행규칙 [보건복지부령 제797호, 2021. 5. 11. 일부개정 및 시행]

183 제5·6차 국가보고서 작성을 위한 '유엔아동권리협약 권고사항 이행실적 및 계획 제출 요청'은 보건복지부 아동권리과에서 시행되었다(보건복지부 아동권리과 공문 제3915호, 7141호 참조).

184 심의에 참석한 정부대표단 명단(List of delegation/participants)은 https://tbinternet.ohchr.org/Treaties/CRC/Shared%20Documents/KOR/INT_CRC_LOP_KOR_36999_E.docx에서 확인할 수 있다.

185 CRC/C/KOR/CO/50-6, paras. 41-42.

186 국제아동인권센터 블로그 공지 「제5·6차 유엔아동권리협약 이행 대한민국 본심의 기록」(https://blog.naver.com/childrights/221661175709)에서 본심의 전체 기록을 국문으로 확인할 수 있다.

187 보건복지부(2019). 보도자료: 「유엔아동권리협약 국가보고서」 9월 18일-19일 심의. http://www.mohw.go.kr/react/al/sal0301vw.jsp?PAR_MENU_ID=04&MENU_ID=0403&page=1&CONT_SEQ=350824&SEARCHKEY=TITLE&SEARCHVALUE=%EC%95%84%EB%8F%99에서 2021년 5월 8일 검색.

188 참여연대(2019). 공동보도자료: 유엔아동권리위원회 한국 정부의 아동정책에 쓴 소리. http://www.peoplepower21.org/Welfare/1655634에서 2021년 5월 8일 검색.

189 국제아동인권센터 유튜브.

190 아동복지실천회 세움의 활동은 http://www.iseum.or.kr/에서 확인할 수 있다.

191 청소년성소수자위기지원센터 띵동의 활동은 https://www.ddingdong.kr/에서 확인할 수 있다.

192 청소년기후행동 소개와 활동 내용은 https://youth4climateaction.org/about_us에

서 확인할 수 있다.

193 청소년센터 EXIT는 사단법인 들꽃청소년센터와 사회복지법인 함께 걷는 아이들이 파트너쉽을 구축하며 2011년 운영을 시작하였으며, 2021년을 마지막으로 지난 10년의 활동을 매듭지을 예정이다. 관련 자료와 소식은 들꽃청소년센터 홈페이지(http://wahaha.or.kr/exit)와 함께 걷는 아이들 홈페이지(https://www.withu.or.kr/USR_main.asp??=Business/grow), 그리고 EXIT 블로그(https://blog.naver.com/wahahabus)에서 확인할 수 있다.

194 정치하는엄마들 활동은 https://www.politicalmamas.kr/에서 확인할 수 있다.

195 촛불청소년인권법제정연대의 활동소식은 촛청법 블로그(https://blog.naver.com/youthact2017/222136073654)와 페이스북(facebook.com/youthact2018), 트위터(twitter.com/youthact2018), 인스타그램(instagram.com/youthact_since2017) 등에서 확인할 수 있다.

196 아청법 개정 공대위 출범소식과 활동은 http://www.teen-up.com/load.asp?sub_p=board/board&b_code=12&page=2&idx=3252&board_md=view에 안내되어 있으며, 성명서를 포함한 보도자료는 십대여성인권센터 홈페이지 공지사항에서 확인할 수 있다.

197 CRC/C/KOR/CO/5-6, paras. 28-29.

198 공익인권변호사모임 희망을 만드는 법, 민주사회를한변호사모임 아동인권위원회, 사단법인 두루, 세이브더칠드런, 언론개혁시민연대, 정치하는엄마들, 청소년노동인권 노랑, 한국방송연기자노동조합, 한빛미디어노동인권센터가 함께한 아동·청소년 대중문화예술인 노동인권 개선을 위한 팝업(POP-UP) 활동은 https://hanbit.center/65에서 확인할 수 있다.

199 법·제도 개선 사항의 자세한 내용은 팝업에 참여한 희망법 활동소식 "방송제작현장에서의 아동·청소년 대중문화예술인 권리 보장"에서 자세히 살펴볼 수 있다(출처: hopeandlaw.org/희망법-활동-아동·청소년-대중문화예술인의-노동/).

200 보편적 출생신고 네트워크의 활동은 http://www.ubrkorea.org/에서 찾아볼 수 있으며, 참여단체(공익법센터 어필, 공익인권법재단 공감, 국제아동인권센터, 굿네이버스, 민주사회를한변호사모임 아동인권위원회, 사단법인 뿌리의집, 사단법인 두루, 서울사회복지공익법센터, 세이브더칠드런, 안산시글로벌청소년센터, 유니세프한국위원회, 유엔난민기구, 이주민센터 친구, 재단법인 동천, 초록우산어린이재단, 플랜코리아, 한국미혼모지원네트워크, 한국미혼모가족협회, 변화된미래를만드는 미혼모협회 인트리, 한국한부모연합) 홈페이지나 SNS도 참고할 수 있다.

201 한국은 2011년 유엔아동권리위원회가 모든 아동의 출생등록 될 권리 보장을 촉구한 것을 시작으로(CRC/C/KOC/CO/3-4, paras. 36-37), 2015년 자유권 자유권규약위원회(CCPR/C/KOR/CO/4, paras. 56-57), 2017년 사회권규약위원회(E/C.12/KOR/CO/4, para.

27), 2018년 여성차별철폐위원회(CEDAW/C/KOR/CO/8. paras. 34-35)와 인종차별철폐위원회(CERD/C/KOR/CO/17-19, paras. 27-28), 2019년 다시금 아동권리위원회가 '보편적 출생등록 제도' 도입을 권고하였다(CRC/C/KOR/CO/5-6,paras. 22-23). 2012년과 2017년도에 있었던 한국의 UPR 심의에서도 출생등록 제도 개선 권고를 찾아볼 수 있다.

202 이주배경 아동·청소년 기본권 향상을 위한 네트워크는 공익변호사와 함께 하는 동행, 공익인권법재단 공감, 동두천 가톨릭센터, (사)한국이주민건강협회 희망의친구들, 사단법인 두루, 성동 외국인노동자 센터, 아시아의 창, 아시아인권문화연대, 안산시 글로벌청소년센터, 외국인·이주노동운동 협의회, 외국인·이주노동자 인권을 위한 모임, 이주노동 희망센터, 이주민센터 친구, 이주와인권연구소, 재단법인 동천, 천주교 의정부교구 이주사목위원회 파주 EXODUS, 터, 한국이주여성인권센터가 참여하고 있다. 2019년 5월부터 10월까지는 미등록 이주아동 체류권 실태조사 실시하고 조사 내용을 정리하여 14회에 걸쳐 연재하였는데, 연속 기고글을 통해 미등록 이주아동의 권리보장 실태와 이주배경 아동·청소년 기본권 향상을 위한 네트워크의 활동을 살펴볼 수 있다(출처: https://www.pressian.com/pages/articles/2020101912154174828 프레시안http://www. pressian. com).

203 24개 인권·여성·복지 등 각 분야 시민사회단체와 노동조합이 함께한 보육 더하기 인권 함께하기는 인권, 노동권, 돌봄권, 공공성이 실현되는 보육현장 조성을 목표로 2017년 11월부터 5차례에 걸친 워크숍을 진행하였고, 공공운수노조 보육협의회, 공동육아와공동체교육, 국제아동인권센터, 민주사회를위한변호사모임 아동인권위원회, 서울영유아교육보육포럼, 정치하는엄마들, 참여연대, 한국여성단체연합이 제안하면서 2018년 3월 4일 공식적인 출범을 선언하였다. (출처: https://www.peoplepower21.org/Welfare/1551435)

204 유사한 연구로, 한국방정환재단이 매년 실시하고 있는 「한국 아동·청소년 행복지수 조사」도 있다.

205 논어 〈위정편(爲政篇)〉.

206 보건복지부 홈페이지 부서안내·직원찾기(출처: http://www.mohw.go.kr/react/sg/ssg0201ls.jsp).

207 CRC/C/GC/5, para. 1.

208 CRC/C.KOR/CO/5-6, para. 21.

209 청소년 기본법 제5조의2, 제12조, 동법 시행령 제2조의2, 제12조, 제13조.

210 CRC/C/GC/5, para. 12.

211 CRC/C/GC/5, para. 12.

212 Simplified reporting procedure(출처: https://www.ohchr.org/EN/HRBodies/CRC/Pages/ReportingProcedure.aspx).

213 아동 참여 사다리는 총 8단계로 구성되어 있다. 아동의 참여는 위로 갈수록 확장되며, 정도에 따라 비참여, 형식적 참여, 실질적 참여의 세 부분으로 구분할 수 있다. 첫째, 비참여의 1단계는 성인이 이용하는 단계이다. 가장 낮은 단계로, 성인이 의도적으로 청소년의 목소리를 이용한다. 2단계는 아동이 장식처럼 동원되어 성인과 함께 프로그램에 참여하지만, 이해도는 상당히 제한적이다. 3단계는 아동이 명목상 참여하며, 주제에 대한 선택권이 없고 의견을 수렴할 기회가 없다. 둘째, 형식적 참여의 4단계는 성인이 지시하고, 정보를 제공한다. 5단계는 성인이 정보를 제공하고, 협의한다. 6단계는 성인 주도로 아동과 의사결정을 공유한다. 셋째, 실질적 참여의 7단계는 아동이 주도하고 감독한다. 성인의 참여 없이 의사결정 과정을 거치며, 정보를 공유하고 프로그램을 운영한다. 8단계는 아동 주도로 성인과 의사결정을 공유한다. 아동 주도로 프로그램을 계획하고 운영하며, 성인이 아동의 시선에서 의견을 공유한다(출처: 유니세프 아동친화도시).

참고문헌 ─────────────────────────────

경향신문. (1979.01.06.). 「세계 아동의 해」의 참뜻, https://newslibrary.
　　naver.com/viewer/index.nhn?publishDate=1979-01-06&
　　officeId=00032&pageNo=1, 2020.10.05

경향신문. (1979.01.29.). 올해는 세계 아동의 해, https://newslibrary. naver.
　　com/viewer/index.nhn?publishDate=1979-01-29&officeId=
　　00032&pageNo=1, 2020.10.05

경향신문. (1989.05.30.). 유엔 제2「어린이권리선언」, https://newslibrary. naver.
　　com/viewer/index.nhn?publishDate=1989-05-30& officeId=
　　00032&pageNo=1, 2020.10.05.

관계부처합동. (2015). 제1차 아동정책 기본계획 (2015-2019). https://www.
　　korea.kr/news/pressReleaseView.do?newsId=156050930.

관계부처합동. (2020). 제2차 아동정책 기본계획 (2020-2024). https://www.
　　korea.kr/news/pressReleaseView.do?newsId=156408115.

교육부 조직연혁정보, http://history.moe.go.kr/

국가 또는 조약별 비준 현황(View the ratification status by country or by
　　treaty), https://tbinternet.ohchr.org/_layouts/15/TreatyBodyExternal/
　　Treaty.aspx

국가기록원, 「아동의 권리에 관한 협약」 비준 (의안번호 제644호), 1991년

9월 30일 국무회의 안건 상정 문서

국가기록원, http://theme.archives.go.kr/viewer/common/archWebViewer. do?singleData=Y&archiveEventId=0028645138

국제아동인권센터 네이버블로그, https://blog.naver.com/childrights

국제아동인권센터 유튜브, https://www.youtube.com/channel/UC4 hYUqBjBDmrKS3jat-Fn1A

국제아동인권센터 한국의 아동권리협약 이행 문서함, http://incrc.org/ rok_archive/

유니세프. (1992). 『어린이를 도와주는 유니세프』.

국제인권규범, https://www.mofa.go.kr/www/wpge/m_3996/contents.do

굿네이버스 연혁, https://www.goodneighbors.kr/goodneighbors/ introduction/history.gn

김근영. (2003). 아동을 위한 국가행동계획(NAP)에서의 아동참여-한국의 경험-. 『제1회 아동권리주간 기념 국제아동청소년포럼 자료집』. 세이브더칠드런·유니세프·월드비전·은평천사원.

김상원·김희진. (2020). 아동권리협약 일반이행조치가 한국 법제에 미친 영향. 『아동·청소년의 권리에 관한 연구』. 경기: 경인문화사.

김승권, 박세경, 황옥경, 장보현, 이건우. (2007). UN아동권리협약 이행 모니터링 사업 연구 (2006.04.-2007.03.). 보건복지부, 한국보건사회연구원 아동권리모니터링센터.

김승권. (2011). 유엔아동권리협약 제3·4차 국가보고서 및 권고사항 자료집. 보건복지부, 한국보건사회연구원 아동권리모니터링센터

김정래. (1999). 아동권리협약 채택 10주년과 한국 아동의 권리. 아동과

권리, 3, 7-11.

김희진. (2019). 아동인권 실현을 위한 시민사회의 역할-대한민국의 유엔 아동권리협약 이행 제 5·6차 심의 과정을 바탕으로. 공익과 인권, 19, 319-349.

노혜련. (1993). 아동권리 국제협약 및 세계정상 행동계획의 국내 이행상 황에 관한 연구-민간단체의 관점을 중심으로. 한국사회복지학회: 학 술대회논문집, 166-181.

논어〈위정편(爲政篇)〉: 공자. (2009). 논어 1 (Vol. 41). 펭귄클래식.

대통령기록관. (1990). 아동의 권리에 관한 협약 서명 대통령 내부결재 문서.

대한민국 국회, https://www.assembly.go.kr/ZZZNZUSn/assm/memact/ memjob/recr/recrView.do?bbs_cd_n=6&bbs_seq_n=39978&no=45

대한민국 정책브리핑. (2003). 아동권리주간 기념행사 선포식 축사, https://www.korea.kr/archive/speechView.do?newsId=132011139

대한민국 정책브리핑. (2003.11.19.). 아동권리주간 기념행사 선포식 축사, https://www.korea.kr/archive/speechView.do?newsId=132011139

대한민국정부. (2017). 제5·6차 유엔아동권리협약 국가보고서. 세종: 대 한민국정부. https://www.mohw.go.kr/react/gm/sgm0704vw.jsp?PAR_ MENU_ID=13&MENU_ID=1304081003&page=1&CONT_ SEQ=358349&PAR_CONT_SEQ=356056

대한민국정부. (2017). 제5·6차 유엔아동권리협약 국가보고서 (발간등록 번호 11-1352000-002119-13).

대한민국정부. (2019). 제5·6차 유엔아동권리협약 국가보고서 쟁점 목록에 대한 답변서. 세종: 대한민국정부. http://www.mohw.

go.kr/react/al/sal0301vw.jsp?PAR_MENU_ID=04&MENU_
ID=0403&page=1&CONT_SEQ=350824

도남희, 김정숙, 하민경, (2013). 『영유아의 생활시간조사』, 육아정책연구소.

동아일보. (1922.05.02.). 가로(街路)로 취지선전(趣旨宣傳), https://
newslibrary.naver.com/viewer/view.nhn?editNo=1&printCount=&p
ublishDate=1922-05-02&officeId=00020&pageNo=3&printNo=61
2&publishType=00020&articleId=&serviceStartYear=1920&serviceE
ndYear=1999, 21.01.24.

동아일보. (1923.05.01.). 오늘, 어린이날, https://newslibrary.naver.com/
viewer/index.nhn?articleId=1923050100209203011&editNo=1&printC
ount=1&publishDate=1923-05-01&officeId=00020&pageNo=3&prin
tNo=976&publishType=00020, 2021.01.24.

동아일보. (1923.4.20.). 少年運動(소년운동)의新旗幟(신기치), https://
newslibrary.naver.com/viewer/index.nhn?articleId=1923042000209203
001&officeId=00020

동아일보. (1959.10.21.). 유엔채택 어린이권리선언, https://newslibrary.
naver.com/viewer/i ndex.nhn?publishDate=1959-10-
21&officeId=00020&pageNo=1, 2020.10.05

동아일보. (1979.01.05.). 「세계 아동의 해」를 뜻있게, https://newslibrary.
naver.com/view er/index.nhn?publishDate=1979-01-05&
officeId=00020&pageNo=1, 2020.10.05

동아일보. (1995.06.15.). 한국청소년들 외국어능력 크게 미흡, https://
newslibrary.naver.com/viewer/index.nhn?publishDate=1995-06-

15&officeId=00020&pageNo=1, 2020.12.04.

동아일보. (2018.05.18.). '그림자 아이' 페버, 한국서 살게 됐다, 2020.11.06. 들꽃청소년센터, http://wahaha.or.kr/exit

매일경제. (1979.01.01.). 79년은 「세계 아동의 해」 유엔서 제정, https://newslibrary.naver.com/viewer/index.nhn?publishDate=1979-01-01&officeId=00009&pageNo=1, 2020.10.05

매일경제. (1990.02.12.). 유니세프 개소(開所) 40주 우표발행등 사업 다양, https://newslibary.naver.com/viewer/index.nhn?publishDate=1990-02-12&officeId=00009&pageNo1, 2020.12.28

박동은. (2006). 유엔아동기금(UNICEF): 아동권리 실현을 위한 국제아동개발기구. 국제개발협력, 1(1), 118-131.

보건복지부. (2003). 보도자료: 아동정책조정위원회 설치, 아동복지법중 개정법률안 국회 통과, https://www.mohw.go.kr/react/al/sal0301vw.jsp?PAR_MENU_ID=04&MENU_ID=0403&page=1073&CONT_SEQ=27607&SEARCHKEY=TITLE

보건복지부. (2019). 보도자료: 「유엔아동권리협약 국가보고서」 9월 18일-19일 심의, http://www.mohw.go.kr/react/al/sal0301vw.jsp?PAR_MENU_ID=04&MENU_ID=0403&page=1&CONT_SEQ=350824&SEARCHKEY=TITLE&SEARCHVALUE=%EC%95%84%EB%8F%99, 2021.05.08

보건복지부·국제아동인권센터. (2014). 2014 아동인권증진사업 아동권리모니터링 사업결과보고서 (발간등록번호 11-1352000-001413-01).

보건복지부와 그 소속기관 직제 시행규칙. 2002. 일부개정 및 시행된 보건복지부령 제217호.

보건복지부와 그 소속기관 직제 시행규칙. 2021. 일부개정 및 시행된 보건복지부령 제797호.

보건복지부와 그 소속기관 직제. 2002. 일부개정 및 시행된 대통령령 제17597호.

보건복지부와 그 소속기관 직제. 2007. 대통령령 제20057호.

보건복지부, 한국아동권리모니터링센터 (2011). 유엔아동권리협약 제3·4차 국가보고서 및 권고사항 자료집(정책자료 2011-04). 서울: 한국아동권리모니터링센터. http://repository.kihasa.re.kr/handle/201002/7884

보건복지부 홈페이지 부서안내·직원찾기, http://www.mohw.go.kr/react/sg/ssg0201ls.jsp

보건사회부. (1957). 대한민국어린이헌장(40회), http://theme.archives.go.kr/viewer/common/archWebViewer.do?singleData=Y&archiveEventId=0028645138 국가기록원에서 검색

보건사회부. (1988). 대한민국 어린이헌장 개정안(제17회), http://theme.archives.go.kr/viewer/common/archWebViewer.do?singleData=Y&archiveEventId=0028780112 국가기록원에서 검색

보편적출생신고네트워크, http://www.ubrkorea.org/

서윤정. (2003). 아동을 위한 국가행동계획(NAP)에서의 아동참여 - 한국의 경험-.『제1회 아동권리주간 기념 국제아동청소년포럼 자료집』. 세이브더칠드런·유니세프·월드비전·은평천사원.

성창현. (2019). 유엔아동권리협약 이행 경과보고. 2019 아동인권증진사
　　업 아동권리포럼 자료집.

세이브더칠드런. (2001).『아동권리교육 매뉴얼 −교사, 사회사업가, 아동
　　관련 전문가들이 아동권리를 쉽고 체계적으로 훈련할 수 있는 실무
　　지침서−』.

세이브더칠드런. (2003). 발간사, 제1회 아동권리주간 기념 국제아동청소
　　년포럼 결과보고서.

시사저널 1647호. (1990). 아동 위한 회담 촛불축제도 준비, https://www.
　　sisajournal.com/news/articleView.html?idxno=112377, 2020.12.28

신현희 외 8명. (2017). 2017년도 인권상황실태조사 연구용역보고서『수
　　용자자녀 인권상황 실태조사』(발간등록번호 11-1620000-000657-
　　01). 국가인권위원회.

아동복리법. 1981. 법률 제3438호.

아동복지실천회 세움, http://www.iseum.or.kr/

아동·청소년 대중문화예술인 노동인권 개선을 위한 팝업(POP-UP),
　　https://hanbit.center/65hopeandlaw.org/희망법-활동-아동·청소년-대
　　중문화예술인의-노동/

아청법 개정 공대위, http://www.teen-up.com/load.asp?sub_p=board/
　　board&b_code=12&page=2&idx=3252&board_md=view

안동현. (2017). 내 말 좀 들어보세요: 아동권리 20년. 한국아동권리학회.

외교부. (2008) UN 관련자료: 역대 유엔개최 정상회의 현황, http://www.
　　mofa.go.kr/www/brd/m_3874/view.do?seq=313127&srchFr=&srch
　　To=&srchWord=&srchTp=&multi_itm_seq=0&itm_seq_1=0&itm_

seq_2=0&company_cd=&company_nm=&page=30

외교부. 국제인권규범, https://www.mofa.go.kr/www/wpge/m_3996/
contents.do

외교부. 다자조약 상세보기: 아동 매매·아동 성매매 및 아동 음란물에
관한 아동권리에 관한 협약 선택의정서, http://treatyweb.mofa.go.kr/
JobGuide.do#2014102100005877

외교부. 다자조약 상세보기: 아동의 무력충돌 참여에 관한 아동
권리협약 선택의정서, http://treatyweb.mofa.go.kr/JobGuide.
do#2014102100005875

외교통상부 조약국 조약과. (2006). 『알기쉬운 조약업무』.

외무부 기록물. (1991). 「아동의 권리에 관한 협약」 비준 (의안번호 제644
호) 국무회의 안건 상정 문서.

외무부직제. (1988). 일부개정 및 시행된 대통령령 12733호.

유니세프 보도자료 아카이브. (1988-1990). 어린이를 위한 모의정상회담

유니세프 소식. (1990). 어린이를 위한 세계정상회담(World Summit
for Children), https://www.unicef.org/media/85571/file/WSC-
declaration-first-call-for-children.pdf

유니세프 소식. (2005-2008), https://tbinternet.ohchr.org/_layouts/15/
treatybodyexternal/TBSearch.aspx?Lang=en

유니세프 아동친화도시. 아동친화도시 지도, http://childfriendlycities.
kr/0201map.html.

유니세프. (1991). 8월호 소식지 「10개년 계획의 지침 마련을 위해 유니세
프가 하고 있는 일들」

유니세프아동친화도시 웹사이트, http://childfriendlycities.kr/0201map. html

유니세프한국사무소. (1991). 1990 Annual Report

유니세프한국위원회. (1990). 「9월의 어느 날 – 어린이를 위한 세계정상 회담」

유니세프한국위원회. (2020). 알기 쉬운 유니세프 아동친화도시 길라잡이.

유니세프한국위원회. (1990). 내부자료: The review committee organized by UNICEF Korea (1990.07.20).

유엔아동권리위원회. (2019). 대한민국 제5·6차 국가보고서에 대한 최 종견해(정부 공식 번역본). 세종: 보건복지부. https://www.ncrc.or.kr/ ncrc/na/ntt/selectNttInfo.do?mi=1177&bbsId=1014&nttSn=2341&cata Gori=all&tabName=

유엔아동권리협약 한국NPO연대. (2006). 유엔아동권리협약 이행상황보 고서와 권고문 I. 유엔아동권리협약 한국NPO연대.

유엔아동권리협약 한국NPO연대. (2006). 유엔아동권리협약 이행상황보 고서와 권고문 II. 유엔아동권리협약 한국NPO연대.

유엔인권최고대표사무소, https://tbinternet.ohchr.org/_layouts/15/ TreatyBodyExternal/Countries.aspx?CountryCode=KOR&Lang=EN; http://www.ohchr.org/EN/HRBodies/UPR/Pages/CyclesUPR.aspx

윤채민. (2003). 아동을 위한 국가행동계획(NAP)에서의 아동참여 –한 국의 NGO의 경험-. 『제1회 아동권리주간 기념 국제아동청소년포럼 결과보고서』. 세이브더칠드런·유니세프·월드비전·은평천사원.

은유. (2021). 있지만 없는 아이들. 서울: 창비.

이기훈. (2002). 1920년대 '어린이'의 형성과 동화. 역사문제연구, 9-44.

이배근. (2019). 한국아동학대예방협회 30년 회고와 전망. 아동보호연구, 4(2), 1-48.)

이양희, 김상원. (2013). 국제아동인권규범의 이행. 성균관법학, 25, 311-332.

이옥. (2017). 내 말 좀 들어보세요: 아동권리 20년. 한국아동권리학회.

이윤구. (1990). [아동의 권리에 관한 국제협약]-국제법 발효에 즈음하여. 한국청소년연구, 120-124.

이재연. (2017). 내 말 좀 들어보세요: 아동권리 20년. 한국아동권리학회.

인권운동사랑방 인권 아카이브, http://hrarchive.or.kr/

인권운동사랑방 인권교육. (2003). 유엔아동권리협약 이행에 관한 한국정부 2차 보고서 관련 자료집

정부조직법. 1990. 일부개정 및 시행된 법률 제4268호.

정인섭 (2013). 新 국제법강의 - 이론과 사례- (제4판). 박영사.

정인섭. (2016). 신국제법 강의: 이론과 사례(제6판). 박영사.

정인섭. (2021). 신국제법 강의: 이론과 사례(제11판). 박영사.

정진경. (2010). UN 아동권리협약의 국내법적 및 실천적 수용성: 아동복지법과 아동복지시설을 중심으로. 아동과 권리, 14, 219-244.

정치하는엄마들, https://www.politicalmamas.kr/

정태수. (1989). UN [아동의 권리에 관한 조약] 의 채택과 그 과제. 교육법학연구, 2, 133-159.

정태수. (1991). 아동의 권리협약. 서울: 예지각.

조선일보. (1923.05.01.). 意味(의미)가 最多(최다)한 伍月一日(오월일일),

https://newslibrary.naver.com/viewer/index.nhn?publishDate=1923-0501&officeId=00023&pageNo=1, 2020.11.25.

주거권운동네트워크. (2010). 집은 인권이다. 서울: 도서출판 이후.

중앙일보. (1994.06.15). 유니세프 국가보고서 제출시한 임박, https://news.joins.com/article/2896215, 2020.12.04.

중앙일보. (1995.05.19). 〈우리 아이들 어떻게 자라나〉 UN 아동委 제출예정 민간보고서, https://news.joins.com/article/3067262, 2021.01.06

중앙일보. (1995.12.04). 유엔아동권리委 회의 27개 항목 한국에 권고, https://news.joins.com/article/3172720, 2021.01.06.

참여연대. (2018). 기자회견: 「보육 더하기 인권 함께하기」 출범식, https://www.peoplepower21.org/Welfare/1551435

참여연대. (2019). 공동보도자료: 유엔 아동권리위원회 한국 정부의 아동정책에 쓴소리, http://www.peoplepower21.org/Welfare/1655634, 2021.05.08.

청소년기후행동, https://youth4climateaction.org/about_us

청소년성소수자위기지원센터 띵동, https://www.ddingdong.kr

청소년의 성보호에 관한 법률. 2000. 법률 제6261호.

청소년주거권네트워크. (2020). 2019 청소년주거권네트워크 연구보고서. 청소년과 주거권의 만남: 청소년 주거지원 정책의 현재와 대안탐색.

촛불청소년인권법제정연대, https://blog.naver.com/youthact 2017/222136073654

최정규 외 8인. (2018). 국가인권위원회 연구용역보고서 『아동·청소년 인권보장을 위한 소년사법 제도 개선 연구』.

한겨레. (1996.07.27.). 아동위원회 설립 않고도 유엔에 '있는 듯' 거짓 보고 김홍신의원 따져, https://newslibrary.naver.com/viewer/index.nhn?articleId=1996072700289103006&editNo=6&printCount=1&publishDate=1996-07-27&officeId=00028&pageNo=3&printNo=2627&publishType=00010, 2021.01.06.

한겨레. (1996.07.28.). 소년소녀 가장에게 내실있는 지원책을, https://newslibrary.naver.com/viewer/index.nhn?articleId=1996072800289111001&editNo=6&printCount=1&publishDate=1996-07-28&officeId=00028&pageNo=11&printNo=2628&publishType=00010), 2020.12.04.

한겨레. (2013.01.11.). 친구싸움 말리던 그 순간, 한국생활 10년이 끝났다, 2020.11.6.

한국방정환재단. 어린이선언, https://children365.or.kr/domestic-announcement.

한국보건사회연구원. (2008). 유엔 아동권리협약 선택의정서 제1차 심의에 관한 출장보고서.

한국아동권리학회, http://kccr.or.kr/

한국아동인구환경의원연맹, https://www.assembly.go.kr/ZZZNZUSn/assm/memact/memjob/recr/recrView.do?bbs_cd_n=6&bbs_seq_n=39978&no=45.

한국지역사회복리회. (1990). 1990년 소식지, 국제아동복리연맹 아시아지역 워크샵 태국에서 개최돼.

함께 걷는 아이들, https://www.withu.or.kr/USR_main.asp??=Business/

grow

Buck, T. (2020). International child law. Routledge.

Child Rights Connect, https://www.childrightsconnect.org/
organisation/#our-history

Child Rights Connect. (2014). Guide for NGOs & NHRIs Reporting to
the Committee, https://www.childrightsconnect.org/publications/#98b
bde9f37827443d.

Mulley, C. (2009). 누가 이 아이들을 구할 것인가? (이길태 편역). 서울:
책앤.

Commission on Human Rights. (1978). Report on the thirty-fourth
session(E/1978/34). https://digitallibrary.un.org/record/220211?ln=en.

Detrick, S., Doek, J. E., & Cantwell, N. (Eds.). (1992). The United Nations
Convention on the Rights of the Child: A guide to the "travaux
preparatoires". Martinus Nijhoff Publishers.

Economic and Social Council. (1948). Official records (Third year, seventh
session) (E/779). https://digitallibrary.un.org/record/697398?ln=en

Economic and Social Council. (1948). Report of the social commission
supplement No. 8 (seventh session) (E/779).

Economic and Social Council. (1950). Family, youth and child welfare:
Draft declaration of the rights of the child (E/CN.5/L.96).

Economic and Social Council. (1957). Questions related to human
rights(E/RES/651(XXIV)). https://digitallibrary.un.org/
record/195885/files/E_RES_651%28XXIV%29-EN.pdf

Economic and Social Council. (1978). Question of a Convention on the Rights of the Child - Austria, Bulgaria, Columbia, Jordan, Peru, Poland, Senega, and Syrian Arab Republic: Revised draft resolution(E/CN.4/L.1366/Rev.2).

Economic and Social Council. (1978). Question of a Convention on the Rights of the Child - Austria, Bulgaria, Columbia, Jordan, Poland, Senega, and Syrian Arab Republic: Draft resolution(E/CN.4/L.1366/Rev.1).

Economic and Social Council. (1978). Resolutions and decisions of the economic and social council 1978 (E/1978/78). https://digitallibrary.un.org/record/2578?ln=en.

EXIT 공식블로그. https://blog.naver.com/wahahabus

Fass, P. S. (2011). A historical context for the United Nations Convention on the Rights of the Child. *The Annals of the American Academy of Political and Social Science*, 633, 17-29.

Fenton-Glynn, C. (Ed.). (2019). Children's rights and sustainable development: Interpreting the UNCRC for future generations. Cambridge University Press.

Freeman, K. (1961). Declaration of the Rights of the Child (Declaration of Geneva). *International Review of the Red Cross*, 1(8), 461-464. http://doi.org/10.1017/S0020860400013437

General Assembly. (1948). Universal Declaration of Human Rights(A/RES/217(III)). https://undocs.org/en/a/810.

International Committee of the Red Cross. https://www.icrc.org/en/event/
   eglantyne

International Labour Conference. (1945). Record of proceedings:
   International Labour Conference 27th session. Paris, France, https://
   www.ilo.org/public/libdoc/ilo/P/09616/09616%281945-27%29.pdf

International Labour Office (1945). Record of proceedings : International
   Labour Conference, 27th Session. https://www.ilo.org/public/libdoc/
   ilo/P/09616/09616%281945-27%29.pdf

Morsink, J. (1999). The Universal Declaration of Human Rights: origins,
   drafting, and intent. university of Pennsylvania Press.

OHCHR, Committee on the Rights of the Child, https://www.ohchr.org/
   EN/HRBodies/CRC/Pages/InfoPartners.aspx

OHCHR, https://indicators.ohchr.org/

OHCHR, Reporting status for Republic of Korea, https://tbinter
   net.ohchr.org/_layouts/15/TreatyBodyExternal/Countries.
   aspx?CountryCode=KOR&Lang=EN

OHCHR, Treaty bodies Search, https://tbinternet.ohchr.org/_layouts/15/
   treatybodyexternal/TBSearch.aspx?Lang=en

OHCHR, View the Ratification status by country or by treaty, https://
   tbinternet.ohchr.org/_layouts/15/TreatyBodyExternal/Treaty.aspx

OHCHR. (2008). List of delegation/participants, https://tb
   internet.ohchr.org/_layouts/15/treatybodyexternal/Download.
   aspx?symbolno=INT%2fCRC-OP-SC%2fLOP%2fKOR%2f48%2f1

0924&Lang=en, 2021.02.22

OHCHR. Simplified reporting procedure, https://www.ohchr.org/EN/
HRBodies/CRC/Pages/ReportingProcedure.aspx, 2019.09.05.

OHCRC, List of delegation/participants, https://tbinternet.ohchr.org/
Treaties/CRC/Shared%20Documents/KOR/INT_CRC_LOP_
KOR_36999_E.docx, 2021.05.14.

Parkes, A. (2013). Children and international human rights law: The right
of the child to be heard. Routledge.

Pillay, N. (2012). 유엔 인권조약기구제도 강화방안 (국가인권위원회 역).
서울: 국가인권위원회.

Save the Children Korea, The Asia Center for Human Rights. (2007).
Alternative Report (Revised Version) Following the Initial
Report from the Republic of Korea on the Implementation of
the Optional Protocol to the Convention on the Rights of the
Child on the Sale of Children, Child Prostitution and Child
Pornography. https://www.childrightsconnect.org/index.php?gf-
download=2018%2F08%2FSTCKACHR_KR48.pdf&form-
id=57&field-id=7&hash=1ef9e32a1ec3615d6933c85769ec55a61163426
1806711110b1bebe1f038c188&TB_iframe=true

Save the Children Korea. (2002). Children's Voices to the UN Committee
on the Rights of the Child by Children of Republic of Korea.

Social Commission. (1950). Report of the 6th session(E/CN.5/221) https://
digitallibrary.un.org/record/856051?ln=en

Social Commission. (1950). Social Commission report of the sixth session (E/CN.5/221). https://undocs.org/E/CN.5/221.

UN Audiovisual Library, https://www.unmultimedia.org/avlibrary/asset/2488/2488584/

UN Commission on Human Rights (1978). Letter dated 78/01/17 from the Permanent Representative of Poland to the United Nations Office at Geneva addressed to the Director of the Division of Human Rights (E/CN.4/1284). https://digitallibrary.un.org/record/556715?ln=en.

UN Commission on Human Rights, Question of a Convention on the Rights of the Child., 8 March 1989, E/CN.4/RES/1989/57, available at: https://www.refworld.org/docid/3b00f0da0.html

UN Committee on Economic, Social and Culture Rights. (2017). Concluding observations on the fourth periodic report of the Republic of Korea(E/C.12/KOR/CO/4).

UN Committee on the Elimination of Discrimination against Women. (2018). Concluding observations on the eighth periodic report of the Republic of Korea(CEDAW/C/KOR/CO/8).

UN Committee on the Elimination of Racial Discrimination. (2019). Concluding observations on the combined seventeenth to nineteenth periodic reports of the Republic of Korea(CERD/C/KOR/CO/17-19).

UN Committee on the Rights of the Child (2003). Consideration of reports of states parties : Second periodic report of the Republic of

Korea(CRC/C/15/Add.197).

UN Committee on the Rights of the Child (2008). Consideration of reports submitted by states parties under article 12, paragraph 1, of the child on the sale of children, child prostitution and child pornography(CRC/C/OPSC/KOR/CO/1).

UN Committee on the Rights of the Child (2008). Consideration of reports submitted by states parties under article 8 of the optional protocol to the convention on the right of the child on the involvement of children in armed conflict(CRC/C/OPAC/KOR/CO/1).

UN Committee on the Rights of the Child (CRC), General comment no. 5 (2003): General measures of implementation of the Convention on the Rights of the Child, 27 November 2003, CRC/C/GC/5, para. 1; CRC/C/GC/5, paras. 24, 71-73., available at: https://www.refworld.org/docid/4538834f11.html

UN Committee on the Rights of the Child (CRC), UN Committee on the Rights of the Child: Concluding Observations: Republic of Korea, CRC/C/15/Add.197, para. 7(c); CRC/C/15/Add.197, para. 23., available at: https://www.refworld.org/docid/3f25956b4.html

UN Committee on the rights of the child, https://www.ohchr.org/EN/HRBodies/CRC/Pages/InfoPartners.aspx.

UN Committee on the Rights of the Child. (1994). Consideration of reports submitted by states parties under article 44 of the Convention : Concluding observations of the Committee on the Rights of the Child:

Republic of Korea(CRC/C/15/Add.51).

UN Committee on the Rights of the Child. (1994). Consideration of reports submitted by states parties under article 44 of the Convention : Convention on the Rights of the Child : initial reports of States parties due in 1993(CRC/C/8/Add.21).

UN Committee on the Rights of the Child. (1994). Consideration of reports submitted by states parties under article 44 of the convention Initial reports of States parties due in 1993 Addendum Republic of Korea(CRC/C/8/ Add.21).

UN Committee on the Rights of the Child. (1996). Consideration of reports submitted by states parties under article 44 of the convention Concluding observation of the Committee on the Rights of the Child : Republic of Korea(CRC/ C/15/Add.51).

UN Committee on the Rights of the Child. (2002). Consideration of reports submitted by states parties under article 44 of the Convention : Convention on the Rights of the Child : periodic reports of States parties due in 1998(CRC/C/70/Add.114).

UN Committee on the Rights of the Child. (2002). Consideration of reports submitted by states parties under article 44 of the convention Periodic reports of States parties due in 1998 Republic of Korea(CRC/ C/70/Add.14).

UN Committee on the Rights of the Child. (2002). Consideration of reports submitted by states parties under article 44 of the convention

Periodic reports of States parties due in 1998, Republic of Korea(CRC/C/70/Add.14).

UN Committee on the Rights of the Child. (2003). Consideration of reports submitted by states parties under article 44 of the convention concluding observations: Republic of Korea(CRC/C/15/Add.197).

UN Committee on the Rights of the Child. (2003). General Comments No. 5 General measures of implementation of the Convention on the Rights of the Child (arts. 4, 42 and 44, para.6) (CRC/GC/2003/527).

UN Committee on the Rights of the Child. (2008). Consideration of reports submitted by states parties under article 12, paragraph 1, of the optional protocol to the convention on the rights of the child on the sale of children, child prostitution and child pornography, Concluding observations: Republic of Korea(CRC/C/OPSC/KOR/CO/1).

UN Committee on the Rights of the Child. (2008). Consideration of reports submitted by states parties under article 8 of the optional protocol to the convention on the rights of the child on the involvement of children in armed conflict, Concluding observations: Republic of Korea(CRC/C/OPAC/KOR/1).

UN Committee on the Rights of the Child. (2011). List of issues in relation to the combined third and fourth periodic reports of the Republic of Korea(CRC/C/KOR/Q/3-4/Add.1).

UN Committee on the Rights of the Child. (2011). Written replies by the Government of the Republic of Korea to the list of issues (CRC/C/

KOR/Q/3-4) related to the consideration of the combined third and fourth periodic reports of the Republic of Korea(CRC/C/KOR/3-4) (CRC/C/KOR/Q/3-4/Add.1).

UN Committee on the Rights of the Child. (2012). Consideration of reports submitted by States parties under article 44 of the Convention, Concluding observations: Republic of Korea(CRC/C/KOR/CO/3-4).

UN Committee on the Rights of the Child. (2012). Consideration of reports submitted by States parties under article 44 of the Convention(CRC/C/KOR/3-4).

UN Committee on the Rights of the Child. (2015). Treaty-specific guidelines regarding the form and content of periodic reports to be submitted by States parties under Article 44, paragraph 1(b), of the Convention on the Rights of the Child(CRC/C/58/Rev.3).

UN Committee on the Rights of the Child. (2015). Treaty-specific guidelines regarding the form and content of periodic reports to be submitted by States under article 44, paragraph 1 (b), of the Convention on the Rights of the Child(CRC/C/58/Rev.3).

UN Committee on the Rights of the Child. (2017). Combined fifth and sixth periodic reports submitted by the Republic of Korea under article 44 of the Convention, Republic of Korea(CRC/C/KOR/3-4).

UN Committee on the Rights of the Child. (2019). Concluding observations on the combined fifth and sixth periodic reports of the Republic of Korea(CRC/C/KOR/CO/5-6).

UN Committee on the Rights of the Child. (2019). Concluding observations on the combined fifth and sixth periodic reports of the Republic of Korea(CRC/C/KOR/CO/5-6).

UN Committee on the Rights of the Child. (2019). General comment No.24 (2019) on children's rights in the child justice system(CRC/C/GC/24).

UN Committee on the Rights of the Child. (2019). Guidelines regarding the implementation of the Optional Protocol to the Convention on the Rights of the Child on the sale of children, child prostitution and child pornography(CRC/C/156).

UN Committee on the Rights of the Child. (2019). List of issues in relation to the combined fifth and sixth periodic reports of the Republic of Korea(CRC/C/KOR/Q/5-6/Add.1).

UN Committee on the Rights of the Child. (2019). The Committee considered the combined fifth and sixth periodic reports of the Republic of Korea(CRC/C/KOR/5-6).

UN Economic and Social Council. (1947). Report of the Commission on Human Rights(E/383).

UN Economic and Social Council. (1950). Report of the Social Commission (6th session), https://digitallibrary.un.org/record/195865

UN Economic and Social Council. (1959). Draft declaration of the rights of the child: Comments of governments(E/CN.4/780/Add.1).

UN Economic and Social Council. (1959). DRAFT DECLARATION

OF THE CHILD Comments of Governments(E/CN.4/780/Add.2).

UN Economic and Social Council. (1959). Draft declaration of the child(E/CN.4/780).

UN General Assembly. (1959). Resolution adopted on the reports of the third committee(A/RES/1386(XIV)). https://undocs.org/en/A/RES/1386(XIV).

UN General Assembly. (1959). Resolutions adopted on the reports of the third committee, Declaration of the Rights of the Child, https://undocs.org/en/A/RES/1386(XIV)

UN General Assembly. (1976). International year of the child(A/RES/31/169). https://undocs.org/A/RES/31/169.

UN General Assembly. (1978). Questions of a convention on the rights of the child (A/RES/33/166). https://undocs.org/en/A/RES/33/166

UN General Assembly. (1988). Questions of a convention on the rights of the child (A/RES/43/112). https://undocs.org/en/A/RES/43/112

UN General Assembly. (2007). Report to the general assembly on the fifth session of the council, Vice-President and Rapporteur : Mr. Mousa Burazat (Jordan). (A/HRC/5/21). https://undocs.org/A/HRC/5/21

UN General Assembly. (2008). Universal periodic review, Report of the Working Group on the Universal Periodic Review Republic of Korea, Addendum, Response of the Republic of Korea on the Universal Periodic Review recommendations(A/HRC/8/40/ Add.1).

UN General Assembly. (2009). Annotations to the agenda for the eleventh session of the human rights council, Note by the Secretary-General(A/HRC/11/1).

UN General Assembly. (2010). Report of the open-ended working group to explore the possibility of elaborating an optional protocol to the Convention on the Rights of the Child to provide a communications procedure(A/HRC/13/43).

UN General Assembly. (2011). Report of the Open-ended Working Group on an optional protocol to the Convention on the Rights of the Child to provide a communications procedure(A/HRC/17/36).

UN General Assembly. (2012). Summary prepared by the Office of the High Commissioner for Human Rights in accordance with paragraph 5 of the annex to Human Rights Council resolution 16/21, Republic of Korea(A/HRC/WG.6/14/KOR/3).

UN Human Rights Committee. (2015). Concluding observation on the fourth periodic report of the Republic of Korea(CCPR/C/KOR/CO/4).

UN Human Rights Council. (2007). Report on the fifth session of the Human Rights Council, https://documents-dds-ny.un.org/doc/UNDOC/GEN/G07/135/62/PDF/G0713562.pdf?OpenElement

UN Human Rights Council. (2008). Universal periodic review, https://lib.ohchr.org/HRBodies/UPR/Documents/Session2/KR/A_HRC_8_40_Add1_RepublicofKorea_E.pdf

UN Human Rights Council. (2009). Annotations to the agenda for the eleventh session of the human rights council, https://documents-dds-ny.un.org/doc/UNDOC/GEN/G09/129/37/PDF/G0912937.pdf?OpenElement

UN Human Rights Council. (2010). Report of the Open-ended Working Group on an optional protocol to the Convention on the Rights of the Child to provide a communications procedure, https://documents-dds-ny.un.org/doc/UNDOC/GEN/G10/103/85/PDF/G1010385.pdf?OpenElement

UN Human Rights Council. (2012). Universal periodic review, https://www.ohchr.org/en/hrbodies/upr/pages/uprmain.aspx

UN Human Rights Council. (HRC). (2018). Report of the Working Group on the Universal Periodic Review: Republic of Korea, https://documents-dds-ny.un.org/doc/UNDOC/GEN/G18/052/75/PDF/G1805275.pdf?OpenElement, 2021.05.09

UN Human Rights Council. (HRC). Universal periodic review, https://www.ohchr.org/en/hrbodies/upr/pages/uprmain.aspx, 2021.05.08.

UN Human Rights Council. Cycles of the Universal Periodic Review, http://www.ohchr.org/EN/HRBodies/UPR/Pages/CyclesUPR.aspx

UN International Human Rights Instruments. (2006). Harmonized guidelines on reporting under the international human rights treaties, including guidelines on a common core document and treaty-specific documents, Report of the Inter-Committee Technical Working Group(HRI/MC/2006/3).

UN International Human Rights Instruments. (2009). Guidelines for the common core document can be found in Compilation of Guidelines on the form and content of reports to be submitted by State parties to the international human rights treaties(HRI/GEN/2/Rev.6). https://undocs.org/en/HRI/GEN/2/Rev.6

UN Library. Drafting of the Universal Declaration of Human Rights, https://research.un.org/en/undhr/draftingcommittee

UN Library. Drafting Committee – Members, https://research.un.org/en/undhr/draftingcommittee

UN. Economic and Social Council. (1950). Report of the Social Commission (6th session) (E/RES/309(XI)). https://digitallibrary.un.org/record/195865?ln=en

UNGA. (2000). Optional Protocol to the Convention on the Rights of the Child on the Involvement of Children in Armed Conflict(A/RES/54/263).

UNGA. (2000). Optional Protocol to the Convention on the Rights of the Child on the Sale of Children, Child Prostitution and Child Pornography(A/RES/54/263).

UNGA. (2002). Strengthening the United Nations: An Agenda for Further Change(A/57/387).

UNGA. (2014). Strengthening and enhancing the effective functioning of the human rights treaty body system(A/RES/68/268).

UNICEF. (1989). Decision to call a World Summit for Children. https://

sites.unicef.org/about/history/files/wsc_decision_memo_jgrant.pdf

United Nations Digital Library, https://digitallibrary.un.org/record/195865

United Nations. (1989). Convention on the Rights of the Child, https://www.ohchr.org/EN/ProfessionalInterest/Pages/CRC.aspx

United Nations. (1990). Ceremony for the presentation of the declaration and plan of action adopted by world leaders at the world summit for children, https://undocs.org/en/A/45/625. (A/45/625)

United Nations. (1990). Ceremony for the presentation of the declaration and plan of action adopted by world leaders at the world summit for children, Note by the Secretary-General. (A/45/625), https://undocs.org/en/A/45/625

United Nations. (2000). Optional protocol to the Convention on the Rights of the Child on the involvement of children in armed conflict.

United Nations. (2000). Optional protocol to the Convention on the Rights of the Child on the sale of children, child prostitution and child pornography.

United Nations. (2006). Rights of the Child, Note by the Secretary-General(A/61/299), https://undocs.org/A/61/299

United Nations. (2020). History of the Declaration. https://www.un.org/en/about-us/udhr/history-of-the-declaration.

United Nations. (2020). History of the document. https://www.un.org/en/sections/universal-declaration/history-document/index.html#:~:text=The%20Commission%20on%20Human%20Rights%20

was%20made%20up%20of%2018,chaired%20the%20UDHR%20
drafting%20committee

United Nations. (2021). Commission for Social Development (CSocD).
https://www.un.org/development/desa/dspd/united-nations-
commission-for-social-development-csocd-social-policy-and-
development-division.html

United States(2002). Strengthening the United Nations: An Agenda for
Further Change(A/57/387), https://undocs.org/en/A/57/387

Universal Declaration of Human Rights, https://undocs.org/en/a/810

UPR of the Republic of Korea (2nd Cycle-14 Session), https://www.ohchr.
org/EN/HRBodies/UPR/Pages/uprcycle2.aspx

Vuckovic Sahovic, N., Doek, J. E., & Zermatten, J. (2012). The Rights of
the Child in International Law. Bern: Stämpfli Publishers.

Vuckovic Sahovic, N., Doek, J. E., & Zermatten, J. (2012) The Rights of
the Child in International Law. Bern: Stämpfli Publishers.

선언에서 이행으로

한국의 아동권리협약30년

© 국제아동인권센터, 세이브더칠드런, 유니세프한국위원회, 2021

초판 1쇄   2021년 9월 9일

지은이   국제아동인권센터, 세이브더칠드런, 유니세프한국위원회

책임편집   이푸른
디자인   닷웨이브 한채린

펴낸이   이은권
펴낸곳   틈새의시간
출판등록   2020년 4월 9일 제406-2020-000037호
주소   경기도 파주시 하늘소로16 105-204
전화   031-939-8552
이메일   gaptimebooks@gmail.com

ISBN   979-11-970325-1-6 (03330)